《企业文案一本通》系列丛书

（第二版）

产品文案一本通

CHANPIN WENAN YIBENTONG

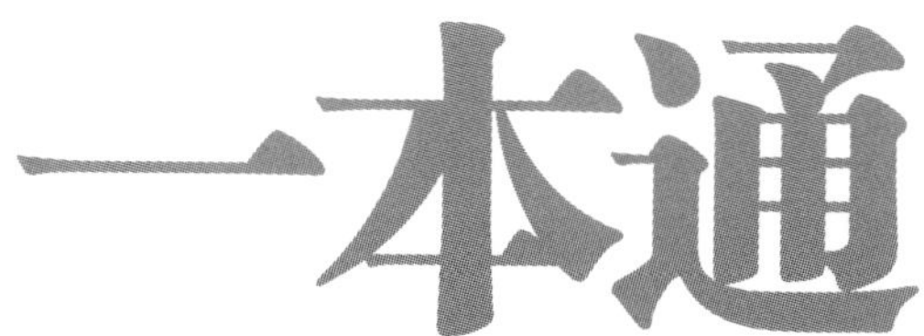

李 笑◎主编

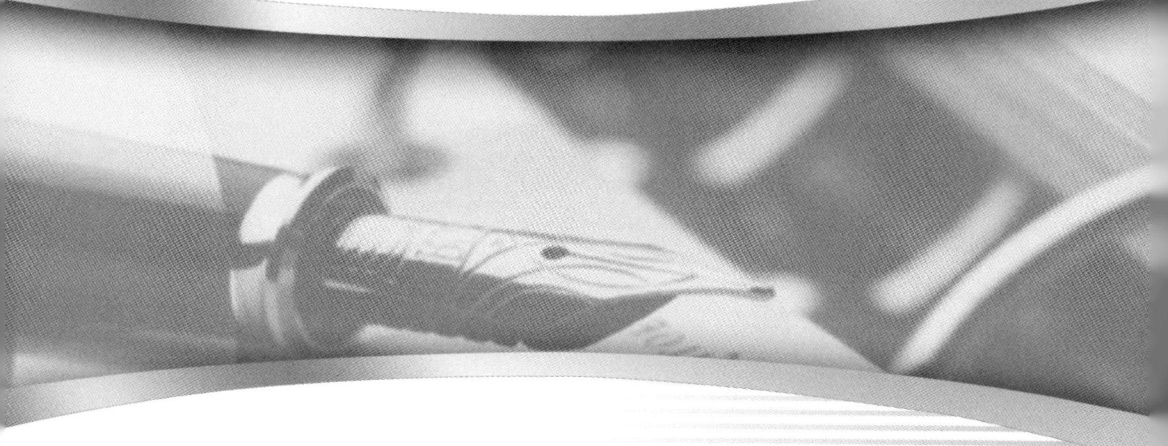

经济管理出版社
ECONOMY & MANAGEMENT PUBLISHING HOUSE

图书在版编目（CIP）数据

产品文案一本通/李笑主编．—2 版．—北京：经济管理出版社，2017.3
ISBN 978－7－5096－4956－5

Ⅰ．①产…　Ⅱ．①李…　Ⅲ．①产品开发—开发方案—写作　Ⅳ．①F273.2

中国版本图书馆 CIP 数据核字(2017)第 031405 号

组稿编辑：谭　伟
责任编辑：张巧梅
责任印制：黄章平
责任校对：陈　颖

出版发行：经济管理出版社
（北京市海淀区北蜂窝 8 号中雅大厦 A 座 11 层　100038）
网　　址：www. E－mp. com. cn
电　　话：（010）51915602
印　　刷：三河市延风印装厂
经　　销：新华书店
开　　本：720mm×1000mm/16
印　　张：24.25
字　　数：418 千字
版　　次：2017 年 3 月第 2 版　　2017 年 3 月第 1 次印刷
书　　号：ISBN 978－7－5096－4956－5
定　　价：80.00 元

本书编委会

主　编：李　笑

副主编：朱玉侠　谭　伟

编　委：李正乐　林　侠

朱玉侠　李全超

安玉超

前　言

人们通常理解的产品是指具有某种特定物质形状和用途的物品，是看得见、摸得着的东西，这是一种狭义的定义。而市场营销学认为，广义的产品是指人们通过购买而获得的能够满足某种需求和欲望的物品的总和，它既包括具有物质形态的产品实体，又包括非物质形态的利益，这就是“产品的整体概念”。

现代市场营销理论认为，产品整体概念包含核心产品、有形产品、附加产品和心理产品四个层次。产品整体概念是产品市场经营思想的重大发展，它对现代企业经营有着重大意义。

产品从设计开发、生产包装到营销促销，是一项整体性的系统工程，如果经营者对市场的研究判断有误，所开发的产品并不畅销，甚至并不适销，则必然会被市场无情地淘汰；如果经营者以顾客为“上帝”，一切为顾客着想，从产品设计到生产制造、从质量保证到包装装潢、从定价策略到营销服务都具有“什么都为您想到了”的产品的整体概念意识，则必然被现代市场所青睐。所以，作为新时代的企业经营者，如果没有产品的整体概念意识的话，则企业就不能在现代市场竞争中获胜。而产品从策划到上市销售的一切具体工作则又取决于产品文案的策划与撰写。

由此可见，产品文案是企业在生产与经营中，为使产品达到预期目标而进行的各种策划活动所形成的文案。随着市场竞争日益激烈，好的产品文案更成为企业创名牌、迎战市场的决胜利器，也是决定公司前途命运的关键。因此，能否准确而具有针对性地撰写产品文案对于公司的发展起着至关重要的作用。

那么怎样才能撰写好产品文案呢？为此，我们搜寻、筛选了多方面的资料，立足中国企业产品生产与经营的实际，披沙拣金，数易书稿，终于编辑完成了《产品文案一本通》，为我国大中小型企业管理者提供了最实用、最完备的产品文案写作参考。

本书不仅详尽地分析了产品在生产过程中常用的文案，还介绍了前期的调研与策划、后期的营销与促销等全过程的产品文案体系。《产品文案一本通》以产品文案为切入点，突出了企业产品从生产到运营过程中常遇到的各种事项，是全面、高效解决问题的实用工具和文案大全。

全书分为九章，详细阐述了产品的调查与研发文案、生产与制造文案、推广与宣传文案、质量与控制文案、营销与促销文案、仓储与物流文案等内容。

本书精选了大量实用范本，语言通俗易懂，内容全面规范，结构明晰严谨，融理论性与实用性于一体，集创新性与指导性于一身。它具有以下几个特点：一是前瞻性和现代性，内容新颖，贴近现实，具有超强的时代感。二是系统性和全面性，篇章组织结构系统科学，丰富全面，突出重点。三是标准性和实用性，编写规范，简洁实用，可操作性强。

总之，它涉及产品文案写作的方方面面，具有很好的借鉴性和参考价值，是企业经营者案头必备的文案写作指导用书。

本书在编写的过程中，我们参考了大量的书刊、报纸、网站，为产品文案撰写起到了借鉴和帮助的作用，给本书增加了分量，作为编者，我们在此深表谢意。

目　录

第一章　产品调查与研发文案

第二章　市场策划与战略文案

第三章　产品生产与制造文案

第四章　产品商标与专利文案

第五章　产品推广与宣传文案

第六章　产品质量与控制文案

第七章　产品营销与促销文案

第八章　产品销售与规范文案

第九章　产品仓储与物流文案

第一章　产品调查与研发文案

一、产品策划

（一）概念

产品策划是一种理性的思维活动，是对产品开发、生产和经营所进行的一系列企划活动。产品策划从类型上包括新产品开发、旧产品的改良和新用途的拓展三方面的内容，从现有产品的营销策划角度来讲，其过程和内容主要是：个别产品策划、品牌产品组合策划和新产品开发与推广策划。通过产品策划可以提高企业的营销水平，树立和优化企业市场形象，强化企业产品和产品整体组合效果，提高市场满足程度。

（二）写作方法与结构

产品策划既包括新产品开发工作，也包括处理产品从诞生至报废的全过程策划，还包括从核心产品、形式产品、附加产品的策划。

1. 产品描述

（1）产品内容。

（2）产品的命名包装和商标的决定。

（3）产品特色。

（4）新产品的创造与发明。

（5）产品开发进度。

2. 市场分析

（1）市场上现有产品分析。

（2）目标消费群分析。

（3）潜在目标消费群。

（4）产品资费分析。

（5）用户操作习惯分析。

3. 产品 SWOT 分析

4. 营销策略

5. 产品开发进度

（1）产品提案。

（2）产品思路整合。

（3）再次提案。

（4）产品内容再次整合。

（5）产品流程编写。

（6）产品流程修改。

（7）产品流程提交。

（8）产品工单。

（9）技术开发。

（10）内部测试。

6. 定价

7. 效益估算

（1）产品资费。

（2）产品用户群数量。

（3）产品潜在用户数量。

（4）每月产品收益。

8. 产品内容介绍

（1）产品规则。

（2）用户属性。

（3）体系介绍。

（4）用户等级。

（5）主要功能介绍。

9. 销售渠道

根据新产品的特点，设定销售渠道。

10. 销售预测

11. 营销费用预算

12. 产品人员列表和职责

（1）产品经理（项目经理）。

（2）产品策划。

（3）编辑人员。

（4）技术人员。

（5）测试人员。

（三）范例

旅游新产品开发计划书

——爱心之旅

一、产品描述

我们所开发的爱心之旅，顾名思义是指奉献爱心的旅程。据了解和相关报道，在我国西部，由于经济比较落后，在山区存在大量的失学儿童，因为无钱支付学费，而不得不走上辍学的道路。然而，在经济发达的东部地区，人们不仅解决了这类问题，而且有部分人还有了可观的结余。在社会物质文明和精神文明高度发达的今天，越来越多的人尤其是有一定经济实力的人，更加看重自身的道德素养。因此，帮助西部失学儿童重返校园成为很多东部人奉献爱心提高自身道德素养的一个重要途径。

然而，因为信息的不畅通，很多人尽管有这方面的打算，但并没有得到充分的事实。而我们这次所开发的新产品，正是为这部分人群甚至更多的人提供信息的，使其能更加了解西部孩子的生活，使更多的爱心得到落实，不仅帮助国家实现扶贫的目标，而且也可从中获得利润，更重要的是此类带有公益性质的新产品将对我们企业的知名度的提升大有帮助，从而促进其他产品的销售。

因为这类产品在以前的市场上并不存在，它的实施固然有可观的前景和市场，但也有一定的风险性。

二、市场分析

随着中国经济的不断发展，东部沿海地区人均收入和消费水平不断提高，越来越多的人选择旅游类的消费品，但现今市场上的旅游产品，都是以游览观光为主，而对于公益性的旅游产品在市场上还是一片空白，因此，对我们而言这是个很有吸引力的市场。

消费者市场：

在消费者市场上，公司的主要顾客是中等收入以上，年龄在30岁以上的人群。这部分人有一定的经济基础和社会地位，对自身要求较高，也因为大多已为人父母，对孩子富有同情心，更懂得关爱孩子，对我们公司的新产品，既有消费能力，又有消费需求。

我们对此又作了进一步的分析，得到具体的细分市场及其特点如表1-1所示。

表1-1　细分市场及其特点

目标细分市场	需求	特征	利益
个人消费者	体验生活 奉献爱心	经济实力较强 独自出游或团队出游	提高自身的精神素质 心灵上得到满足

续表

目标细分市场	需求	特征	利益
家庭消费者	体验生活 奉献爱心 教育孩子	携带孩子 经济实力强 看重教育意义	心灵得到满足，教育了孩子，对其将来的发展有益

市场需求：

中国经济在迅速发展的同时，人们的精神文明也得到了很好的发展，很多人开始关注社会，开始奉献爱心。很多人虽然有这样的经济实力，但没有这方面的信息，所以也就没有机会去奉献他们的爱心。而我们所开发的新产品，正是为这部分人群提供信息，另外，我们的宣传活动也会进一步激发人们的潜在爱心，使其成为我们的潜在消费者，可见，这部分市场是很有潜力的，而且市场需求是巨大的。

三、SWOT 分析

1. 优势

产品的独特性。我们开发的这个新产品，是现在旅游路线中所没有的，而且不同于其他旅游产品，主要是玩。我们的产品主要体现“爱心”二字，是独特的。

产品本身具有教育意义。我们主要的目的是让人们了解西部一些孩子的学习、生活的艰辛。对东部发达地区的人而言，无疑是一个很好的教育机会。

价格相对较低。我们的产品没有一流的餐饮和住宿条件，因此成本较低，相应地，我们的价格相对有其他的旅游产品也会较低，更容易被消费者所接受。

2. 劣势

线路不够成熟。由于此产品为新产品，在路线的选择和设计上还不够成熟，而且，花钱买奉献的形式也不一定能被消费者所接受，因此存在着一定的风险性。

时间成本较高。因为此产品的目的地属于西部落后地区，而消费者又集中在东部沿海地区，花费在行程上的时间会相对较高，这无形中也加大了成本费用。

交通不便。因为此类学校多属内陆地区，交通上会给企业带来一定的困难，而且成本也会有所提高。

3. 机会

市场潜力大。政府一直提倡精神文明建设，人们在得到物质保障后，更想追求精神素质的提高，更有奉献爱心的想法。

国家政策的支持。国家政府一直贯彻实施西部大开发政策，我们的新产品能对西部的人才教育提供帮助。只有西部人才自身的素质得到了提高，西部才能真正发展起来。因此，我们的新产品也能得到国家和社会的支持。

提高企业知名度。我们是首先推出公益旅游这个产品的企业，必将受到社会的广泛关注，有益于提升企业的知名度，打出品牌，并为其他旅游产品的销售起推动作用。

4. 威胁

竞争压力。虽说我们企业是率先推出该产品的公司，但不乏其他的竞争对手会争相模仿。同时还有其他的代替品会对我们的新产品产生威胁。

社会舆论压力。此产品的开发需要一定的成本，且公司本身就是以营利为目的，必将收取一定的费用。这样必定会有来自社会舆论的压力，质疑我们公益旅游的实质。

地理的复杂性。因为本产品的特殊要求，既有希望小学，又有观光点，而且要尽量克服交通问题，节约成本，这实在不是一件轻而易举的事。

如表 1－2 所示。

表 1－2　SWOT 分析

<table>
<tr><td>优势：
产品独特性
具有一定的教育意义
价格相对较低</td><td>劣势：
线路不够成熟
时间成本较高
交通不便</td></tr>
<tr><td>机会：
市场潜力大
国家政策支持
提高企业知名度</td><td>威胁：
竞争压力大
社会舆论压力
地理位置的复杂性</td></tr>
</table>

四、产品

我们的这个新产品是爱心之旅，它的具体特征包括：

突出爱心这个主题。不同于其他旅游产品，主要是带领旅游者参观西部一些失学儿童的学习生活情况，了解他们的艰苦，鼓励他们奉献爱心，与这些失学儿童结对子，帮助他们完成学业。

提供思想教育。专门组织家庭为单位的旅游团队，让孩子充分了解现在学习生活的优越性，更加努力学习，这也是很多望子成龙的家长所希望看到的。

附带其他旅游产品，在游客参观希望小学和孩子的联谊活动结束后，可以独自或带当地孩子一起参观游览周边的一些景点，了解当地的文化内涵。

预计第一年开发一条线路作为试点，成功之后可以在下年推出其他线路，这个时间可以根据第一条线路所取得的成绩作出调整。

五、宏观环境和微观环境

可能影响爱心之旅实行的宏观因素有：经济因素（主要是指消费者的购买能力）；地理位置（主要是指气候、交通方便等问题）；社会文化因素（主要是指社会评价、媒体报道等因素）；政策因素（主要是国家对西部开发和人才培养等方面的政策措施）。

可能影响爱心之旅实行的微观因素主要有：合作者（主要是指当地相关机构对线路的支持以及交通运输企业的合作）；竞争者（主要是指其他旅游公司的模仿和其他代替品的产生）；消费者（主要是指消费者对产品的认知和选择）。

六、营销策略

我们制定营销策略的目的是让我们的新产品迅速进入市场，以最快的速度占领市场，创造利润。我们希望通过强调我们新产品中“爱心”这一主题，在消费者心中树立品牌意识和形象，并且通过优秀的服务，实施完善的营销措施给顾客灌输一种公益的思想，挖掘潜在客户。在广告宣传方面，主要运用报纸广告并结合网络、电台等其他媒体来达到传递信息的目的。

1. 使命

我们的使命是为消费者提供满足其需求的、优质的物超所值的产品。使其能通过我们的产品达到奉献爱心的目的，我们以此产品的独特性来开拓市场。我们的核心竞争力在于抓住消费者人性化心理，开发了公益性的项目。

我们主要以中等收入以上人群作为我们的消费者，在地域上主要集中于东部沿海地区，首先发展长三角地区，随着以后的发展，也可以扩展到东南部如珠三角等地。

2. 营销目标

没有竞争者，目标在于迅速打开市场，收回成本，使新产品尽快地被消费者接受，并且树立品牌形象。

竞争者已经产生，目标为完善新产品，推出新的旅游线路，维护品牌形象，目标是拥有40%以上的市场份额，确保行业领先者的地位。

3. 财务目标

采用撇脂定价法，迅速收回成本，实现盈利，并为来年的竞争提供降价的空间，即提升竞争力。

宣传效果得以体现，消费者人群壮大，且产品更加完善，降低价格，减少单位利润，提高总体利润。

4. 目标市场

对于消费者市场来说，我们主要针对的是30岁以上中等收入以上人群，这些人有稳定的经济基础，一般都有家庭，对自身要求较高，比较符合我们的定位，容易接受我们的这个产品。

5. 定位

通过产品差异化，我们把“爱心之旅”定位为“爱心之旅：感动+奉献+快乐”的这样一个旅行产品，我们着重于“爱心”这一点，把它作为差异化和竞争特色，以此来打开市场，形成独特的竞争优势。

6. 战略

我们强调的是“爱心之旅”这个产品与其他旅游产品的不同之处，即实现我们的产品定位，切实做到“爱心之旅：感动+奉献+快乐”。

7. 感动

即让每一位旅游者都能够切实体会当地孩子的艰辛生活和学习所面对的困难，相信这能唤起每个人心里最温柔的一面，每个人都会为此而感动。

8. 奉献

我们会和当地的相关组织取得联系，任何一位旅游者如果有帮助这些孩子的意向，无论是当场还是回来后，都可以通过我们奉献自己的爱心。

9. 快乐

我们为顾客提供上述服务的同时，还会为他们提供周边景点的参观游览，让他们同时享受到其他旅游产品所带来的愉悦。当然，顾客也可选择那些孩子和自己一同游览，我们将提供孩子的接送工作。

七、定价

我们的“爱心之旅”的定价主要分为四个部分。

第一部分是体验孩子生活的部分，这部分因为关系到公益问题，如果收取高额费用会受到社会的质疑，会为新产品的销售带来困难，因此，只能在成本费用的基础上收取少许的利润，作为新产品的收益。

第二部分，也就是其他的附加旅游产品，这部分可成为这个产品主要的利润增长点，在这个定价上可高于同类产品。

第三部分是为其提供援助服务，收取一定的手续费。虽然这一部分利润很少，但就总体而言，还是有相当可观的利润的。

第四部分是我们会将游客和当地孩子的联谊活动拍摄录像，并以制作成光盘的形式，对有购买意向的游客发售。

八、销售渠道

根据新产品的特点，我们设定了以下这些销售渠道：

营业部销售：这类顾客主要通过报纸、杂志或网络等广告宣传或媒体报道了解我们的产品；

网络营销：在我们网络上发布的广告上可直接点击进入公司主页，任何人都可在公司专门的页面上进行购买登记，并实行网上付费；

专项销售：我们可以与一些有组织员工出游意向的公司或事业单位联系，尤其是事业单位。因为属于国家机关，这类公益性的旅游产品对他们更有吸引力。

九、内部营销

现在企业间竞争激烈，除了外部的营销策略外，内部营销和服务的好处也决定了这个产品的销售和寿命，我们采用内部营销手段主要有：

(1) 设立24小时的顾客服务热线，接受顾客的咨询和投诉；

(2) 定期对顾客的投诉进行汇总、处理，并及时反馈给顾客；

(3) 每个月举行一次例会，对线路进行监控，及时调整和完善线路和服务；

(4) 同时也对战略进行监控，以便及时调整。

设立奖惩制度，对于超过预计销售量的营业部给予肯定和奖励，反之则给予批评和处罚。

十、销售预测

表1-3　销售预测

消费者市场	销量（人）
企业、机关、单位等	1500
个人消费者	1800
家庭消费者	3600
总量	6900

十一、营销费用预算

我们第一年的预算包括：广告费用、促销费用、公共关系、网络营销费用、市场研究、渠道津贴、销售人员培训、新产品开发费用……

二、调查问卷

(一) 概念及写法

调查问卷方便、经济、调查面广，备受市场调查者的青睐，是市场调查最经常使用的方法。那么如何才能写好一篇市场调查问卷呢？一份调查问卷通常包括标题、前言、问题和问卷指导四个部分：

1. 标题

一般由调查对象、内容和文种名称组成，例如《云南省旅游行风调查问卷》，也可以分别省略调查对象或内容，如《中国网络游戏调查问卷》、《行车记录仪用户调查问卷》。

2. 前言

一般用来说明调查的意义、目的，调查的项目、内容以及对被调查者的希望、要求等。

3. 问题

为获取有关信息设置相关的问题。这是整个调查问卷的核心部分，它的设置举足轻重。调查问卷的问题主要有表格式和问答式两种，表格式简练清晰，多用于内容较单一的调查；而问答式形式多样，更适宜内容较为复杂的调查。调查问句的形式分为文字问句和标度式问句：

（1）文字问句设置有封闭式、半封闭式和开放式：

①封闭式，是指在提出问题的同时，列出各种答案供被调查者选择。如“您的文化程度：○初中（含初中）以下 ○高中（中专） ○大专 ○本科 ○硕士 ○博士（含博士）以上”。

②半封闭式，是在封闭式问句后面加上一个选择项目“其他”，以给调查者自由回答的余地。

③开放式，是指问题没有提供选择的答案，让被调查者自由回答。如“您在云南旅游最满意的是什么?”

（2）标度式问句偏重于感觉、程度、度量等抽象化方面的调查，更便于调查后的归纳总结。如“您对导游讲解的评价：○满意 ○较满意 ○一般 ○不满意”。

4. 问卷指导

问卷指导指被调查者如何回答问题或解释问卷中某些信息的含义。一般放在问句要求或选项的后面，用括号括起来，如问题“贵公司倾向于使用哪种类型的行车记录仪”的一个选择“GPS（卫星定位）”中的“（卫星定位）”就是问卷指导。

为了调动、激发被调查者做好问卷的积极性，还可以在前言或结尾处设立一些适当的奖励。

（二）问卷设计原则和技巧

1. 原则

如何将调查主题转化为具体的调查问句，是设计、制作调查问卷的一个难点。它的关键就在于要围绕明确的主题设计问题，从多角度切入，处理好具体与抽象、准确与模糊等各种关系。在这项工作中，我们需要把握好以下几个原则：

（1）由浅入深。问题设计要考虑到读者的接受能力和心态，不宜太难。如果被调查者对于问题一时无法回答清楚，很可能选择避重就轻，甚至避而不答。

（2）化整为零。问题设计不宜过大，要精巧而易于启发读者思路。

（3）多种问句形式结合。这样就可以给被调查者以自由思考和真实、全面地回答问题的空间。

2. 技巧

下面再推荐一些拟定问卷的技巧：

（1）问卷开头用亲切的口吻询问；

（2）如果品牌尚未非常知名，尽量避免受访者知道委托、执行调查的公司名称；

（3）如果执行调查的公司立场超然，或所调查的商品市场占有率非常可观时，也可透露相关内容，便于获得受访者信任并密切配合；

（4）所问句子要尽量客观，不要加入太多调查者的主观意志，不要暗示、诱导被调查者；

（5）问题设计具有可操作性，便于统计；

（6）避免询问难以回忆的事项；

（7）注意措辞的强度，避免不必要的情感摩擦。

掌握了以上知识，相信您的调查问卷就可以更出色地完成调查任务了。

（三）注意事项

设计调查问卷应注意：

（1）问题设计不宜过难、过大。

（2）文字问句与标度式问句方式相结合。

（4）表述准确，具有一定的限定性。

（四）范例

××市整顿和规范旅游市场秩序行风评议调查问卷

尊敬的游客：

为了保障您的合法权益，听取您在旅游期间的意见，同时也为了提高我市旅游业的服务水平和质量，加速××旅游业的发展，我们真诚地希望您将您的意见和建议留给我们，谢谢您的合作。

××市整顿和规范旅游市场秩序领导小组办公室

××××年××月××日

1. 您是：

A. 本市游客　B. 外省市游客　C. 港澳台游客　D. 国外游客

2. 您认为××市旅游业的接待条件、环境、水平：

A. 好　B. 较好　C. 一般　D. 差

3. 您认为××市旅行社的服务水平与质量：

A. 好　B. 较好　C. 一般　D. 差

4. 您认为××市导游员的服务水平与质量：

A. 好　B. 较好　C. 一般　D. 差

5. 您认为××市旅游商店的服务水平与质量：

A. 好　B. 较好　C. 一般　D. 差

6. 您认为××市旅游定点餐馆的服务水平与质量：

A. 好　B. 较好　C. 一般　D. 差

7. 您认为××市客运公司的服务水平与质量：

A. 好　B. 较好　C. 一般　D. 差

8. 您对××市旅游区（点）及周边环境的评价：

A. 好　B. 较好　C. 一般　D. 差

9. 您在××市旅游是否有安全感？

A. 有　B. 否

10. 您认为行政部门在旅游管理工作中需要改进和提高的是：

A. 工作效率　B. 工作方法　C. 服务态度

11. 您对××市旅游业的发展与建设还有哪些意见和建议？

____

____

____

____

三、科技协定书

（一）科技协定书的含义

科技协定书是企业与科研单位之间就某一科研工作进行合作所签订的契约性文书。它不如科技合同那样郑重、具体，但同样具备法律效力。

（二）科技协定书的写法

1. 标题

有两种形式：

（1）直接写文种。

（2）双方单位全称+事由+文种。

2. 正文

一般先以简单的话语交代本协定依照什么根据签订，签订的目的和意义何在。随后以“双方协定”引出具体协定条款，然后一一写出条款，呈示双方责任及义务。交代二者合作事项等。条款的最后以简洁语言写出协定一式几份，由谁保管、生效日期和执行。

3. 尾部

双方单位代表签字、盖章。并交代制文年、月、日。

（三）范例

科技协定书

本协定依据××号合同签订。为原合同的补充义件。根据合同规定××××年××月××日进行××工程建筑设计。双方协定：

一、甲方要按时提交下列建设文书和设计基础资料。

文件和资料名称	提交日期
××市建委规划处批准的设计方案	××××年××月××日
××工程建筑的初步设计	××××年××月××日
《建筑配件通用图集》	××××年××月××日
《空腹钢窗图集》	××××年××月××日

二、乙方在甲方按时提交上述文件、资料的前提下，要按××交付下列设计文件。

设计文件的名称和内容	份数	提交日期
××工程建筑设计施工图	2	××××年××月××日
××工程建筑设计说明书	2	××××年××月××日

建设单位：××××（盖章）　　设计单位：××××（盖章）

代表人：×××（盖章）　　代表人：×××（盖章）

签订协定日期：××××年××月××日

四、科研协议书

（一）科研协议书的含义

科研协议书是以科学技术事宜为内容的，由当事双方或多方签订的一种具有法律意义的契约文书。

（二）科研协议书的写法

1. 标题

有两种形式：

（1）直接写文种“科研协议书”。

（2）签约各方名称 + 研究项目名称 + 文种。

2. 正文

科研协议书的正文主要交代订立协议的根据、目的及意义；并详细列出一条条达成的协议内容、条件、工作方式等。结尾处以条款形式写出本协议一式几份、由谁执有等。

3. 落款

双方单位签名、加盖公章，并书写制文日期。

（三）范例

科研协议书

××橡胶厂

××科技大学

为共同协作解决××橡胶厂帘布复胶厚度自动测量显示、自动调整控制这一研制课题，双方订立协议如下：

一、课题的目的、要求。

帘布复胶厚度自动测量显示、自动调整控制是××橡胶厂生产实际中迫切需要解决的科研课题之一，也是在化工系统内橡胶、胶卷等许多行业有实际推广价值的重大科研项目，双方本着科研为生产服务，为加速发展国民经济的原则，达成一致协议，共同承担这一科研课题。要求在协议生效后一年半投入使用。

二、实现途径：初步方案和主要技术指标。

经××科技大学有关领导、教师在××橡胶厂实地调研考察，与××橡胶厂领导、技术人员、工人等进行详细的讨论，提出以下的初步方案和主要技术指标要求：

1. 初步方案：（略）

2. 主要技术指标要求：（略）

三、协作分工。

1. 双方必须密切协作，齐心协力，共同配合，完成任务。各方组织必要的人员，共同组织课题协作组。

……

四、时间进度。

1. 协议生效后半年内，要求××科技大学完成电子电路设计试验，提供现场试验线路。

……

五、经费来源。（略）

六、双方应积极创造条件，保证该项目试验和生产应用的成功，双方必须按期完成，不能半途而废，否则各方应承担经济责任。

七、因帘布复胶自动控制投入正常生产具有推广意义，对该技术项目资料，各方不得随意向第三方提供。确需提供时，需双方共同协商确定转让技术的有关问题。

八、项目投入生产以后，××科技大学应把有关技术数据和图纸，提供给××橡胶厂，以利于维修工作的进行。

九、本协议经双方领导机关盖章签字后生效。

十、其他未尽事宜，可由双方进一步商定补充协议。

××科技大学（公章）　××橡胶厂（公章）

××××年××月××日

五、科技实验报告

（一）科技实验报告含义

科技实验报告是人们为了检验某种学科理论或假设，进行创造发明和解决实际问题，通过观察、分析、综合、判断，如实地将实验过程和结果记录下来并写成的文章。

（二）科技实验报告的写法

1. 首部

（1）标题。力求醒目，集中反映该实验研究的内容。

（2）作者及单位。

（3）摘要。摘要是全篇内容的简要概括。

（4）关键词。

（5）序言。简要说明此项实验的目的、范围、理论分析和依据、研究方法和实验方案等。

2. 正文

（1）实验原理。简要说明实验的理论依据，介绍实验涉及的重要概念、实验依据和重要定律、公式等。

（2）实验设备、实验方法和过程。这是极为重要的部分，要列出实验器材、设备装置和所需的原材料；一般按操作的时间先后划分成几步，并加上序号，必要时还可以用图表加以说明。

（3）实验结果。通过文字、数字、表格及图，如实描述和分析实验中所发生的现象。实验结果必须真实、准确、可靠。

3. 尾部

（1）结论和讨论。结论就是根据实验结果所作出的最后判断，指出通过实验证实了某一理论。讨论包括对思考问题的回答，对异常现象和数据的解释，对实验方法及装置提出改进意见等。

（2）参考文献。详细注明进行此实验过程中参考的资料与文献。

（三）范例

防止石墨电极高温氧化的实验研究

朱××　吴××　林×

（本溪冶专·高职专，辽宁本溪 117022）

摘要：通过石墨电极高温防氧化失重实验，对石墨电极高温防氧化机理进行了初步研究。采取向电极表面直接喷淋防氧化溶液的方法，迅速降低石墨电极表面温度，并在电极表面生成连续、均匀的防氧化膜。显著提高石墨电极高温抗氧化能力，达到降低石墨电极消耗的目的。

关键词：失重实验；石墨电极；高温氧化

一、前言

石墨电极作为导电的耗材主要用于电弧冶金，其消耗费用约占电炉钢冶炼成本的 10% ~15%。

近年来为提高电炉生产率和降低电耗，电炉均采用高负荷作业，电极表面氧化消耗趋向越来越大，从而进一步增加了电极消耗和冶炼成本。在电炉炼钢过程中，造成石墨电极消耗的因素很多。其中高温条件下，电极侧面氧化消耗占总消耗量的 50% ~70%。因此，采取适当办法控制电极侧面氧化消耗，进一步降低电极消耗，仍是广大冶金工作者努力探索的课题。

二、石墨电极防氧化的作用（略）

三、实验工作条件及方法

（1）实验工作条件。

全部实验均在高温氧化失重测试仪上进行。主要技术参数。采用 φ25mm × 300mm 石墨电极试样。试验前，全部试样在干燥箱内吹氩恒温进行干燥处理，充分去除试样内的水分。

（2）实验方法。

按照石墨电极在冶炼过程中的工作状态，热态模拟石墨电极在电炉内氧化过程采取直接向电极表面喷淋防氧化溶液的方法，迅速降低电极表面温度，使高温抗氧化物质预填在电极表面的孔隙中，减少氧化反应界面。在电极表面形成连续均匀的防氧化溶液，确定最佳配比，寻求简便易行的最佳工艺制度及参数。实验过程中防氧化溶液由炉子上部喷淋环中以向下呈45°角向电极外表面连续进行喷淋。不断观察石墨电极外部防氧化层形态。

（3）实验结果及分析。

实验炉温为×××摄氏度，空气流量为×××，没有采用喷淋防氧化溶液处理的3焙石墨电极，经高温氧化后，试样外表面疏松，氧化层易脱落，其氧化消耗速率（V）与喷淋防氧化溶液处理2焙和1焙石墨电极相比，分别高2~5倍和5~6倍。

直接向石墨电极外表面喷淋防氧化溶液，可使炉子上方电极红热部位在几分钟内被冷却至黑色，即能迅速、有效地降低电极表面温度。喷淋采用的防氧化溶液熔点低，高温下不易挥发，它与石墨电极具有良好的润滑性，能均匀地铺展在电极表面，且在石墨电极表面的孔隙内沉积，形成一层表面光滑连续的防氧化膜，显著提高了石墨电极的抗氧化能力，从而极大地减少了电极表面氧化消耗。

四、结束语

在造成石墨电极消耗的诸多因素中，石墨电极侧表面高温氧化是消耗的重要因素之一。实验结果证明，直接向石墨电极外表面喷淋防氧化溶液，可以迅速降低电极表面温度，并在其表面形成连续、均匀的防氧化膜，显著提高石墨电极的高温抗氧化能力。它是降低石墨电极消耗的一种简便易行的有效途径。

五、参考文献（略）

六、科研开题报告

（一）科研开题报告的含义

科研开题报告是在课题确定以后，对所开课题准备情况和研究计划所作的概括反映。

（二）科研开题报告的写法

1. 首部

（1）标题。项目名称+文种。如“××项目开题报告”。

（2）项目简介。写明项目名称、承担单位、协作单位、项目负责人和主要

合作者、起止时间等。

2. 正文

正文应写明以下内容：

（1）本项目的和意义。

（2）研究内容和技术指标。

（3）研究方法和技术路线。

（4）承担项目的条件。

（5）经费来源及概算。

（6）项目负责人业务简介。

3. 落款

签名并注明成文年、月、日。

（三）范例

“××实践活动校本研究”开题报告

一、问题的提出

1. 研究现状。

在我国21世纪基础教育课程改革中，综合实践活动以必修课的形式被纳入课程体系，这既符合世界课程改革的发展趋势，又满足了我国素质教育的内在需要。作为一门课程，现在很多国家都有研究和实践，而且取得了较好的成效。比如，欧美各国在基础教育课程结构改革中，设置了“主题探索”与“设计学习”活动……

2. 存在的问题（略）。

3. 初中学生综合实践活动校本研究是培养学生能力的需要（略）。

4. 开展综合实践活动的校本研究是适应社会竞争和发展的需要（略）。

5. 对课题的内涵界定（略）。

二、课题研究的目的

（1）参与实验的学生获得对自然、对社会、对自我以及对文化的认识和经验。运用和掌握各种实践的方法，养成良好的情感、态度和价值观，提高综合素质。

（2）提高教师业务水平，使实验教师既能胜任学科教学，又能从事综合实践活动教学。

（3）探索综合实践活动的组织与实施。

（4）形成综合实践活动的评价体系。

三、课题研究方法和实施原则（略）
四、课题研究对象与研究周期（略）
五、本课题研究的主要内容（略）
六、课题研究的计划与进度（略）
七、课题研究成果形态（略）
八、本课题研究的条件与保障（略）
九、课题经费预算
课题总投入××万元。
十、课题的组织管理与研究人员分工
（一）课题的组织管理（略）
（二）课题研究小组人员分工（略）

“××实践活动校本研究”课题组
××××年××月××日

七、科研进度报告

（一）科研进度报告的含义
科研进度报告是报告人用来向主管部门汇报研究工作进展情况的书面材料。
（二）科研进度报告的写法
1. 标题
课题名称＋文种。
2. 正文
（1）课题概述（课题来源、起止时间、支持的经费等）。
（2）本阶段研究工作的内容、情况和存在问题。
（3）对本阶段研究进度的评价。
（4）下阶段研究工作的计划。
3. 尾部
（1）参加这阶段工作的人员名单。
（2）报告时间。
（三）范例

科研进度报告

一、课题名称：稀土在易切削钢中的应用及作用机理
二、任务来源：××部

三、起止时间：××××~××××年

四、计划完成情况

1. 对Re—S系马氏体不锈易切削钢已完成的研究工作。

（1）不同Re、S含量对Cr13型马氏体不锈易切削钢夹杂物的组成、形状、大小与分布的影响。

（2）不同Re、S含量对Cr13型马氏体不锈易切削钢切削的影响：

①对切削力的影响；②对加工表面光洁度的影响；③对硬质合金刀具磨损的影响；④对切削处理性的影响。

（3）不同Re、S含量对Cr13型马氏体不锈易切削钢耐蚀性能的影响。

腐蚀介质：（略）

腐蚀时间：240~360小时。

2. 未能按计划完成的工作。

炉外喷吹Re—S，Re—S—Ca，Re—S—Pb的易切削合金渗碳钢（20Cr Mn Ti为基）的实验研究。

因冶炼设备的限制，喷粉试验未成功；炉温未控制好，炉衬经Ar气冲刷保证不了钢的质量（夹杂物过多）。

拟于××××年第一季度在150千克感应炉上再次试验。

五、达到的技术指标及取得的经济效益

（1）找出最佳的Re、S的含量，S×~×，Re≤×（注：×原为准确的数字，此处略去）。

（2）加入适量的Re、S可使3Cr13马氏体不锈钢的切削性能大为改善（略）。

（3）可明显改善含硫钢的耐蚀性。如含S 0.05%，含Re 0.04%的3Cr13钢除在H2SO4中以外，在上述各个介质中的耐蚀性均优于基础钢（3Cr13）。

六、存在问题及建议

1. 由于找不到合作的生产厂及用户，使几年来取得的一些可喜的试验成果只能局限在实验室的阶段，得不到工业试验的机会，妨碍了可能的实际应用。此问题两年多来虽多次向××部汇报、请求，均未见效果。现再次要求尽快协作解决。

2. 经费奇缺，两年来仅拨给×××××元。今年分文未给，严重妨碍了研科工作的进行。强烈呼吁××××年能拨给一定经费。

参加人员：×××（副教授）

×××（助教）

×××（技术员）

××××年××月××日

八、科技考察报告

（一）科技考察报告的含义

科技考察报告是按照一定的结构形式，表述给实地考察、周密思考写成的具有科学内容和学术价值的告知性文字材料。

（二）科技考察报告的写法

1. 首部

（1）标题。

（2）署名。

（3）摘要。

（4）引言。包括考察的时间、地点和考察的对象，考察的目的和意义，以及考察过程的简要介绍等。

2. 正文

正文的内容包括：

（1）对哪些部门或哪些方面进行过考察。

（2）详细说明考察所了解的现象和事实，并指出其意义。

（3）对这些现象和事实的分析。

（4）介绍考察所得的专业内容和考察的收获。

3. 尾部

（1）结论，应结合科技考察的具体情况，依据对考察内容、考察所得材料的分析和考察的体会，提出有价值的结论观点、意见和建议等，包括考察得出的全部结论，以及对结论的意义所进行的评价。

（2）参考文献。

（三）范例

天目山冰臬的发现及其古气候意义

×××

（××大学地理系）

天目山位于浙苏皖三省交界处，呈西南—东北走向，主峰东、西天目山及清凉峰（海拔1787米）等，标高均在1500米以上，新构造运动和第四纪冰川作用，使山体更显得高耸峻拔，成为长江下游和我国东南沿海重要名山和风景胜地之一。

天目山主体是由多种喷出岩和侵入岩组成，两侧低山丘陵则是下古生界沉积岩分布区。火山岩与沉积岩接触地带，常是天目山南北两侧断裂带之所在。

对于天目山千姿百态的地貌形态，多年来一直存在着不同的见解，尤其对第四纪冰川地貌存在与否，分歧更为突出。为此，我们曾几次去天目山进行较详细而系统的调查与研究，发现天目山很多地貌形态应是第四纪气候变化的产物，其中冰臬，就是一个比较典型的例子。本文着重阐述冰臬，以求引起有关专家和同行的关注。

天目山南北两坡各有一条较大的河流。南坡的叫天目溪，汇入富春江，属钱塘江水系；北坡的叫西苕溪，东流入太湖，属太湖水系。天目山则为钱塘江与太湖两大水系的分水岭。发育在主体两坡的众多沟溪，分别成为两大水系的次一级支流。天目山冰臬就是发现在南坡天日溪上游马哨河的支谷——马哨坑谷口侵蚀平台上。

马哨坑支谷发育在两种不同的基岩上。上游位于火山岩区（主要是花岗岩类），由三条较典型的小 U 谷组成。三者横剖面均呈半圆槽形，两壁圆滑，无坡折亦无平台；纵剖面为比较均匀的平底直谷，尤以在枫树下村相汇的两条 U 谷保存最好，也最典型，这两条谷地源出于马哨岭与太子尖（1559 米）南坡。朝向南偏东。在枫树下村附近的谷口。是以 40 米左右的陡槽降落到主谷，使之呈悬谷形态。目前陡槽虽遭切割形成峡谷地段，但从陡槽残部可以恢复原有形态，略高于上游 U 谷谷底。

天目山冰臬的发现，对研究长江下游地区第四纪古冰川与古气候均有重要意义，它可以澄清多年来一直争议本区有无冰川发育的问题。

九、产品上市建议书

（一）概念

产品上市建议书是指企业将产品全面推向市场之前，仔细斟酌市场调研分析的结果，对产品上市所应采取的策略、措施所提出的参考性意见的文书。

（二）写作方法与结构

1. 前言
2. 市场分析状况
3. 消费者分析
4. 品牌形象设计

5. 营销员业务培训
6. 广告媒体组合策略
7. 产品上市的利弊分析
8. 产品上市的建议

（三）范例

××公司漱口水产品上市建议书

一、前言

人们的生活水准，随着经济的成长与社会形态的转型而大幅度提高，因此，对享受品的消费需求也日渐加大。目前市场上的漱口水主要以药用漱口水和保健用漱口水为主，而传统的漱口水已经不能满足人们新的需求了。

可见，人们对漱口水的需求是很强烈的，而且需求率将以高速的态势增长。虽然，治疗性的漱口水是未来市场的主流，但在饱和期来临前，享受性的漱口水在目前依然是最容易被接受的。那么，在药用漱口水与保健用漱口水之间，本企业的漱口水要如何才能打入漱口水市场并占有一席之地呢?

（一）本建议主旨

1. 树立正确的漱口水的观念：①漱口水要有效果而不伤口；②太浓或太淡都不是漱口专用的漱口水；③漱口是一种生活上的享受。

2. 在漱口水成熟期未到之前先打击老牌“药用漱口水”的地位，再抑制新贵保健用漱口水的发展。以建立第一品牌的地位，全面推广本产品。

3. 达到跨年度预定的营业指标。

（二）本建议书建议实施期

2005 年 1 月 1 日 ~2006 年 12 月 30 日。

二、市场状况

（一）市场性

1. 据统计大约有 56% ~70% 的人有口臭，包括睡觉后醒来产生的口臭，几乎没有人能够例外。

2. 气候变化容易引起上火，会形成口苦、口臭、舌苔、口腔糜烂、牙龈发炎等口腔疾病。

3. 幼童嗜吃糖果，容易引起大量的蛀牙。

4. 老牌漱口水的高幅度增长，市场普及率已达到目标（30 ~50 岁高阶层男性）的 5%。因此，漱口水的市场演进已发展到可开发的阶段，同时预计市场的起飞期（普及率 20%）将迅速来临。

（二）商业机会

目前全球经济衰退。因此，在不甚稳定的时机推出新上市。应采取较保守的市场经营政策方能成功。但就消费者对漱口水新品牌的市场需求来看，市场潜力仍是十分巨大的。

（三）市场成长

1. 药用漱口水的良好业绩，可说明本品牌导入市场的安全性。

2. 保健用漱口水在问世以来受到普遍的接受，说明了药用漱口水的缺陷及漱口水市场规模的一日千里。

3. 漱口水属家庭所有成员的适用品，普及后的市场需求量会很大，市场规模可观。

4. 生活水准的提升、中上阶层迅速增多也显示了发展的前景。

（四）消费者的接受性

1. 消费者目前接受的是味道强烈的漱口水。

2. 但强烈的味道连成年男子都受不了，何况妇女、儿童。

3. 导入期如以妇女、儿童为目标群必定事倍功半。

4. 本品牌的口味应加重一点，使舌头有麻感（消毒味），才不会有药力不足的感觉。

因此，本产品仍应以药品姿态的定位才能摒除接受的障碍。

三、商品分析（略）

四、市场研究（略）

五、消费者研究（略）

六、产品上市利弊分析及其建议

（一）不利点

1. 主力竞争品的历史久、市场强、财力足、广告够排场、市场占有率高，有一定的忠诚顾客。

解决方法：

无论产品设计还是广告表现都采取超高格调，并使用高密度的预算战略来抑制竞争品，突出本产品与竞争产品的不同之处。

2. 消费者已习惯于强烈的口味。

解决方法：

教育消费者树立正确的漱口观念，告知强烈的刺激性会伤害味觉的诉求，以瓦解竞争品的现有势力。

3. 第二品牌保健用漱口书以淡口味，低价位进入成功。

解决方法：

以淡而无效的攻击法予以抑制，并以平价政策对抗其低价优势。

4. 男性产品不易开发、广告影响小。

解决方法：

利用成功男士的心理特点以及其性格弱点进行攻击，以获得成功。

5. 初期目标较大，不易达成。

解决方法：

运用攻击性的宣传主题，以转移竞争品的忠实顾客，来争取新的顾客。

6. 产品单价小，开发费用过低。

解决方法：

针对目标群体与药房，使用单一的广告媒体。以求得量与质的密集效果。甚至在第一期登录成功后，追加预算乘胜追击。

（二）有利点

1. 药业市场渐次恢复，市场潜力大。

2. 消费者已接受产品，无开发风险。

3. 药用漱口水及保健用漱口水的产品有缺点。

4. 竞争品的广告表现不强，且本产品不受卫生检查约束。

七、广告建议

1. 为造成高的广告注目率、使用具有杀伤力的否定攻击法。

2. 运用为诱发消费者需求的感性诉求法。

3. 为提高差异性及疗效的肯定法。

4. 为增进广告记忆、反复使用本品牌名称的音效与字体的突出表现法。

5. 为加速采取购买行动，使用利益及药房催促法。

十、产品市场开拓计划书

（一）概念

产品市场开拓计划是产品进入市场前，企划部门经过市场调研后对市场定位、产品定位、广告定位以及产品进军和占领市场的具体步骤所做的具体描述。产品市场开拓计划要明确产品目标，同时要确定行动计划，计算费用预算。

（二）写作方法与结构

撰写产品开拓计划书时应侧重于市场推广大的方向，而不注重促销。市场定位、产品定位、广告定位应准确，操作流程应简洁。常见的错误是将“计划书”写成促销文案。产品市场开拓计划书一般包括：

1. SWOT 分析

（1）优势（S）。

（2）劣势（W）。

（3）机会（O）。

（4）威胁（T）。

（5）劣势改善点。

2. 产品目标

3. 市场定位

4. 市场推广组合策略

（1）渠道策略。

（2）广告策略。

（3）销售促进策略。

（4）公关策略。

（5）人员推销策略。

5. 广告宣传

6. 营销操作

7. 行动计划

（1）工作目标。

（2）需求公司文持。

（3）详细工作计划与部署。

8. 营销费用预算

9. 销售预计

（三）范例

电工品牌市场开拓计划书范本

一、SWOT 分析

优势（S）：电工产品系列齐全，低中高档系列产品都有，新产品市场价格操作体系没有乱。

劣势（W）：新产品品牌没有名气，消费者、经销商接受需要时间；公司市场操作方式不够灵活；公司产品质量不够稳定；渠道服务能力不够，对终端渠道掌控不利；营销人员信心不足，与公司缺乏沟通；公司急于从市场获利，没有考虑长远发展；产品不配套，不利于工程开发。

机会（O）：整体建筑业还处在稳步上升期，市场需求大。有一些电工产品从 1999 年起开始在湖北走下坡路，利于我们抢夺它们的市场份额。除 TCL 国际电工外，没有其他强势品牌。

威胁（T）：电工产品竞争日益激烈，龙胜、利尔、捷鹰、豪田迅速渗透市场，大做宣传广告；电工产品老大，如飞雕、泰力为维护老大地位，开始使出价格战。

劣势改善点：建立高效、完善的营销队伍及管理制度，开发新系列产品，加强质量的把关，实行更灵活的市场操作方法。

二、目标（2002 年 10 月 ~2003 年 1 月，在武汉）

到 2002 年底确定 2 ~ 3 家有实力的代理商，实现 3 个月回款（武汉）55 万元；实现网络的梯队建设，完善好整个营销网络，力争分销网点达 100 家。

三、市 ID 推广组合策略

（一）渠道策略

对销售网络进行严格管理，同时维护好自己的网络。严格控制价格体系，防止低价销售，总代理和工程代理一般不允许参与零售竞争。

A. 充分调动、发挥代理商的已有优势，调动业务员的主观能动性，迅速拓展市场；

B. 严格发展特约经销商（10 家），对其进行价格管理，严禁他们之间互相恶性竞争，扰乱市场；

C. 对商家业务人员进行多方培训、引导，调动其积极性。

（二）广告策略

A. 加强卖场的建设，对终端消费者产生视觉的冲击。由于武汉目前还没有一家上档次的形象店，对公司产品的整体形象造成较大影响。我认为首先应该加强形象店的建设，每个建材市场开发一家，共约 8 家。

B. 在地段好的地方加大产品展示面积，位置好的商铺制作门招（不一定是五金店），但一定要起到户外广告作用，可适当支付一些费用。

C. 制作小型条幅、横幅，在可挂的市场悬挂，在经销商门头悬挂。

D. 制作 POP 墙贴，楼层广告墙贴，公益广告墙贴，海报若干份，尤其是楼层贴很重要。

E. 在《楚天金报》、《武汉晚报》、《武汉晨报》上进行半年的报花广告宣传，提升整体产品的知名度。

F. 可适当考虑公交车的车身广告，大约需 5 辆车身。

（三）销售促进策略

A. 前期为了市场的开拓，发展有实力的代理商及经销商，必须进行大规模的促销活动，如“天使行动”。

B. 发展水电工队伍，水电工是将产品推向用户的关键因素，他们能够讲产品的好，也能讲产品的坏，作用十分重大。加强水电工的组织工作，目前还没有发现哪个品牌产品对水电工进行组织，我们可以试做，黄冈正在准备开展这项工作。

C. 制作200套水电工工作服（适合秋冬穿），在水电工中可选出队长，让其对水电工进行管理。

D. 将圆珠笔等小宣传物放置于银行、邮局等人流量大、视觉强的地方。

E. 开发几大建材超市，如好美家、佳佳兴等。

F. 加强对新楼盘、小区的推广活动，开发新小区经销商。

（四）公关策略

A. 一旦启动大规模的武汉市场开发，必须加强与行政部门如技术监督局、城管、市容等的沟通，定期拜访各部门，与其处理好关系。

B. 和各大建材市场管理处处理好关系，有利于我们在市场内进行各种宣传活动。

C. 和各大商场、建材超市商场管理人员进行良好的协调，让其主推某品牌。

D. 拜访各工程客户及相关设计院，了解各楼盘、小区情况。

（五）人员推销策略

A. 商务人员必须明确目标，加强监督，每人都务必牢记“某公司商务人员承诺”。

B. 商务人员必须每天拜访5家客户，并有详细记录。

C. 所有商务人员一律不由代理商管理、考核，必须把开拓武汉市场作为一场战役来看。要做到整体作战，统一住到分中心，做到日清日毕。白天工作，晚上探讨、学习、反省，真正做到日清日高。

四、行动计划（2002年10月~2003年1月，共3个月）

工作目标：

（1）完成初步市场开拓任务，确定有实力的代理商1家，特约经销商10家，分销商200家。

（2）实现品牌知名度的大规模提升，做到知名度在武汉排名前10位，仅次于飞雕、TCL、奇胜、泰力、鸿雁。

（3）3个月武汉实现回款55万元左右。

需求公司支持：

（1）第一个月分派促销人员36名，第二个月18名，第三个月18名。

（2）公司宣传彩页6万张，各楼层贴2000套，小墙贴、大墙贴各2000张。

（3）代理商店内装饰1家，专卖店样装饰10家，门招制作50~100块。

（4）在《武汉晨报》、《楚天金报》或《武汉晚报》上做2cm×3cm报花广告进行宣传，连续3个月（为节约费用，1个月做7期），每月推出3篇新闻报道。

（5）请求公司允许分中心根据当地实际情况制作赠品，如水电工工作服200套等。

（6）适当考虑做5辆公交车身广告。

十一、新产品开发报告书

（一）概念

新产品开发报告书是企划主管向上级所作的整个新产品上市构想的汇报材料。新产品开发报告的内容必须经过充分的市场调研，并结合企业现在经济情况，要求翔实、具体，所涉及的数字必须具体、明确。新产品开发是一项复杂的工程，涉及的因素较多。因此，新产品开发报告书内容丰富，制作有一定难度。

（二）写作方法与结构

1. 市场概况

2. 企业概况

3. 营销环境分析

（1）企业市场营销环境中宏观的制约因素。

①企业目标市场所处区域的宏观经济形势：

· 总体的经济形势。

· 总体的消费态势。

②行业分析：

· 行业结构。

· 行业绩效、前景分析。

· 识别公司竞争者。

（行业竞争观念，市场竞争观念）。

· 辨别竞争对手的战略。

· 判定竞争者的目标。

· 评估竞争者的优势与劣势。

· 选择竞争者以便进攻和回避。

· 各竞争品牌的销售量与销售额的比较分析。

· 各竞争品牌市场占有率的比较分析。

· 各竞争品牌产品优缺点的比较分析。

· 各竞争品牌市场区域与产品定位的比较分析。

· 各竞争品牌广告费用与广告表现的比较分析。

·各竞争品牌促销活动的比较分析。

·各竞争品牌公关活动的比较分析。

·各竞争品牌定价策略的比较分析。

·各竞争品牌销售渠道的比较分析。

·公司过去5年的损益分析。

·在顾客导向和竞争者导向中进行平衡。

③市场的政治、法律背景、文化环境：

·是否有有利或者不利的政治因素可能影响产品的市场？

·是否有有利或者不利的法律因素可能影响产品的销售和广告？

·是否有有利或者不利的经济因素可能影响产品的销售和广告？

·是否有有利或者不利的人文统计环境因素可能影响产品的销售和广告？

·是否有有利或者不利的社会文化环境因素可能影响产品的销售和广告？

（2）市场营销环境中的微观制约因素。

①企业的供应商与企业的关系。

②产品的营销中间商与企业的关系。

③顾客与企业的关系。

④竞争者与企业的关系。

⑤公众与企业的关系。

（3）市场概况。

①市场的规模：整个市场的销售额、市场可能容纳的最大销售额、消费者总量、消费者总的购买量、以上几个要素在过去一个时期中的变化、未来市场规模的趋势。

②市场的构成：构成这一市场的主要产品的品牌、各品牌所占据的市场份额、市场上居于主要地位的品牌、与本品牌构成竞争的品牌是什么？未来市场构成的变化趋势如何？

③市场构成的特性：市场有无季节性？有无暂时性？有无其他突出的特点？

（4）与竞争者比较。公司规模与组织结构；管理制度；推销员素质；产品特色与包装；产品成本；产品价格；财务能力与生产能力。

（5）营销环境分析总结。

①机会与威胁。

②优势与劣势。

③重点问题。

4. 企业SWOT分析

（1）优势Strength。

(2) 弱势 Weakness。

(3) 机会 Opportunities。

(4) 威胁 Threats。

(5) SWOT 分析总结。

5. 新产品开发情况

(1) 新产品基本情况：新产品名称、新产品编号、规范说明、图纸张数、新产品外形图或照片、新产品介绍、新产品样品说明。

(2) 研究人员。

(3) 负责人。

(4) 研究费用。

(5) 研究进度说明。

(6) 改良专项。

(7) 制造过程。

(8) 制造成本。

(9) 其他部门意见：生产部门、业务部门、营销计划、汇报单位。

6. 营销战略

(1) 使命。

(2) 营销目标。

(3) 目标市场。

(4) 营销组合：产品 PRODUCT、价格 PRICE、促销 PROMOTION。

(5) 渠道 PLACE。

7. 财务分析

8. 应急方案与效果评测

(三) 范例

艾斯特电子的 MP4 营销策划

——壮志凌云营销策划小组

假设艾斯特电子（Aiest Electronics）作为一家成立于 2000 年的合资的消费电子产品生产厂商，在资金和技术上都有独到的优势。2004 年以前，艾斯特主营业务为液晶显示屏、MP3 和掌上电脑，拥有独立的知识产权和自主创新能力，是国内消费电子产业的一颗新星。2004 年伊始，艾斯特通过市场调研和分析，决定进军 MP4 市场，决心在 5 年内成为 MP4 业界的主导厂商之一。

一、市场概况简介

MP4 播放器又称 PVP（Personal Video Player，个人视频播放器），也可以叫作 PMP（Portable Media Player，便携式媒体播放器）。它除了看电影的基本功能外还支持音乐播放、浏览图片等，一些高新产品也将电影、数码录像、数码照相、数码摄像、数码相机伴侣、数码收录音、移动存储等八大功能整合在一台掌上多媒体娱乐产品上，特别是它超强的存储容量让人为之震惊，MP4 存储容量基本在 20GB 以上。

艾斯特根据自己的市场调研分析，传统电子产品的销售在中国增速减缓，国内制造商正转向生产技术更先进的产品，如手机、笔记本、MP3、MP4、掌上游戏设备等数码产品。与掌上电脑、智能手机、MP3 等不同，这种兼容了 MP3，基于“MEGP—4”动态图像解码技术，可以在高真彩 TFT 屏上实现随身看电影的袖珍式声画合一数码娱乐 MP4 产品，正以强大影音功能指引着数码娱乐的潮流。MP4 虽然才刚进入国内不久，但其超强的功能、贴近需求的应用得到了消费者的强烈追捧，市场潜力巨大。

二、企业概况简介（略）

三、营销环境分析

企业的营销行为都是在一定的市场环境下进行的，并且随着市场环境条件的转移而经常处于变动之中。营销环境指企业所处的周围影响因素的总集合状况，是营销行为的约束条件整体。下面依据图 1－1，我们对艾斯特电子面临的宏观环境和微观环境的影响作出分析。

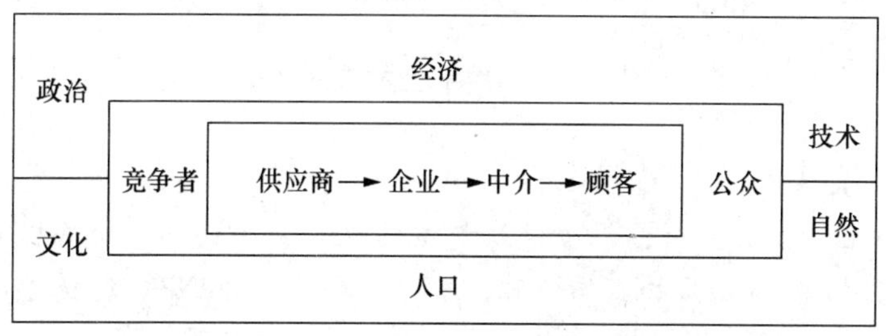

图 1－1　营销环境分析图

（一）宏观环境要素

（1）人文统计环境。

（2）经济环境。

（3）自然环境。

（4）技术环境。

（5）政治法律环境。

（6）社会文化环境。

（二）微观环境要素

（1）企业。

（2）供应商。

（3）营销中介。

（4）顾客。

（5）竞争者。

（6）公众。

四、行业分析

MP4 是一种新兴的消费电子产品，是由法国 ARCHOS 公司在 2002 年发明的。MP4 诞生后，迅速吸引了全世界时尚一族的眼球，成为最时髦的产品。经过 3 年的时间，MP4 产品也逐步走向成熟，生产厂商日益增多，行业的销售额以及销售增长率都在大幅增加，市场前景十分看好，如图 1－2 所示。

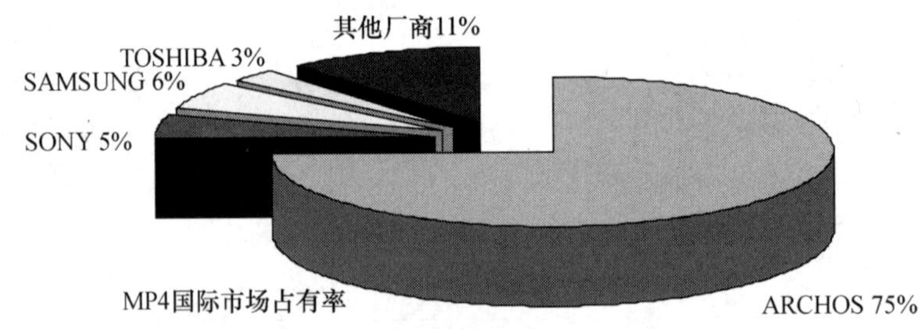

图 1－2　MP4 行业市场结构图

（一）行业结构

从图 1－2 的情况分析，根据调研机构的报告，在国际市场法国爱可视 ARCHOS 公司占据了近 75% 的市场份额，紧随其后的是 SONY、三星等国际电子巨头。可以说，目前 MP4 的国际市场寡占程度较高，市场不均衡。

（二）行业绩效、前景分析

3G 时代即将到来，与之有着密切关系的多媒体电视也将成为未来数码消费电子的发展趋势，MP4 的出现正是顺应了多媒体电视的发展需求。作为最先进的多媒体娱乐数码产品，MP4 将取代 MP3 成为便携娱乐市场的王者，而目前大量涌现的具有视频功能的 MP3，正体现了数码娱乐市场向 MP4 过渡的趋势。

五、企业 SWOT 分析

作为一家成立只有 5 年的高科技企业，艾斯特电子具备了管理，技术，资金层面的优势，但也面临品牌认知度低等弱势。进军MP4行业对于艾斯特而言，机遇与挑战并存。MP4行业尚处于其生命周期的成长阶段，市场还没有完全形成，技术在变，企业在变，消费者群体也在变，风险尚存但市场前景更为看好。艾斯特要在分析市场，分析竞争对手的同时，注重企业的SWOT分析，做到知己知彼，百战不殆，如表1-4所示。

表1-4 SWOT分析总结

优势： 产品技术、外观设计 企业管理 产品定价 营销网络	机会： 行业增长迅速 技术进步 应用范围广
弱势： 品牌认知度 微硬盘	威胁： 市场竞争激烈 替代品威胁

（一）优势Strength

艾斯特电子的主要优势有：

1. 产品技术

艾斯特虽为MP4市场的新进入者，但多年的MP3，液晶屏，掌上电脑的生产与研发，使艾斯特掌握了MP4的核心技术。产品的26万色TFT真彩屏幕逼真度高，色彩鲜明，秉承了艾斯特液晶屏的一贯品质。产品的音色效果俱佳，得益于产品周围电路设计的出色。MP4的外观设计更是出自欧洲著名设计师之手，线路简明流畅，按钮布局合理，给消费者视听双重享受。此外，产品的兼容性强，能与其他厂商的应用软件和文件格式一起工作，满足使用者的不同需求。

2. 企业管理

艾斯特成立短短5年，管理层建设成效突出，分层生产，财务，营销等工作的主管不仅积累了大量的实战经验，还对自身负责的领域进行了卓有成效的管理工作。艾斯特拥有先进的企业文化，采用扁平化的管理结构，加强了对企业每一个环节的管理，使得企业无论在人力资源管理、财务管理、生产运作管理还是产品销售管理上都非常成功。

3. 产品定价

艾斯特的MP4产品主要有两个系列，分别瞄准不同的消费群体，市场定价也有差别。天籁系列面向白领阶层，具有商务应用功能，天祺系列则面向年轻学子，更注重画面，音质与时尚外观，但是两者的定价在国内市场都有很强的竞争力。

4. 营销网络

艾斯特在这几年中建立了自己的销售管理团体，一方面与店铺、网络等销售渠道密切合作；另一方面自己开展市场推广活动，加强了自身的市场开拓能力，这对于艾斯特 MP4 的营销是主要的推动力。

（二）弱势 Weakness

艾斯特电子的主要弱势有：

1. 品牌认知度

艾斯特是 MP4 行业的新进入者，比起 ARCHOS 这样的著名企业。知名度还较低，消费者缺乏对该品牌的意识。这就需要企业加强品牌宣传和推广，以优质的产品和服务树立艾斯特的品牌形象。

2. 微硬盘

艾斯特原先生产的 MP3 产品使用的都是闪存 FlashMemory 介质，与 MP4 的微硬盘 microdisc 有很大的差别。艾斯特尚不具备生产微硬盘的技术，需要日立、东芝等厂商供应，在这方面的谈判能力不足，容易受到他人的掣肘。

（三）机会 Opportunities

艾斯特的市场机会有：

1. 行业增长迅速

MP4 行业在未来的几年中市场容量激增，随着人们对 MP4 的认知度提高以及产品成本价格的下降，市场需求量大幅增长。根据前面的预测，MP4 在 2008 年国内市场上将有近百亿元人民币的销售额。如此蒸蒸日上的市场行情是艾斯特迅速成长的良机。

2. 技术进步

作为一个成长阶段的行业，MP4 的主要技术尚有发展空间，如微硬盘的存储容量，防震性能，液晶显示屏的显示像素，色彩逼真度，响应时间，处理器的工作速度等，技术进步带来成本下降的可能性相当大。艾斯特必须紧跟技术发展的脚步，注重企业自身的研发，把科技成果转化为现实的生产力，提高产品的科技含量。

3. 应用范围广

MP4 产品不仅具有欣赏音乐，观看电影、电子书的基本功能，随着技术进步，新一代的 MP4 还有移动存储，数码摄像头等功能，使产品的应用范围更广，市场需求更旺。

（四）威胁 Threats

艾斯特面临的威胁主要有：

1. 竞争激烈

中国MP4市场迅猛发展的背后是国内外电子巨头的角力。ARCHOS已经全力开拓中国市场，SONY、SAMSUNG等日韩厂商也在加紧步伐，国内厂商也绝非等闲之辈，一场力拼MP4的没有硝烟的战争，已经悄然打响。日益激烈的竞争给所有的厂商带来压力，如营销成本的增加、产品价格的下降、利润率的下降等。面对市场竞争，艾斯特必须练好内功，用产品与售后服务赢得市场。

2. 替代品

MP4集合了数码音乐、电影播放器、移动硬盘、数码摄像等功能，虽没有同类产品，但各个单类产品的竞争仍然激烈。MP4只有较好地集合这些功能才能在竞争中胜出。

六、营销战略

营销战略的内容主要有使命、营销目标、目标市场、战略、营销组合、服务等方面组成，制定营销战略是为了让企业的产品或服务在激烈竞争的市场上占有一席之地。MP4市场容量在增大，市场竞争也日益强化，艾斯特必须做好营销工作，才能达到企业发展的目标。

1. 使命

艾斯特电子的使命就是生产一流品质的MP4产品，并且提供优质的售后服务，为我们的顾客提供信息咨询等工作。艾斯特通过自己掌握的技术和营销网络，联合企业的主要供应商，制造性价比高的MP4产品，在中国市场上销售。

2. 营销目标

艾斯特电子的营销目标是成为中国MP4市场的主导厂商之一，拥有良好的品牌知名度、较高的市场份额，获取较高的利润。

3. 目标市场

艾斯特电子的MP4产品主要有两个系列，在功能、价格上有区别，分别瞄准不同的细分市场，为不同的客户群体服务。

七、营销组合

营销组合是企业用来从目标市场寻求营销目标的一套营销工具，概括起来包括产品、价格、促销、渠道四个方面。营销组合是一个多层次的复合结构，其安排对营销的成败有很重要的作用。因此，营销组合是体现现代营销观念的一种重要手段。

1. 产品PRODUCT

艾斯特电子的MP4产品主要有以下功能：录制以及回放视频，指定视频录制计划，录制播放音乐，储存管理照片，录制收听广播节目，携带文件和材料，享受大屏幕彩色液晶显示屏等。

本产品以客户的易用性为设计理念，与先前的便携式播放机相比，更有许多新的特性，包括小巧的尺寸，流线的外形，20GB 至 100GB 的大容量硬盘，抽取式电池有利于延长使用时间，电视基座安装设置一次到位，外置扬声器使您无需佩戴耳机即可尽享音乐与电影共创的梦幻世界，上佳的视频回放功能，以及内置的 CF 卡读取器能够实现照片从数码相机到摄像机的直接传输。由于具有这些新的特性，本产品不仅功能强大，性能卓越，而且外观轻巧，使用方便。

艾斯特电子 MP4 的产品质量有信誉保障，外观有时尚品质，在包装等方面都独具匠心，为消费者打造最理想的电子产品。

2. 价格 PRICE

艾斯特的 MP4 产品分为两个系列，平均售价，在 4000 元人民币左右，这在 MP4 市场上属于中档次的价位。艾斯特的产品价格合理，质量优秀，在市场中占有一定的竞争优势。通过第一阶段的推广和后续活动，艾斯特的 MP4 一定会赢得消费者的好感，随着产品销量的增加和企业成本的降低，产品价格还有下降的空间。

3. 促销 PROMOTION

所谓促销，是公司将其产品告知目标顾客并说服其购买而进行的各种活动。促销的实质是营销者与购买者和潜在的消费者之间的信息沟通，主要方式为广告、人员推销、营业推广和公共关系。

通过促销活动，艾斯特的目标是在第一年的 MP4 销售中，使销售额达到 1000 万元人民币，占据 10% 左右的市场份额，同时帮助树立企业的品牌形象，以此来提供企业、品牌和产品的知名度，为以后的销售打好前哨战。为了达到公司制定的营销目标，为了提高公司的形象和品牌价值，为了推广 MP4 产品，我们安排了亮相展览会、旗舰店演示、商标设计大赛、投放广告、巧借平台、价格策略等营销活动，通过这一系列的活动推动企业的产品销售。

八、财务分析

艾斯特电子的 MP4 产品高端产品的售价在 5000 元左右，中档产品的售价为 2800 元左右，平均售价为 4000 元，预计第一年的销售额为 1000 万元，销售量约为 2860 台。

由于在产品前期调研、开发、促销、渠道支持等方面的投资，这些费用需要在产品正常销售生产的几年时间里进行摊销，估计第一年的固定成本为 330 万元，每台产品的可变成本为 2900 元。

经过分析，艾斯特第一年要想达到收益与成本相同，必须销售 3000 台左右的 MP4 产品。当然按照先前的预测，第一年是无法完成这样的销售量的，企业必须承受第一年的亏损，需要在以后的几年里通过销售量的增加来补偿。基于

MP4 行业的良好前景，企业在随后几年中财务状况会从亏损到赢利。

九、应急方案与效果评测

在产品的营销活动进行中，可能会突发各类事件，公司在推广活动开始前已经设立一个应急事务处理小组，由公司的副总经理、营销主管、公共关系主管、若干办公员等组成，专门对各种突发事件进行研究处理，在最短的时间里解决问题。

效果评价就是对公司的营销活动所引起的营销费用与产品销售成果进行成本与收益的配比，发现营销过程中的问题及时解决。

例如，对广告效率的评测：

广告有效率 = 企业广告额/企业产品销售额

= 企业广告费用占同类全部广告费用比例/企业产品占同类产品市场绝对占有率

当然还要从媒体评价指标体系、顾客的心理接受度等方面对广告的效果进行评测。除此之外，公司还会对销售队伍、促销活动、分销系统进行效果评测，及早地发现营销活动中的问题，并且予以改善，争取以较少的成本获取最大的利润。

十二、新产品开发企划书

（一）概念

新产品已成为决定企业生存的关键因素之一。随着知识经济时代的到来，技术创新使产品的更替速度变得更快，任何企业要想在竞争的市场中立于不败之地，力求能够实现企业效益的增长和可持续发展，必须十分重视新产品的开发问题。

新产品开发企划书是指根据新产品开发的理念和要求来拟写的一种实施计划书，它包括新产品开发的各项实施步骤、各项资源和时间的利用分配等。

新产品开发计划书的重要组成部分是新产品的可行性分析、定位设计、品牌策略、促销策略、营销渠道策略、广告方式、风险预测控制、产品定价等要素。

（二）新产品种类及构思创意

1. 新产品的种类

从一般意义上讲，新产品可以分为新发明的产品、改进型新产品、新牌号产品三类。

2. 新产品构思创意

（1）消费者的需求是产生新产品设想的直接来源。

（2）企业其他的外部利益相关者的行为也是新产品设想的重要来源，具体表现在：

①研究竞争对手的产品，从而改进企业现有产品；

②采集经销商建议；

③政府机关的有关信息也是产品设想的重要来源。

（3）企业内部人员的想法是新产品设想的主要来源。

（三）写作方法与结构

1. 市场状况分析

要想了解整个市场规模的大小以及敌我对比的情况，市场状况分析必须包含下列八项内容：

（1）各竞争品牌的销售量、销售额、市场占有率的比较分析。

（2）消费者年龄、性别、职业、学历、收入、家庭结构之分析。

（3）各竞争品牌产品优缺点的比较分析。

（4）各竞争品牌市场区域与产品定位的比较分析。

（5）各竞争品牌定价策略的比较分析。

（6）各竞争品牌销售渠道的比较分析。

（7）各竞争品牌广告费用与广告表现的比较分析。

（8）各竞争品牌促销、公关活动的比较分析。

2. 消费者分析

（1）总体消费态势。

①现有的消费时尚。

②各种消费者消费本类产品的特性。

（2）现有消费者分析。

①现有消费群体的构成。

现有消费者的总量、年龄、职业、收入、受教育程度、分布。

②现有消费者的消费行为。

购买的动机、时间、频率、数量、地点。

影响消费者购买行为的主要因素（包括文化因素、社会因素、个人因素、心理因素等）。

购买过程（包括参与购买的角色、购买行为、购买决策中的各阶段）。

③现有消费者的态度。

对产品的喜爱程度、偏好程度、认知程度、指名购买程度、使用后的满足程度、未满足的需求。

（3）潜在消费者。

①潜在消费者的特性，包括其总量、年龄、职业、收入、受教育程度。

②潜在消费者现在购买行为：

现在购买哪些品牌的产品？对这些产品的态度如何？有无新的购买计划？有无可能改变计划购买的品牌？

③潜在消费者被本品牌吸引的可能性：

潜在消费者对本品牌的态度如何？潜在消费者需求的满足程度如何？

（4）消费者分析的总结。

机会与威胁、优势与劣势、重要问题、目标消费群体的特性；共同需求，如何满足他们的需求。

3. 营销环境分析

4. 产品分析

（1）产品特征分析。

①产品的性能。产品的性能有哪些？量突出的性能是什么？最适合消费者需求的性能是什么？哪些性能还不能满足消费者的需求？

②产品的质量。产品是否属于高质量的产品？消费者对产品质量的满足程度如何？产品的质量能继续保持吗？产品的质量有无继续提高的可能？

③产品的价格。产品价格在同类产品中居于什么档次？产品的价格与产品度量的配合程度如何？消费者对产品价格的认识如何？

④产品的材质。产品的主要原料是什么？产品在材质上有无特别之处？消费者对产品材质的认识如何？

⑤生产工艺。产品通过什么样的工艺生产？在生产工艺上有无特别之处？消费者是否喜欢通过这种工艺生产的产品？

⑥产品的外观与包装。产品的外观和包装是否与产品的质量、价格和形象相称？产品在外观和包装上有没有缺欠？外观和包装在货架上的同类产品中是否醒目？外观和包装对消费者是否具有吸引力？消费者对产品外观和包装的评价如何？

⑦与同类产品的比较。在性能、价格、材质、工艺、消费者认知和购买上有何优势？有何不足？

（2）产品生命周期分析。

（3）产品的品牌形象分析。

①企业赋予产品的形象。企业对产品形象有无考虑？企业为产品设计的形象如何？企业为产品设计的形象有无不合理之处？企业是否将产品形象向消费者传达？

②消费者对产品形象的认知。消费者认为产品形象如何？消费者认知的形象

与企业设定的形象符合吗？消费者对产品形象的预期如何？产品形象在消费者认知方面有无问题？

（4）产品定位分析。

①产品的预期定位。企业对产品定位有无设想？企业对产品定位的设想如何？企业对产品的定位有无不合理之处？企业是否将产品定位向消费者传达？

②消费者对产品定位的认知。消费者认为的产品定位如何？消费认知的定位与企业设定的定位符合吗？消费者对产品定位的预期如何？产品定位在消费者认知方面有无问题？

③产品定位的效果。产品的定位是否达到了预期的效果？产品定位在营销中是否有困难？

（5）产品分析的总结。

①产品特性。机会与威胁、优势与劣势、主要问题点。

②产品的生命周期。机会与威胁、优势与劣势、主要问题点。

③产品的形象。机会与威胁、优势与劣势、主要问题点。

④产品定位。机会与威胁、优势与劣势、主要问题点。

5. 市场计划

（1）产品计划：a. 决定产品定位；b. 确立目标市场；c. 品质与成分；d. 销售区域；e. 销售数量；f. 新产品发售的进度表。

（2）名称：a. 产品的命名；b. 商标与专利；c. 标签。

（3）包装：a. 产品用途；b. 包装的式样。

（4）人员推销：a. 推销技巧；b. 推销素材（海报、标签等）；c. 奖励办法。

（5）销售促进：a. 新产品发布会；b. 各种展销活动；c. 各类赠奖活动。

（6）广告：a. 选择广告代理商；b. 广告的目标；c. 广告的诉求重点；d. 小广告的预算与进度表；e. 预测广告的效果。

（7）价格。

（8）销售渠道。

（9）商店陈列：a. 商店布置；b. 购买点陈列广告（POP，包括海报、柜橱张贴、柜台陈列、悬挂陈列、旗帜、商品架、招牌等）。

（10）服务：a. 售中服务（销售期间的服务）；b. 售后服务；c. 投诉处理；d. 各种服务的训练。

（11）运送：运送工具与制度；运送途中保持良好品质的条件；运费的估算；耗损率；损耗产品的控制与处理；退货的处理办法。

（12）信用管理：会计程序；票据确认；客户征信调查；信用额度；收款技巧。

（13）损益表：营业收入；营业成本；营业费用；税前利润与税后纯利。

6. 品牌定位

7. 行动方案

（四）范例

“Young”系列手机开发计划书

序 言

2005 年 4 月 11 日，联想移动在北京发布其 2005 年“SPEED”加速领跑战略，目标直指中国手机行业的领跑者，并立志做全球化的一流手机企业！发布会上，联想移动 12 款新品闪亮登场，其中包括 8 款百万像素级产品，总攻“五一”黄金周市场。

据联想移动方面提供的数据，仅 5 月 1 日当天，联想手机销量就达到了去年同期的 223%，位居国产手机之首，整个五一期间，联想手机销量比去年同期翻了将近一番，增长率高达 96.3%，显露其市场王者之志！

2005 年联想手机将从智能手机、数码多媒体手机、个性手机三个方向入手，力争成为国内综合产品研发能力最强的厂商。目前联想移动已经完成了在智能手机上的布局，形成了以 Symbion 为系统的智能娱乐手机，以 Hopen 为系统的智能商务手机，以 PPC 为系统的基础智能电脑手机的“铁三角”之势，同时在数码多媒体手机取得了不错的成绩。而现在，正是联想移动推出其个性手机战略、实现市场进一步占领的最佳时机。

个性手机不仅仅需要个性化的造型，更需要个性化的品牌支持，点滴营销策划组承接了联想移动个性手机的营销策划，通过我们查阅大量的资料，进行市场调查，开拓各自思维，精心撰写了这份营销策划书，提出了推广 Lenovo 的子品牌 Young 系列手机的创新思维。

本策划书通过收集相关的资料和数据，对手机市场状况，市场趋势以及市场需求进行详细分析，研究公司新推出产品的卖点，同时对新产品进行了品牌定位，确立在产品推广过程中实施子品牌 Young 的大胆战略，设计了新产品销售促进（Sales Promotion）方面与新品牌建设推广方面的行动方案，并提出在营销行为中关于过程管理方面的建议。

点滴营销策划组由四名成员组成，历时两周，相继完成了市场调查，资料收集以及成文定稿，该策划书是我们的第一份策划书，相信这份具有良好可行性与创造性的策划书能够有效地促进联想移动实现其国产手机领导者的目标。

市场概述

一、市场状况

中国信息产业部数据表明，2004 年，随着我国移动通信运营业的快速发展，手机产业规模继续扩大，全行业手机产量为 23344.6 万部，同比增长 25.2%；销售 23037 万部，同比增长 29.1%。其中，GSM 手机生产 21269 万部，同比增长 31.4%，销售 20970 万部，同比增长 31.1%；CDMA 手机生产 2075.5 万部，同比下降 6.4%，销售 2067 万部，同比下降 5.3%。

据 IDC 的数据，2004 年全球手机出货量为 6.645 亿部，我国境内生产的手机约占 35.1%；我国手机用户 3.348 亿（新增 6487 万户），约占全球用户总数的 20%；我国已成为全球手机生产销售第一大国。

2004 年国际品牌的国内市场份额再度回升，上升到 55.5%，比 2003 年提高了 9.5 个百分点。国内品牌手机市场份额则从 2004 年年初的 54% 下降到 45.5%，部分国际品牌国内市场份额快速上升，NOKIA 国内市场份额已达 15%，比 2003 年提高了 3.9 个百分点；SonyEricsson 为 2.9%，提高了 1.8 个百分点。排名前 4 位的外资企业生产的手机已占国内销售总量的 28.3%。

2004 年我国手机市场竞争依然激烈，2004 年全部手机产业完成销售收入增长 25.2%，而利润总额只增长 7.6%，低于销售收入增长 17.4 个百分点，销售利润率也比上年下降了 0.2 个百分点。

二、市场趋势

2004 年，我国移动电话普及率仅为 25.9%，与发达国家 70% ~80% 的普及率相去甚远。随着“三农”问题逐步解决，手机产品的农村需求将会有明显增加，这是未来拉动内需的主要市场。此外，手机新技术新功能不断推出，数据业务与应用内容的丰富，将加速消费需求的更新。同时第三代移动通信（3G）手机用户出现，可以预计国内手机需求仍有较大发展空间。

同时手机的产量也处在激增当中。2005 年 3 月 30 日，国家发展和改革委员会核准同意深圳华为、青岛海信、大连大显泛泰、宁波奥克斯、江苏高通 5 家企业的手机生产项目申请报告。5 月 27 日，又核准同意上海英华达、苏州明基电通、深圳创维、深圳金立通信 4 家企业的手机生产项目申请报告。此次核准的 4 家企业投产后，将新增生产手机约 1400 万部，加上 2005 年 3 月 30 日核准的项目，在手机投资核准规定发布后，已批准新投资企业 7 家，另有 2 家为原有企业调整产品种类，共新增产能约 2500 万部。随着产能不断增长，行业投资风险日益加大，利润日益降低。

三、行动方案

（一）SWOT 分析

1. 优势

斥巨资收购 IBM 个人电脑业务后，联想品牌知名度上得到相当大的提升。手机成为了公司的三大业务之一，得到总公司支持，为联想移动提供充分的发展空间。4 月 11 日，联想移动在北京发布的 2005 年 12 款新款手机产品确立了联想在国内领跑地位，此次新产品的推出有利于巩固公司的优势地位。新推出的产品在功能上添加了 FM，电子词典等在市场上较少出现但又在笔者市场调查中备受关注的功能，存在着良好的市场发展空间。联想优质的售后服务在市场上有着不错的口碑。

2. 劣势

Lenovo 的品牌号召力在手机市场上表现不尽如人意，远远落后于 NOKIA、SAMSUNG、SonyEricsson 等国际大品牌，与其在国内 PC 市场的号召力更是相去甚远。产品质量与 NOKIA 等国际大厂还存在一定差距。联想移动前期推出的部分产品在市场上口碑不佳，以致部分消费者以偏概全，否定了联想产品的质量。

3. 机会

市场对拥有更多新功能的个性化手机需求的增大；消费者对国内品牌的信任度正在逐步提高。

4. 威胁

随着国家对手机牌照的放开，国内市场的竞争将进一步加剧，而市场需求的放缓，预示着行业将进入更为惨烈的竞争状态。国际手机巨头在渠道、政策等方面的进一步成熟；同时凭借着在技术和品牌上优势，进一步挤压国内厂商的发展空间。

（二）人员推销（略）

（三）公共关系（略）

（四）营业推广

POP 布置要突出产品特点，层次分明，达到吸引顾客的目的；样机陈列要突出主推机型，保持样机与展台的整洁，在部分阴暗的商场要加强采光效果；顾客购机附送小赠品，诸如印有 Young LOGO 的钥匙扣，带 Young 标志的手机链等；各销售部门根据实际情况举行大型促销活动，活动需征得市场部同意，活动主题要充分体现 Young 的动感与活力；积极参与联想移动其他系列手机的促销活动；联合中国移动的“M—ZONE”品牌，开展联合促销活动，在顾客购置该系列机型附赠一张动感地带手机卡。

（五）广告宣传

Young LOGO 将采取与中国移动 M—ZONE 类似的动感字体，偏向卡通化，具体形象和广告宣传口号交由广告策划部门负责设计，设计结果需符合产品定位。产品电视广告与互联网广告将围绕主品牌 Lenovo 进行宣传，作为总公司战略宣传的一部分。

（六）执行补充

Y808、Y503、Y216 三款手机将于 7 月底上市，正逢高考成绩公布之后，推广期定于"十一"黄金长假后结束。

一款手机的热销时间一般维持在 3 个月左右，Y808、Y503、Y216 的推出只是拉开 Young 系列手机推广的序幕，在推广期间公司将会根据市场的反应陆续推出多款 Young 系列手机，丰富产品系列，满足消费者需要。

十三、新产品质量分析报告

（一）概念

新产品质量分析报告是指质量分析报告中按产品的生产阶段划分出的一种，专指企划主管对生产准备阶段完成后的小批量试制产品，通过生产检验、形式试验、用户试用，对企业产品进行综合分析的报告文书。产品质量分析的内容包括：产品的质量分析、产品生产工作质量的分析、产品质量变动对产值影响分析。

（二）写作方法与结构

1. 检验产品质量的依据
2. 产品质量控制方法
3. 产品质量状况
4. 形式试验情况
5. 综合分析

（三）范例

××公司防静电仿毛华达呢质量分析报告

中国××研究所和××公司色织厂共同研制的新产品——防静电仿毛华达呢，已试生产出。织物的主要质量指标达到了纺织工业部标准，防静电性能指标明显优于日本工业标准和《静电安全指南》所列举的性能指标。下面就试制中的质量问题作如下分析：

一、质量管理体系

××公司色织厂生产系统有纺纱、染纱、准备、织造、整理等主要车间。从纺纱到成品形成了一条较完整的生产线，多年来以外贸出口产品为主，今年为100%出口。2003年出口合格率为××%，2004年1～6月出口合格率为95%，比去年同期增长6.01%。多年来，从生产和质量管理上积累了较丰富的经验。公司有一套与生产相适应的质量管理体系，有专职质量管理和检验人员200人，占全公司在职人数的13.3%，由厂长和工程师主抓质量工作。质量检查科具体负责各车间的产品质量，各生产车间的关键环节均设有质量检查网点。同时，由质量检查科派出人员专职监督和抽查，实行三级检验，并在原传统的管理基础上吸取了先进的全面质量管理方法，把质量工作同经济责任制结合起来，建立了百分考核制，并在中层科室和车间干部中举办了全面质量管理学习班。

二、质量保证措施

为对以后的试产提供依据，公司从原料、原纱一进厂就进行化验、测试，同时为严格控制保证产品质量，特制定了《防静电新产品质量管理条例》。在新产品试制中，全厂充分发挥车间和职能科室的配合作用和各检测网点的把关作用。同时广泛宣传防静电新产品的意义，启发员工的主人翁责任感。每周定期召开一次质量分析会，预测分析和处理生产中发生的问题。为了及时了解到新产品的质量情况，××纺织科学研究所××总工程师亲访用户，及时把质量信息反馈给纺织厂。

三、质量水平分析

（一）下机质量及入库质量（略）

（二）物理指标（略）

（三）染色牢度（略）

（四）防静电性能指标（略）

上述情况说明，本产品的主要指标达到了纺织工业部的标准，防静电性能指标明显优于日本同类产品，具有良好的防静电性能。因此，防静电仿毛华达呢的生产工艺是可行的，试制是成功的，水平是先进的。

四、问题和方向

防静电仿毛华达呢的试制虽然取得了较好的效果，但也还存在一些问题。例如，初试时由于批量较小，受加工条件和经验的限制，在后整理加工中出现了一些色差，使制成品并不十分完美，没有百分之百地达到预期目标。目前，此问题已找到解决的办法。

今后工作重点是在严把质量关的基础上，加大对产品的结构、性能方面的研究。

十四、新产品开发策划方案

（一）概念

新产品至少可以有两种：第一种，它来源于某种现有产品线的延伸，譬如商家已经投放了普通洗衣粉，接着又进行香味的延伸，开发出新品带苹果香味的洗衣粉。这种新产品就是普通洗衣粉的延伸。第二种，它是一个全新的产品。

所谓新产品开发策划方案，就是激发创意，有效地运用手中有的资源，选定可行的方案，达成预定目标或解决某一难题。

（二）主要内容

1. 如何建立思想库

所谓思想就是能够形成文字描述的产品点子，许许多多的产品点子按照某种规范存放就形成了思想库。一般来说，企业的研发部（R&D）负责建立并维护产品思想库。对于商家来说，产品思想库的建立非常重要，因为它是企业源源不断推出新产品的源泉。

思想库中点子的来源包括：①过去市场报告、研发报告等内部文档；②内部员工不同时间段组织的头脑激荡讨论的结果；③用户/客户的抱怨/投诉的结果；④研发人员根据某种研发规律所做出的推导的结果；⑤市场研究公司运用用户座谈会、U&A 研究中用户 unmetneeds 的分析等。

思想库需要不断的更新，每一个思想也需要定义与再定义的过程，只有这样才能够保证思想库是一个真正有用的产品来源库。

2. 如何筛选概念

对于生产技术已经成熟的或者看起来可能有市场的新思想进行规范的描述后，提供给用户进行评价，目的在于挑选出接受度、喜欢程度较高的思想，经过补充了营销的成分后，推进到概念测试、产品测试阶段，到最终推到市场。

概念筛选阶段经常是十几个概念进行评价，目的仅在于甄选出更高接受度的概念，不做其他营销成分的评价。

3. 如何测试概念

在甄选阶段从十几个概念中挑出 2～5 个接受度高的概念进行概念测试，目的在于估计每个概念的市场量、目标人群、价位接受度等，为是否进行产品测试阶段起支持作用。

4. 新产品开发的市场研究中应注意的问题

新产品开发是非常敏感的市场研究技术，因为它涉及的是一种全新的产品，用户基本上看不到、摸不着的产品，因此其研究难度非常大。在研究过程中，研究公司在过程控制、目标用户的定义、抽样设计、研究设计、数据分析、报告撰

写直至结果解释的各个阶段，都要求较高，且必须具备特别的分析技术与经验。另外，对于不同的产品类型，其研究设计也各不相同。世纪蓝图集近十年的技术与经验的积淀，将努力为客户新产品开发设计出最合适的研究方案与发展策略。

（三）范例

新产品开发策划方案

人们对牛肉干不会陌生，但是对于其一种衍生食品牛肉松消费者又会有怎样的反应呢？这几年，牛肉松已经渐渐淡出市场，想在商场找到一款自己喜欢的牛肉松已经是一种奢侈，是什么决定了牛肉松的悲惨命运？

（1）产品：产品单一，没有多变的口味；质量不过关，安全系数不高；没有人性化的包装设计，不能为消费者提供方便。

（2）渠道：产品推广力度不大，广告不到位，不能刺激消费需求，引导消费潮流、方向。在××集团新产品“××牛肉松”上市前期做了市场调研，总结以往的经验教训，在产品质量、包装、推广等方面做了突破性改进和创新，产品特质更具人性化，广告宣传更具针对性，市场推广更具实效性。

“生产者细心，用心；消费者放心，舒心”，××牛肉松期待给消费者带来不一样的全身心体验，全体工作人员为此不懈努力着。××牛肉松，全力打造消费者喜爱的品牌。绿色、健康、时尚、多元化，都是标榜潮流的消费方向。

一、市场战略宏观环境分析

（1）人口状况。2006 年末，在四川常住人口中，城镇人口 2800 万，比重达到 34.3，比 2000 年第五次人口普查时提高了 7.6 个百分点，以平均每年 1.3 的幅度增长。省统计局人口社科处分析人士指出，去年四川省 GDP 总量增长 13.3，人均 GDP 首次突破万元大关，国际经验表明，这正是消费结构升级换代非常显著的时期。四川省以成都为经济文化中心，成都人口购买力有很大提升，家庭娱乐商品，各种休闲辅助食品在消费支出中的比重快速增长，都给辅助食品消费市场带来了无限商机。

（2）经济社会状况。我国是肉类生产和消费大国，肉类食品行业已逐步成为关系到国计民生的重要产业，对促进农牧业生产、发展农村经济、增加农民收入、繁荣城乡市场、保障消费者身体健康和扩大外贸出口增长发挥着日益重要的作用。四川拥有广阔的养殖草场、丰富的畜牧资源，为肉制品提供充足的原料，降低渠道运输成本，提升了四川肉制品公司的行业竞争力。

（3）政治科技。我国正在全面建设小康社会，在一个比较长的时间内，我国的经济将保持高速度增长，人民生活改善的幅度要继续保持世界领先地位。这种宏观大势为肉类食品行业的持续发展创造了良好的机遇。肉类制品的加工现在已纳入生产许可证管理的范围，全国各地正在对肉类制品企业进行改造和整顿，为其走健康持续发展保驾护航。

(4) 营销中介。成都地区城镇化发展迅速，城市化基数越来越大，各大零售商已经将业务向城市周边扩散，销售终端越来越多，对我们的铺货提供便利条件。

二、市场机会分析

问题点：目前成都地区牛肉类的辅助食品没有形成一个具有知名度的品牌，即没有异军突起的牛肉食品品牌，主要原因是牛肉类辅助食品的成本较高，单价较一般食品（如薯片、蚕豆）较高，对于销量会产生一定影响；再者，商家在牛肉类食品的宣传不到位或者说力度不大，没有消费者耳熟能详的广告，对该类食品的信息也知之甚少，没有具有高知名度的品牌，这是问题的重点。

机会点：消费者对牛肉食品的需求空间巨大，物价上涨风波对牛肉制品市场的冲击带来销量的下降，行业竞争平淡无力，成都牛肉类辅助食品市场是一盘散沙，没有大品牌的支撑，因而需要出现一个食品集团来引领牛肉食品的消费潮流。××集团在此时大力推出新产品“××牛，受到的同行业竞争力相对较小，开拓市场的阻力不大，对于形成知晓度、知名度都是肉松”一个恰当的时期。另有目前作为单独的辅助食品形式的牛肉松产品已经淡出市场（有的作为面包夹心，一般以附加原料出现），现在改头换面的牛肉松重新出现，可能会引起更多关注。

支持点：在牛肉类食品宣传力度不大的情况下，我公司重视产品广告传播和曝光率，迅速提高知名度；本着安全卫生的产品生产经营理念，推出带有卫生夹子的小包装，带餐具的休闲食品，吃起来更方便卫生；拥有较高技术含量，生产脱脂牛肉松并推出各种不同口味的牛肉松，以产品多样化来争取更多消费者。

三、行业竞争分析

牛肉松是牛肉干等牛肉食品的衍生产品，目前由于种种原因牛肉松已经逐渐淡出市场，所以我们重新隆重推出的牛肉松面对的行业竞争更多是来自牛肉干，来自牛肉干的可替代性，也就是说，牛肉干产品对牛肉松的市场推广是一个潜在威胁，消费者可以选择牛肉干来作为替代。

对于我公司首度专门推出牛肉松产品的状况，其他品牌对我们构成的产品替代威胁具有同一性，我们来做统一的问题分析。

对品牌竞争者评价：

(1) 牛肉制品产品同质化状况严重，产品优势特点不突出，以上品牌具有同样的可替代性。

（2）品牌知名度不高，但是有些品牌具有一定知晓度、知名度。打造知名品牌是我们面临的最大问题。

（3）以上品牌的市场份额占有不稳定，但是他们已经有一定铺货量和稳定的销售渠道。我们要做的是一边做渠道一边做品牌。

四、企业资源分析

××集团是今年5月注册成立，旗下××食品有限公司拥有生产设备齐全的工厂，拥有员工400人。围绕建设社会主义新农村和构建和谐社会，我们公司以“工艺精湛，吃得放心、安心、舒心”为经营理念，在未来2年内用1000万元人民币的资金投入推广“××牛肉松”产品多样化：将牛肉脱脂、控油，添加多种佐料水果纤维口味——原味、烧烤、五香孜然、奶油、蛋挞各种水果味（苹果草莓、香橙、葡萄、蜜桃、哈密瓜等）。企业拥有专业设计和公关、销售团队，在产品包装，广告宣传，产品推广方面重炮出击，争取抢占成都牛肉产品市场，打造成都牛肉类食品第一品牌。

五、营销组合策划

1. 营销战略战术重点

成都社会经济发展以美食和旅游为依托，成都美食有口皆碑，成都人对食品的要求自然很高，对于一个新兴企业，首先要争取消费者的信任是一件很难的事情。而我们牛肉松的上市可以说是高调复出，满足更多消费者的需求才能求生存求发展，所以上市初期，要以高品质和人性化服务来占据市场，赢得消费者认同。我们的新产品上市将重点做广告宣产，准确全面地将产品信息（产品优势及创新点）传递出去，提升品牌知晓度，增加渠道（零售）终端数量，快速的铺货。产品以成都（最佳旅游城市、美食文化之都）本地市场为依托，先占领主要细分市场，确保产品的市场渗透，打造品牌，继而进行跨区域推广。

2. 目标对象

目标区域：销售区域主要为四川省成都市及周边地区。

目标消费者：家庭主妇。

3. 产品定位与价格

成都是美食之都，食品种类繁多，可替代食品也比较丰富，在产品日趋同质化的今天，我公司产品在降低生产成本的同时，生产设计和推广赋予更多有人性化因子和流行元素的产品。上市初期，产品附带的信息主要是安全、健康、潮流的大众美食，比较同类产品以相同的价格超值的品质去赢得消费者。后期当品牌具有一定知名度和美誉度时，在原来大众美食方便装盒家庭装的基础上增加礼品系列，将产品赋予一种文化诉求，标榜品位与时尚，一种高品质的享受。导入期、成长期主推方便包装和家庭装，先以人性化的设计和服务来赢得美誉度和信任度，产品成熟期将产品升级，推出礼品系列，形成定位梯度，在满足健康安全需求的基础上进一步满足情感、尊重合自我实现的需求，价格也随之上升。

4. 渠道管理

主要销售渠道是大型零售卖场超市（我们的主战场）（好又多，新一佳，沃尔玛，家乐福等）零售终端，另外，为了上市初期做好市场渗透，各个学校超市小区超市等也是我们铺货的战场，近距离接触目标消费者。选择好渠道之后重视渠道的维护。渠道激励，最大化地挤占渠道资源作为食品企业首先是把握和扩大在批发渠道优势，比如价格折扣、搭赠、返利、销售奖励、积分、抽奖、压货、配额、库存补差、费用补贴等措施，不管采用何种激励手段，其性质是渠道促销（TP），即加速产品从厂家到经销商到批发商再到零售商的库存周转，从而挤占渠道资源。在实际操作的时候我们的核心目的就是新品上市推广，提高铺货率。深度分销，做好市场渗透在中国市场做营销，有一个诀窍，就是渠道的数量或者说经销商的数量，甚至是终端的数量多少，往往决定一个企业销量的多少，分销的密度和广度，就代表了企业的销售良好度。分销密集度不是万能的，但没有密集度是万万不能的。

六、广告战略组合

广告目标：新产品上市首先打造知晓度和满意度，作为新品牌首先了解顾客心理和需求，以更加人性化的创意，赢得消费者的认同感，将广告、促销和媒体有效结合起来。

广告媒体：目前电视媒体不再具有区域性、地方性，所以媒体的选择考虑收视范围广收视高的中央电视台（中央三黄金时段栏目插播，少儿频道六点档栏目插播），湖南卫视《快乐大本营》插播，四川电视台影视频道晚间档节目，高校视频（受众为家庭主妇、在校学生、儿童）等。

主题与广告表现：突出产品安全卫生健康；方便时尚；多种口味；高品质。

七、实施管理与控制

“××”上市需要市场上现有的牛肉干品牌具有替代威胁，其他品牌已经具有固定销售渠道，“×××”等牛肉干品牌摆在各卖场做调研，了解消费者购买习惯，将“××”与“×××”放在一起，增加消费者关注度，卖场管理时刻不能松懈；了解最近的时事动态，争取一次与政府合作的机会，或者赞助一次公益活动，做好公关，提升品牌知晓度、美誉度、知名度；严格把好质量关卡，食品最忌出现质量问题。另外，产品性质和广告要时时创新，保持旺盛生命力，并能完成产品信息的传递和消费方向的引导。

八、经费预算（略）

十五、新产品价格策略分析方案

（一）概念

价格策略是企业一个比较复杂的营销环节。价格策略对于我们而言是更加重要的，因为它直接决定了企业赢利与否、赢利多少的问题。基本的产品价格策略可以分为三类：新产品价格策略、产品组合策略、价格调整策略。此外，还有主动改变价格和应付价格改变的策略。新产品价格策略是在产品生命周期的引进阶段推出新产品时所采用的策略。产品组合策略是为确定产品组合的整体定价关系所采用的策略。价格调整策略是指公司根据各种顾客差异和环境变化的因素来调整其产品的基本售价。新产品价格策略分析方案写作介绍如下：

（二）写作方法与结构

1. 新产品投放背景分析

（1）政治、法律环境分析。

（2）经济环境分析。

（3）竞争状态分析。

（4）社会文化和消费者心理分析。

2. 新产品现行市场状况分析

（1）新产品基本概况。

①新产品简介。

②新产品的功能。

③新产品主要优点。

（2）新产品的市场定位。

（3）新产品的市场策略。

3. 新产品的价格与市场竞争策略分析

（1）新产品的价格的制定依据。

（2）新产品的价格竞争策略优劣势分析。

①自身价格竞争弱势分析。

②竞争对手的价格策略优势以及应对策略。

③季节性价格竞争策略。

（3）新产品的价格策略对市场的影响和发展趋势分析。

4. 提出建议

（1）对提供商的建议。

（2）对消费者的建议。

（三）范例

小灵通的价格策略分析报告

一、小灵通的投放背景分析

眼下在中国电信业最引人注目的大事件要算是小灵通进入长期给中国联通和中国移动两大巨头占据的有着丰厚利润的中国电信市场。而伴随着小灵通的进入而来的是中国联通和中国移动的各种各样的优惠政策和实行单项收费的计划。那么小灵通为什么选择这个时候进入激烈的市场呢？在这里我们首先来对小灵通的投放背景做一个简要的分析。

（一）政治、法律环境分析

从 1998 年开始，我国实行了以促进有效竞争为目的的电信重组工作，到目前为止，全国有六家经营基础电信业务的公司、4000 多家经营增值电信业务的公司，形成了电信业务市场竞争的新格局。与此同时，《电信条例》、《互联网信息服务管理办法》的实施和各省级通信管理局的组建，标志着以中央集权为主的电信监管体系初步建立，促进了光通信、移动通信和互联网等新业务的开展。那么随着产业规模的日益壮大，政府是如何来实施监管呢？在中国目前的条件下，中国是先通过“先改革再立法”的办法来逐步规范市场。但是目前的问题是，中国政府的监管是否得力，中国目前只有 500 多人承担中国电信市场的监管工作。分摊下来，平均每个省只有不到 20 人，相对中国巨大的电信市场极其内在的复杂性而言，监管力量显然不足。这是中国电信市场目前存在的不可回避的问题。中国电信的小灵通投放战略就必须充分关注这个目前还存在漏洞的监管局面。

（二）经济环境分析

从几乎夭折到今天的火热局面，小灵通之所以能够迅速发展起来，关键在于中国的实际国情。虽然我国经济自改革开放以来，经济上获得了巨大的成功，但是从整体上来讲，我国仍然是一个发展中的国家，贫富差距与日俱增，因此市场的需求呈现多层次化，导致了消费者对通信需求的多样化。同时，从中国目前的经济状况而言，最先进的科技不一定是最适合中国消费者的使用。虽然小灵通目前在发达国家是属于淘汰产品，但是对中国的整体通信技术水平而言，小灵通对于中国移动和中国联通的 GSM 和 CDMA 是一个很好的补充。可以说，随着小灵通、CDMA、GSM 的共同出现，中国的移动市场才算是全面地走上发展道路。

（三）竞争状态的分析

目前小灵通在中国的竞争对手理所当然地要属中国移动和中国联通。中国移动的市场定位既不是小灵通所面对的城市低收入人群，也不是联通套餐所吸收的

商务移动用户，而是介于两种群体之间，巧妙填补了市场需求的一大空白——以大学生为代表的年轻消费群体，这些年轻人的短信消费量是相当巨大的。但是，对于移动而言，短信服务运行成本是较低的，而同时运行风险却较小。目前通过短信服务在年轻人中间树立形象之后，中国移动的个人化服务和移动秘书的服务便可以很轻易地进入这些年轻人的市场。以中国移动目前的动感地带业务为例，虽然在技术上并没有很大的创新，而且基本费用除了免月租之外，也没有更多的优惠迹象。但是，移动却通过极其优惠的短信服务吸引了大量的年轻人尤其是大学生：每月 20 元 300 条；30 元 500 条的低价短信套餐。这些大学生就是未来无限移动消费的主力军，谁掌握了年轻人的市场，谁就能在未来的竞争中处于优势的地位。同时，对于中国联通而言，其推出的 1000 元 CDMA 预付话费业务，对定位在低端客户的小灵通而言也是一个巨大的威胁。中国每年新增加的 5000 用户到 500 万用户中，有 80% 的用户是预付用户，如果这 80% 的用户中有 20% 给联通吸引过去的话，对联通而言也是一个巨大的收获。在联通预付费用计划的背后，是联通的一个“阴谋”，即以捆绑低价手机应对小灵通的低价冲击波。因为，只要 1400 元以下的低端 CDMA 手机面世，和这些低端 CDMA 手机捆绑的预付费业务，肯定会在中低端通信市场掀起一股强有力的低价购买风暴，这对小灵通来说绝对不是一个好消息。如此一来，联通和小灵通在低端通信市场的竞争在所难免，作为潮流的 CDMA 卖点，在某种程度上要远远比让消费者将信将疑的小灵通具有更大的购买吸引力。同时，作为行业的一个领先者，联通也进行了业务上的方向调整，学习移动进行品牌竞争，最终确立联通在高端客户中的地位。

（四）社会文化和消费者心理分析（略）

二、小灵通现行市场状况分析

（一）小灵通基本概况

1. 小灵能简介

无线市话（Personal Access Phone System，PAS）俗称“小灵通”，它是一种新型的个人无线接入系统，采用先进的微蜂窝技术，将用户端（即无线市话手机）以无线的方式接入本地电话网，使传统意义上的固定电话不再固定在某个位置。可在无线网络覆盖范围内自由移动使用，随时随地接听、拨打本地和国内、国际电话。无线市话能提供大话务量、高密度的服务，具备动态信道分配，每平方公里可容纳 2 万多的用户；提供高质量的传输和通话音质，保密性能好、安全可靠。同时，无线市话业务处理能力强，系统完全建成后，不仅能提供固定电话所具有的所有功能（目前能提供来电显示和无应答转移呼叫功能），还可提供多种增值服务，如：高速数据上网、110 报警和 120 急救系统定位功能、多媒体业务、短消息服务、C－mode 服务等。

2. 小灵通的功能

小灵通除了具有拨打和接收市内、国内、国际长途电话，来电显示，转移呼叫等基本功能外，它还有许多增值业务：

（1）MIMI：MIMI（Mobile Imformation Mobile Internet）只需将小灵通手机进行在线注册，即可享受精彩纷呈的MIMI了，妙趣横生的动画、生动有趣的图片、流行悦耳的铃声统统可以下载到自己的小灵通手机上，还有最新的新闻、气象信息、商家折扣、股市行情、精彩游戏等供用户查阅或娱乐，方便易用的拇指邮件还可用自己的小灵通随时收发电子邮件。

（2）WIWI 高速无线上网：PAS 系统具有强大的无线数据业务能力，可以支持接入迷率高达 32K/64K 的无线因特网接入，实现与普通拨号上网一样的网络冲浪服务。目前有小灵猫（用它连接电脑的 USB 接口和小灵通手机的数据端口）、小灵通数据通讯卡（标准的 PCMCIA 卡）等产品实现上网配套短消息业务（SMS：Short Message Service）。短消息业务（SMS），是一种简便、实用、高效的增值业务。PAS 系统的短消息业务是指用户借助 PAS 网络方便、快捷地传递的实时文字信息，具有到达确认和存储功能的业务。它能够提供提醒服务、语音邮件以及新闻、股票查询等丰富的服务。

（3）定位查询服务：PAS 无线市话采用微蜂窝技术，基站功率较小，传播距离不远，能够对系统内的移动终端提供比较准确的区域定位服务，定位精度可以达 50～100 米。

3. 无线市话“小灵通”主要优点：

（1）移动通信：无线市话“小灵通”是本地固定电话网的有效补充和延伸，它提供在本地即宁波地区无线网络覆盖区内自由移动使用的电话服务。“小灵通”客户只要携带轻便的“小灵通”手机，在网络服务区内可随时随地拨打和接听本地、国内和国际电话。

（2）经济适用：无线市话“小灵通”基于本地电话网，因此它与固定电话一样实行单向收费，同时采用与固定电话相同的费率标准。以固定电话的价格，享受本地移动电话的方便是无线市话“小灵通”最突出的特点。

（3）绿色环保：无线市话“小灵通”的基站和手机发射功率都只有 10 毫瓦，而就连我们通常使用的无线电话机的发射功率也有 35 毫瓦左右，因此“小灵通”的电磁波辐射极小，对人身体不会造成伤害，符合人们的健康要求，所以被誉为是一种绿色环保的通信工具。

（4）功能完备：无线市话“小灵通”除具备现有固定电话的基本功能外，还可提供多种增值业务，如来电显示、转移呼叫、中高速上网等数据业务。

（5）超长待机、通话时长：“小灵通”手机耗电省，电池特别耐用，一次充足电后待机和连续通话时间更长。

（6）精巧时尚：无线市话“小灵通”手机的重量不到100克，仅相当于一副眼镜的重量，可以轻松装进衬衣口袋，也可洒脱地挂在胸前，携带十分方便。同时“小灵通”手机讲究时尚品位，外形精巧美观，富有个性化。

（二）小灵通的市场定位

众所周知，中国还是发展中国家，人口众多，居民的收入和消费水平还不能和发达国家相比。所以对广大老百姓来说，经济实惠、物美价廉依然是消费意识的主流，在电信市场也不例外。电信市场分家后，移动通信的寡头垄断者中国移动和中国联通都是开展双向收费服务，而且话费不低，这使得收入水平较低的人群失去了使用的条件，而这些群体在中国市场上占了很大一部分。小灵通正是抓准了这个机会，所以它的定位也完全是针对广大的要求经济实惠的老百姓。

（三）小灵通的市场策略

1. 单向收费

无线市话“小灵通”实行单向收费，通话资费标准与固定电话相同，“以固定电话的价格，享受本地移动电话的方便”是“小灵通”最大的特点。经济实惠的通信消费，不仅适合中、低收入者，对高收入者来说，同样乐而为之。用户选择“小灵通”与移动电话最大的区别，是前者无须采用移动交换网，仅依托原有的固定电话交换机交换，可以说是固网电话的延伸。它以高质量的数字技术用无线方式接入市话网，使传统的固定电话不再固定在某个位置，用户可以拿着便携手机在网络覆盖区内任意使用，有效地补充和延伸固定电话的功能，满足经常在本地活动的老百姓对通话移动性的需求。按市话收费的“小灵通”真正让百姓买得起、用得起。

2. 绿色环保概念

小灵通是名副其实的“绿色手机”，因为小灵通的基站和手机发射功率都分别只有100毫瓦和10毫瓦，其辐射极小，而GSM的基站和手机则分别为3000毫瓦和100～1000毫瓦。随着人们生活水平的提高，环保意识也在不断加强，尤其在“非典”时期，小灵通这一优势越来越明显。此外，数据业务功能强大也是小灵通深受广大用户喜爱的一个理由。

3. 固网运营商提供丰厚回报

小灵通是固网运营商不断创新的结果，是其利润增长点。小灵通的发展壮大离不开固网运营商的推动。据著名投资银行所罗门美邦分析师分析，小灵通业务在最大限度上盘活了中国电信过去的沉淀资产，并且投资较低，收入回报丰厚。由此可见，小灵通发展如此迅速，与固网运营商给予广大老百姓的关爱，以及积极实施以市场为导向的经营策略是分不开的。

十六、新产品开发可行性分析报告

（一）概念

新产品开发可行性分析报告是新产品开发中关键的一步，是企业在开发新产品之前，根据企业实际情况，并充分结合市场环境，具体分析新产品开发方案在实践中的可行性、可操作性以及所能达到的效果和具体实施步骤的书面报告。

（二）写作方法与结构

1. 项目名称、承办单位及负责人

2. 可行性分析

（1）市场分析。

①分析市场发展历史与发展趋势，说明本产品处于市场的什么发展阶段。

②本产品和同类产品的价格分析。

③统计当前市场的总额、竞争对手所占的份额，分析本产品能占多少份额。

④产品消费群体特征、消费方式以及影响市场的因素分析。

（2）政策分析。

分析有无政策“支持”或者“限制”，分析有无地方政府（或其他机构）的“扶持”或者“干扰”。

（3）目标市场分析。

（4）竞争实力分析。

竞争对手的市场状况、研发、销售、资金、品牌等方面的分析，自己的市场状况、研发、销售、资金、品牌等方面的分析。

（5）技术可行性分析。

①项目的主要技术指标、网络结构、实现的目标以及应用系统等新采用的技术等。

②技术队伍，项目带头人技术水平及主要承担人员构成。

③目前项目开发工作的物质条件准备情况。

（6）时间和资源可行性分析。按照正常的运作方式，开发本产品并投入市场还来得及吗？人员能及时到位吗？软件硬件能及时到位吗？

（7）知识产权分析。考虑以下因素：是否已经存在某些专利将妨碍本产品的开发与推广？本产品能否得到知识产权保护，如何获得？存在的问题及建议？

3. 新产品的基本情况及生产规模

4. 生产条件设计方案及生产技术设备方案

5. 开发实施进度计划

6. 产品价格分析

7. 上市分析

8. 投资估算、资金筹措

9. 产品成本估算

（三）范例

××彩屏手机推广可行性分析

一、产品市场分析

现在，手机不再仅仅是通讯工具，人们总是喜欢将它视为一种与主人身份、喜好、品位相关的标志。率先追捧以品位为时尚的是“金领”一族。“金领”一族主要由经理一族构成，他们不仅拥有“大款”一族的经济实力，更有积极向上的生活态度和高雅的生活品位。因而在选择手机时，他们最看重的是手机的品位与格调。

紧随其后的是“小资”一族。“小资”一族是介于“金领”与普通白领之间的一个群体，他们的薪水相对较高，工作和生活环境也比较优雅。在生活品位与格调的追求方面，他们要比“金领”更富于热情和想象力。因此，在手机的选择方面，他们更讲究与自己身份和衣着的和谐。

时下，女性“小资”一族所追捧的品位是：手机的整体格调要雅致，款式以简洁明快为佳，颜色崇尚淡雅，机身喜欢轻盈娇小。此外，功能上还要定位于高档，比如要有时尚的上网功能等。

总之，目前手机的流行时尚已不再被一个“酷”字所垄断，以雅致和品位为代表的新的流行时尚，已在市场上初见端倪。可以预见，今后手机市场将会流行两个新的时尚关键词——“雅致”和“品位”。

而彩屏手机无论从功能上，还是从款式上、从概念上，倡导的都是一种高雅、有品位、超现实的感觉，如果引导得当，应该有一定的市场空间。

据调查，最早提出彩屏手机概念的是日本的手机厂商。早在1999年，第一款彩屏手机就已在日本诞生了，它的出现使人们“从黑白世界进入彩色新世界”的梦想成为了现实。2000年1月，日本最大的电信运营商NTT DoCoMo推出了第一支正式上市的彩屏手机D502i，终于实现了人们“彩色的梦”。

可惜的是，由于日本本土所采用的网络和中国国内的GSM、CDMA网络技术都不相同，所以基本上所有为日本本土设计的手机在非日本地区都不可以使用。

彩屏手机在日本甫一出现，立刻受到市场热烈欢迎，仅2000年面向日本本土生产的手机中，采用彩色液晶显示屏的就达到了48%，数量为2413万台。这意味着仅仅不到1年的时间，彩屏手机就几乎占据了日本手机市场的半壁江山，一跃成为日本手机市场主流产品。之后不久，NTT DoCoMo 就对外宣布："2000年后半年上市的所有的手机全部支持 I-mode 模式，同时所有品种全部彩色化。"如今在日本本土，支持256 色彩色屏幕、16 和弦铃声基本已经是购买手机的最低要求了。

现在世界大环境"3G"的热浪一天高过一天，使得从制造商、经销商到最终使用者对彩屏手机的需求均出现迅猛增长，很多手机厂商也把彩屏手机作为近期主攻手机市场的一大利器。但由于手机液晶显示屏成本比较高，彩屏手机多同时集成很多先进功能——如 GPRS、Bluetooth（蓝牙）但由于各种原因大多数用户不一定会经常使用，还有就是手机本身的价格、可用功能的实现程度等原因综合在一起，彩屏手机的市场明显展现出供求不平衡现象，以至于很多手机厂商都把彩屏手机定位在时尚、面向未来的机型中。就在不久前，来自瑞典的爱立信（Ericsson）公司发布了它的第一款 GSM 网络的彩屏手机——T68；同时日本的三菱（Mitsubishi）公司也发布了它的彩屏手机——Trium E 彩手机；NOKIA 也宣称推出了7210 的彩屏版本，但这些都不是第一部彩色液晶显示屏的 GSM 手机。真正第一个推出彩屏 GSM 手机的是台湾一家较为知名的手机厂商——英资达（OK-WAP），它在 2000 年 9 月推出的 OKWAPil08 才是真正世界上第一款 GSM 网络的彩色液晶屏手机。

据称，OKWAPil08 手机功能强大，色彩鲜明，是一部处处充满时尚感觉的娱乐+商用手机。它的出现无疑给同样使用 GSM 技术的中国市场造成了很大的冲击，也刺激了立志在中国手机市场大显身手的摩托罗拉、诺基亚、爱立信、三星等世界手机巨擘，刺激了早就在国内手机市场为生存和尊严而拼争的××手机、科健、海信等民族手机厂商，国产彩屏手机呼之欲出。

二、目标市场分析

目前杭州市场上的手机品种不下百种，经抽样调查，其主要品种按市场占有率依次排列为：摩托罗拉、诺基亚、爱立信、三星、西门子、TCL、飞利浦、科健、阿尔卡特、波导、海尔、索尼、松下、三菱、夏新、东信、NEC、康佳、首信、中兴、高科……

据调查，由于年龄、收入、文化层次、职业、职位、生活方式等指标的不同，人们对手机的款式、价位、功能的要求相去甚远。以下为部分国产主流手机的主消费群流量图（样本量小，本数据仅供参考）：

1. 杭州国产手机市场主要品牌流量（抽样）

2. 不同价位销量百分比

3. 目标群聚类分析

根据市场调查的结果，我们判断，彩屏手机最大的消费群是以下两类人群：

(1) 追求时尚的青年女性、她们的男友和少量青年男性;

(2) 注重生活品质的高收入、高职位阶层。

三、USP 提炼

目前市场上已经上市或宣称即将上市的彩屏手机不下 10 种，主要有诺基亚 7210、三星 SGH - T100（已上市）、三星 True - iTl 00、飞利浦 Fisio820、松下 CD67（已上市）、爱立信 T68（已上市）、摩托罗拉 A820（真正的 3G 手机）、科健 K508 等产品，其竞争态势日趋渐浓。

从已经上市或即将上市的几款彩屏手机的主诉求上来看，诸如“精彩生活”、“有声有色”、“五彩缤纷”、“彩色世界”等比较贴切的关键词都已经被占用，××手机必须另辟蹊径，以差异化的诉求介入市场。

四、命名与价位建议

结合 2002 型的 USP，考虑到和市场上已经推出、即将推出的同类产品的差异性，我们建议将 2002 型手机命名为“××手机七彩阳光系列”。

这是因为：“七彩阳光”明确地表述了彩屏的概念，“阳光”能给人以健康向上的感觉，“阳光”既能打动第一目标人群，也不排斥第二目标人群，“阳光（太阳）”有每天都是“新的”的含义，“阳光”的形象也可以逐渐取代××手机过去的形象。

关于 2002 型的价位，我们的建议有两个：

一是市场启动之初，在有一定宣传攻势支撑的前提下，可以定位在零售 4200 元/部的标准上，以先声夺人之势，营造出彩屏手机领导品牌的市场氛围，短期内获得一定的市场份额和利润回报。

但是必须指出，这样的入市策略必须有大量广告宣传的支持，还要有产品内在质量、功能的支撑，同时还要承担较大的市场风险——一旦销量上不去，庞大的广告投入将无以回报；一旦引发其他同类产品（特别是国外强势品牌）的直接冲撞，××手机将不得不倾尽全力死守领导地位，这将造成巨大的资金压力。

另外，这种定价策略更适合“第二类”也就是高收入、高职位人士的消费水平，而对“第一类”时尚追求者的购买有一定的阻碍。

二是以具有贴近性和亲和力的价位——2600 元/部（因为我们不知道 2002 型的产品成本，此价位仅代表一种策略）——入市，同时保证有一定的宣传力度，确保××手机 2002 型“领导彩屏手机新潮流”的概念能够被绝大多数有手机购买欲望的消费者知晓。

很明显，这个策略完全针对第一目标人群而制定的，这个价位应该有最广大的市场空间。我们认为，采用这种入市策略，预想利润虽然比高价入市策略的预想利润要低一些，但只要有宣传力度、产品质量和功能的支撑，销量一定会比较乐观，且有可能让2002型先一步到达目标人群的“口袋”，即便其他对手强力反击，却因为市场容量已经被××手机切掉了一块（不少目标人群已经“抢”了一支2002型在手中），在领先的情况下，××手机完全有实力，也有理由从宣传和价格两个方面对对手进行封杀和挤压。

我们主张××手机采用第二种，也就是用具有亲和力的价位入市的策略。

五、广告创意（略）

六、媒体投资计划（略）

十七、新产品设计可行性分析报告

（一）概念

新产品设计可行性分析报告是对产品进行大量的技术和市场调查后，根据企业现有技术水平及综合经济实力所进行的合理论证及经济分析论证的文书。

（二）写作方法与结构

1. 调查研究

调查对象：国内同类的市场占有率在前三名的产品与国际名牌产品。

调查途径：国内外相关专利、商业情报局。

调查内容：国内市场的重要用户与国际重点市场同类产品的技术现状和改进要求。

2. 可行性分析

（1）产品的技术发展方向和动态。

（2）市场动态及发展该产品应具备的技术优势。

（3）发展该产品的资源条件的可行性（含物资、设备、能源及外购外协件配件等）。

3. 产品设计决策

（1）制定产品发展规划。

①根据国家和地方经济发展的需要。从企业产品的发展方向、发展规模、发展水平和技术改造方向、赶超目标以及企业现有条件进行综合调查研究和可行性分析，制定企业产品发展规划。

②由研究所提出草拟规划，经营销总部初步审查，再由总工程师组织有关部门人员进行缜密的研究定稿后，报总经理批准，最后由产品部下达执行。

（2）新技术、新材料、新工艺、新装备的应用研究。

①开展产品寿命周期的研究，促进产品的升级换代，预测企业的盈亏和生存，为企业提供产品开发的科学依据。

②开展那些对产品升级换代有决定性意义的科学研究、基础件攻关、重大工艺改革、重大专用设备和测试仪器的研究。

③开展那些对提高产品质量有重大影响的新材料研究。

④科研规划由研究所提出，营销总部组织有关部门会审，经总工程师签字报总经理批准后，最后由产品部综合下达。

（三）范例

电信运营商新产品设计思路及可行性分析报告

一、简介

伴随着IP技术与通信新技术的日新月异，固定与移动网络的融合为运营市场带来更多创新的机遇与未知的挑战，中国电信服务行业改革与市场化运营体系格局的形成与日趋成熟，中国加入WTO后电信服务市场的逐步开放与国际市场的接轨，电信运营商所生存的市场环境竞争形势逐步升级，电信运营商不仅在市场前段的营销策略方面需要精心筹划、组织管理，更重要的是需要对被营销的核心——业务产品进行符合市场需求的创新和规划，市场用户是市场的主导者和运营商市场表现优劣的裁判，只有以满足需要、良好性能和优质售后服务的产品作为建立运营商企业竞争力的核心之本，才能稳固地占有市场优势，使企业在不断发展变化的市场中获得持续、增长的收益。

本报告遵从一般新产品开发项目的思路和方法，从分析电信服务产品的特点、电信市场产品的现状入手，阐述如何发现并筛选新产品的构思、如何从整体市场容量、市场竞争形势、消费者需求、技术以及营利性方面比较可客观、合理地判断新产品开发项目的可行性及衡量市场收益，重点是分析了如何分析、把握用户对于电信业务的真实的、可激发的潜在需求。

研究认为，在不久的将来用户对于移动、固定通信的服务需求将完全渗透到生活、工作、学习、娱乐的方方面面，因此研究用户的需求就要从立体地体现用户的各方面的特征进行分析，可以采用收集已有电信市场用户分析资料作参考、观察法、访谈法、多种产品的用户试用研究、量化的问卷等方法手段进行调查，其中调查的内容可以涉及影响用户使用电信服务的方式和特点的各个方面，包括自然特征、文化特征、生活轨迹特征、影响力特征、品牌特征、电信服务使用特征等，这样才能开发更加符合市场用户需求的产品。

此外，还可以进一步从分析用户的心理价值观倾向来挖掘用户需求产生的深层次原因；反之，则可以用来更有效、合理地指导通信服务产品的设计。

由于用户个体成长过程中形成的心理价值观特点对于其选择通信服务产品、

选择服务方式有决定性的影响作用，因此从分析个体各个阶段心理价值观形成的影响着眼，进而分析了受相应影响所形成的心理价值观的特征，以及这些价值观对用户所需求的电信产品特点的影响，通过应用心理价值观特征模型、电信消费特征人模型的理论和分析思路，并以实证的案例阐述了在细致分析用户心理价值观特征、分析抽象归纳的电信消费特征人的电信产品需求特点基础上，有针对性地开发目标用户群需要的产品，例如“动感地带”、“移动梦网”等，必定能够优先占领用户市场及较多市场份额或者有效地激发用户的潜在需求转化为现实而持久的需求。

二、目录（相关内容略）

第二章　市场策划与战略文案

一、市场预测报告

（一）概念

市场预测报告是根据市场调查的资料，对未来一段时间的市场发展与变化趋势进行预测、分析、推理而制作的书面报告。

（二）格式要求

市场预测报告的格式由标题、正文和结尾三部分组成。

1. 标题

如“××××年中国空调市场预测”、“全国服装市场预测”、“健美双全——××××年化妆品市场预测。”

2. 正文

正文一般包括导言和主体两部分：

第一，导言。这是开头的部分，一般简要地介绍对象的性质、特点和用途。

第二，主体。这部分的主要内容有情况（包括企业自身情况、产销情况、顾客情况、对手情况、市场情况）、预测和提出建议三部分。

3. 结尾

写上预测单位名称及日期。

（三）范例

我国通信产品市场预测与分析

随着新世纪的来临，我国通信事业以高于国民经济发展速度5倍以上的水平迅速发展，电话普及率的增长速度居世界首位，特别是在广州市，平均每3人就有一部电话，许多家庭有两部以上的电话，每10人就有一部手提电话。国内通信产品市场的异常活跃使国外的许多公司也纷纷瞄准了中国市场，这使我国通信产品生产和需求领域呈现出繁荣的景象，由此也带来了激烈的竞争。

一、市场现状分析

从生产情况看，××××年，我国才成立第一家程控交换机生产企业，经过10年来引进技术、设备及自行研制开发的发展过程，到××××年，全国生产程控交换机的企业已发展到××多家，其中计划外企业××余家，机型包括××个国家的×种制式，年生产能力×××万部，总供应能力已突破×××万部的规模，已跃居世界前10位。

我国电信业发展较快的原因，一是国家把通讯作为国民经济先行行业和对外开放的必要条件，在税收、贷款等方面对通讯实行了一系列的优惠政策；二是依靠科技进步，积极采用国外先进技术、设备，直接跃上新台阶。

二、××××年全国通信产品供求预测

1. 生产能力预测。××××年全国程控交换机的生产能力预计可达×××万线。

除上述国内引进技术和设备组装生产的能力以外，预计用国外政府贷款还将直接进口一部分，大约为×××万线。

综合上述，××××年，全国程控交换机市场将形成××××万线的供应能力。

2. 需求量预测。电话的需求主要取决于以下两个因素：

一是经济发展的需要。

二是收入水平的提高促进消费观念的变化，使电话需求猛增。

概括起来说，××××年通信产品的需求环境取决于经济的发展及人民生活水平的提高。××××年是国家"九五"计划的最后一年，也是国家加快推进建立社会主义市场经济体制的关键一年，预计××××年仍是一个电话需求的高峰年。

三、全国通信产品供求结构分析

1. 产品结构分析

(1) 大程控交换机供不应求，小程控交换机将供过于求。

(具体分析略)

(2) 移动电话需求旺盛，很有发展前景。

(具体分析略)

2. 需求结构分析

(1) 住宅电话需求猛增。

(具体分析略)

(2) 公务电话需求稳定。

(具体分析略)

（3）公用电话需求迫切。

（具体分析略）

四、加快我国通信业发展的对策与建议

1. 加强程控交换机生产管理。"九五"期间，我国程控交换机的生产发展迅猛，生产已达到相当规模，初步缓解了供需矛盾，但也暴露出了目前国内程控交换机生产存在着种种令人忧虑的问题。主要有：由于需求的刺激，使得各地纷纷上程控项目，引进机型过多，对于今后联网、发展智能网造成困难；另外，分散重复建设无法形成规模生产、规模经济，不利于降低成本。在没有竞争的情况下，拼命扩大生产，不利于提高质量。从目前的生产发展趋势看，预计 1999 年以后，程控交换机市场将出现竞争，此番竞争不仅仅是国内企业之间的竞争，而且还将面临世界发达国家争夺中国通信市场的竞争。因此，建议国家从严控制新机型的引进，加强通信网的统筹规划，制定技术标准，规范企业的经营行为，支持国产程控交换机的发展。生产企业应提早从产品质量、功能上下功夫，储备竞争能力。

2. 加速发展我国移动通信工业。移动通信工业在我国刚刚起步，目前国内使用的移动通信工具是摩托罗拉、三菱、NEC，而其他国家的电信公司也都在注视着中国的移动通信市场。引进国外移动通信设备，我国每年需要花费数十亿美元。面对利润极度丰厚、前景如此广阔的国内市场，我国应集中优势力量，加速现代化移动通信产品的开发与生产，加大投资力度，争取在较短时间内研制出先进的移动通信设备，促进社会效益和经济效益会的提高。

王××

××××年××月××日

二、市场调查报告

（一）概念

市场调查的范围很广泛，凡是直接或间接影响市场营销的情报、信息，都是市场调查报告的内容。简单的来说，由市场调查的结果整理出来的书面材料，就是市场调查报告。

（二）分类

按调查的内容划分，调查报告可以分为以下三种主要类型：

1. 市场需求调查报告

主要调查市场对本企业产品需求量和影响需求量的因素，要紧扣购买力、购买动机和潜在需求这三个方面做表述。

2. 经营政策调查报告

主要调查本企业的产品、价格、广告和推销政策、销售和技术服务政策等是否合理，是否适应消费者的需求，以便及时了解存在的问题，及时调整修正。

3. 竞争对手调查报告

主要调查竞争对手的总体情况、竞争能力及新产品的发展动向等，以此来判断本企业所处的地位。

（三）结构与写法

市场调查报告的结构一般都包括标题、正文、落款三个部分：

1. 标题

一般没有什么特别严格的格式要求，带有“调查”字样，反映出调查的对象、内容等即可，必要时也可以加副标题，只是一定要注意简洁、醒目。

2. 正文

这是市场调查报告的主体部分，包括调查情况和调查者的观点，通常要具备以下几项主要内容：

（1）概要。主要是调查的缘起、目的、对象、范围、内容、方法、时间和地点等有关调查活动的说明。决策部门可以根据这些信息更准确地把握调查的结果。对于内容比较单一的调查报告，此部分可以省略。

（2）基本情况。说明调查对象的发展历史、过程，同时对现实情况加以重点介绍。

（3）分析预测。是调查者对调查材料的看法，对调查情况加以分析归纳，对市场的相关情况、动态等问题深入剖析，并在此基础上简单地推断市场的发展趋势，展望市场前景，以此作为企业生产、营销的参考依据。市场分析和预测的方法主要有：

①推测法。是基于经营者或责任者的主观经验或直觉推测的方法。它不适合于长期推测，可用于短期推测。它又可分为：

第一，按类似产品推测；

第二，根据对消费者购买；

第三，意图的调查推测；

第四，经营层意见推测；

第五，销售力合成法。即综合销售人员意见所做的销售预测。

②根据资料统计的方法。即根据过去的销售业绩来推测将来的销售额，这种方法需要借助统计学的相关知识，利用图表、数字、指标等加以更为精准的推测。

其实这两种方法都要建立在调查材料的基础上，只不过是资料的类别不同而已。在对材料的分析预测过程中，要注意适当发挥独立思考的能力，切勿为材料所误。

（4）措施建议。针对市场分析的情况，提出应当采取的举措、对策，也要注意可行性和针对性的结合。

（5）结语。一般是重申观点，提出总结式意见。结语和概要部分一样可以省略。

3. 落款

署明调查单位或个人，以及调查时间。按照上面推荐的要点书写，可以使您的调查报告更具有参考价值。同时在写作过程中，请您牢记调查报告与企业的决策有着极大的联系。

（四）写作要领及注意事项

调查报告的写作要领是：

（1）亲自调查，材料真实可靠，数据精确。

（2）突出重点，不求面面俱到。

（3）内容和语言高度精确。

所以，写调查报告应该注意：

（1）亲自调查，材料可靠。

（2）对调查结果做出分析并提出有效建议。

（3）突出重点。

（4）保持高度准确性。

（五）范例

Internet 用户市场调查报告

一、概述

Internet 发展现状体例

随着信息技术的发展，Internet 的应用也由最初的教育、科研转向了民用、商用以及与百姓生活相关的许多方面。全球 70% 以上的用户使用 Internet，排在第一位的用途是用于个人信息交流，如发送和接收电子邮件等；第二位是用于工作，如企业内部的局域网、办公自动化等；排在第三位的是用于教育，如企业内部培训、远程教育等。

搞好市场调查和预测是分析的基础，是细化管理、向管理要效益的具体体现。基于此，我们对 Internet 用户的使用情况进行了市场调查。

二、市场调查的目的和方式

1. 调查方法的确立

本次用户调查采用随机抽样的调查方法，历时一个月。

2. 调查内容

共设有10项调查内容，每个调查项目下设若干被选项，用户采用选择的方式回答问题。

3. 调查对象

主要调查对象以拨号用户为主。

4. 调查目的

（1）力求对市场有一个较为清楚、正确的认识。

（2）使分析工作更加深化，做到事前分析与事后分析相结合，更好地发挥信息、咨询、监督的管理职能，为领导决策提供第一手资料。

三、调查结果

（1）从用户职业来看：用户的行业分布较广，在行业分布上以IT行业、商业贸易以及科教行业居多。

（2）从年龄构成上看：网络使用者中、青年人居多，用户的文化程度有所降低，说明网络的使用已不再仅限于文化程度较高的专业技术人员或特定行业内的人群，网络的普及率在上升，同时从一个侧面反映出互联网上百姓化信息更加丰富。

（3）用户上网的主要目的是：网络不再仅仅是工作和学习的重要工具，更成为人们休闲娱乐的工具之一。

（4）本次调查结果还表明：用户群体与个人收入水平无显著关系，但与用户职业相关，关系显著。

四、调查结论

综合以上分析，我们认为可得出以下结论：

（1）Internet的目标用户群体定位较为年轻。

（2）提高客户服务的质量是我们参与市场竞争的前提条件。市场与服务相脱节的局面应尽快改变。

××电信局　李××

××××年××月

三、市场决策报告

（一）概念

市场决策是企业经营者为了解决经济活动中的重大问题，围绕企业的规划、策略和重大措施与既定目标，根据市场调查、预测进行分析研究，从两种以上的计划、方案中选择一个最佳者的过程。它是现代化管理的一个重要环节，而最终选择与决定的决策的书面形式就是市场决策报告。

（二）与其他报告的区别

1. 市场决策报告与市场调查报告、市场预测报告的区别

目的上的区别：后两者主要是为了提供一种参考、建议，而市场决策报告是提出一个要付诸实践的理想方案。

侧重点上的区别：市场调查报告侧重于对已经发生的历史和现实情况的调查、分析；预测报告侧重于根据调查资料，对预测对象的未来发展趋势进行分析、建议；而决策报告则侧重于分析论证备选方案以及方案择优等内容。

2. 市场决策报告和经济活动分析报告的区别

后者侧重于对过去和现在的经济活动的分析，主要分析企业生产流通过程中各项指标的完成情况；而市场决策报告着重于未来的实践。

3. 市场决策报告与经济工作报告的区别

市场决策报告主要是目标的选择，而后者主要是工作进程的安排。

（三）格式及结构

市场决策报告在格式要求上并不十分严格，最重要的是选出最佳的实施方案，以下所介绍的结构安排只是一般通用形式：

1. 标题

一般由时限、单位、决策目标和文种构成。时限根据具体情况可以是年度，也可以是时间跨度，或者是大体时限；决策目标只求标明决策的内容属于哪个范畴；文种可以由预测和决策组成，也可以由决策的两个部分组成（“目标”或“措施”、“方针”或“对策”）。

使用正副标题时，正标题一般要揭示决策的内容和中心，副标题则往往点出决策的目标和单位。

2. 签署

标明决策报告的作者、单位名称。集体单位一般写在行文后或者封面上；个人署名一般写在标题下面。

3. 正文

正文要包括：

（1）决策目标。确定决策要解决的问题和要达到的技术经济目的，要求简明扼要、开门见山。

（2）依据资料。之前掌握的相关信息，包括与决策问题有关的历史、现实的数据资料、计划资料、市场调查及预测资料等。资料要全面充分、准确可靠。

（3）备选方案。这是决策报告的主体部分，所要解决的问题是依据资料计算，寻求实现目标的各种有效途径。这个部分通常由多个有原则区别的方案组成，每个方案都应包括本方案各构成要素、相关因素分析、实施方案所需的条件。

（4）分析论证。从一系列备选方案中通过分析、比较、论证，做出具体条件下相对最优的选择。注意要对每个方案的可行性进行充分的论证，在论证基础上进行综合评价。在此期间要把握好各种决策原则。

4. 结语

常用“以上方案，请领导分析选择”、“以上分析，请领导决策时参考”等句子收尾，如有附件则加上附件。

在写作过程中，企划主管要时刻意识到决策报告是直接关系到企业决策的文书，一定要为企业提供一个真正的最佳方案。牢记这一点，才可能完成一份合格的决策报告。

（四）注意事项

市场决策报告的写作要注意：

1. 决策目标明确

2. 资料全面准确

（五）范例

2012～2016年中国旅游行业市场研究及投资决策分析报告

一、导读

《2012～2016年中国旅游行业市场研究及投资决策分析报告》主要分析了旅游的市场规模、旅游供需求状况、旅游竞争状况和旅游主要企业经营情况、旅游主要企业的市场占有率，同时对旅游的未来发展做出科学的预测。

二、简介

旅游业具有轻资产、少污染、促内需的特点，并带动商业、住宿、交通运输、环境建设、环保治理、文化产业等多行业共同发展，延伸的产业链较广，堪当经济转型的重任。改革开放以来，中国旅游业快速发展，产业规模不断扩大，产业体系日趋完善。当前中国正处于工业化、城镇化快速发展的时期，日益增长的大众化、多样化消费需求为旅游业发展提供了新的机遇，目前，我国已将旅游业战略性支柱产业。2011年，中国旅游业保持快速发展势头。国内出游人数26.4亿人次，比上年增长13.2%；国内旅游收入19306亿元，增长23.6%。入境旅游人数13542万人次，增长1.2%。国内居民出境人数7025万人次，增长

22.4%。其中因私出境6412万人次，增长24.5%，占出境人数的91.3%。目前，中国成为世界第三大入境旅游接待国和出境旅游消费国，并形成全球最大的国内旅游市场。

在三大旅游市场蓬勃发展的同时，旅游业各子行业亦得到较快发展。目前，全国共有旅游景区2万多家，其中5A级旅游景区已达125家。主题公园、旅游文化演艺等新兴业态得到跨越式发展。我国推行星级标准20多年来，目前全国有星级饭店13552家，其中五星级608家，四星级2172家，三星级5635家，二星级3591家，一星级214家。在新《旅游饭店星级的划分与评定》标准下，2011年1月1日起全国所有星级饭店将同时开展饭店星级评定与复核工作。2000年以来，经济型酒店数量以平均70%以上的增速飞速扩张。2011年，中国餐饮收入额累计超过1.8亿元；从1991年到2011年，中国旅行社行业的企业数由1561家增至23690家。

随着旅游业的发展，三大旅游市场不断发生变化，游客消费倾向发生改变，中国已进入观光游和休闲游共同发展的时期。旅游消费阶梯性增长导致旅游市场呈现多层次协同发展的新格局。随着旅游消费阶梯性分布的特点越来越明显，处于不同梯度的游客需求差异逐渐加大，旅游市场显现出高、中、低端市场协同发展的新格局。从游客数量的角度来看，高、中、低端市场潜在游客数量逐层增长，呈正金字塔形分布；从消费能力的角度来看，高、中、低端市场旅游消费支出逐层递减，呈倒金字塔形分布。高、中、低端旅游市场分化发展的同时，各市场内部的旅游业态也在悄然变革，传统业态在升级，出境游、免税业、邮轮旅游、在线旅游等新兴业态逐渐崭露头角。

国家七部委联合发布《关于金融支持旅游业加快发展的若干意见》，把金融对旅游业的支持提高到为把旅游业建设成国民经济战略性支柱产业服务，为人民群众提供更好的现代服务的政治高度。此举将极大地促进我国旅游业的进一步发展。而随着2012年我国《国民旅游休闲纲要》的颁布实施，合理的居民休假制度将极大改善我国目前旅游淡旺季过于显著的弊端，届时我国潜在的巨大旅游消费需求将一触即发。未来几年，我国旅游业将引来黄金发展时期。

本报告主要依据中国国家统计局、中国国家旅游局、中国旅游业协会等部门、协会的数据支持，通过相关市场研究的工具、理论和模型，由中商情报网的资深专家和研究人员的分析，报告主要对中国旅游行业现状进行深入的市场调查分析，主要分析了旅游行业的规模、旅游细分业务市场发展状况、旅游业子行业发展现状、旅游业竞争情况和主要旅游企业经营情况，同时对旅游行业未来发展做出分析预测，为企业了解该行业、投资该领域提供决策参考依据。

三、目录（相关内容略）

四、市场战略决策报告

（一）概念

市场战略决策报告是根据企业规划和企业发展目标，充分结合市场调查和市场预测的各种信息情报，经分析研究从多种方案中选取一种优化方案时提供给决策领导参考的书面报告。

（二）写作要点

市场战略决策报告通常由下列部分组成：

1. 标题

标题通常由单位名称、目标和文种组成。

2. 正文

市场决策报告的撰写要科学严密，决策必须建立在市场调查的基础上。正文部分要对决策目标和论证结果进行详尽阐述。

（三）范例

新产品的决策报告

为进一步满足市场需求，提高本公司的经济效益，开发多品种、系列化的新产品，考虑到本公司现有的具体情况，拟从下面三种可能方案中选择一个最优方案：

A. 改造部分加工车间，只需少量资金，可忽略不计；

B. 投资新建一个加工车间，但需要资金50万元；

C. 将半成品承包给本公司待业青年生产，整机装配由本公司职工完成。依据资料：

1. 根据市场需求，初步估计按照自然状态，销路好、销路一般、销路差、销路最差的概率比分别为0.7∶0.5∶0.3∶0.1。

2. 根据有关资料分析，采用一种方案的结果，5年形成的生产能力及产生的经济效益如表2－1所示。

表2－1　各方案5年的效益　　单位：万元

方案效益 销路效益	A方案	B方案	C方案
销路好（0.7）	800	1200	400
销路一般（0.5）	400	300	100
销路差（0.3）	－100	－200	16
销路最差（0.1）	－300	－700	－20

定量分析：

根据计算得出：采用 A 方案，5 年的经济效益是 437.5 万元；采用 B 方案，5 年的经济效益为 537.5 万元；采用 C 方案，5 年的经济效益为 208 万元。

比较分析：

由此结果可以看出，采用 B 方案的经济效益最高，排除投资新建一个加工车间的费用 50 万元，仍比 A 方案要高出 50 万元，但此种方案必须预投资 50 万元。C 方案可解决本公司待业青年的就业问题，但经济效益太低。

以上分析，请领导决策时参考。

××××年××月××日

五、市场竞争企划书

（一）市场竞争的涵义

市场竞争是指在市场经济中同类的经济实体为着自身利益的考虑，以增强自己的经济实力，排斥同类的经济实体而采取的各项策略、措施等行为表现。市场竞争的内在动因来自各个经济实体自身的物质利益驱动，以及对丧失自己物质利益或被同类经济实体所排挤的担心。

（二）市场竞争的类型

从内容或方式上进行选择性的竞争，也就是通常所说的市场竞争策略。市场竞争的内容可分为许多种，如产品质量竞争、价格竞争、产品式样和花色品种竞争等；竞争方式也是多种多样，如广告营销竞争、公关活动竞争、促销活动竞争等。通常我们按市场竞争的程度把市场竞争划分为两种类型：完全竞争，指一种没有任何外在力量阻止和干扰的市场情况；不完全竞争，一般是指除完全竞争以外，有外在力量控制的市场情况，不完全竞争包括完全垄断、垄断竞争、寡头垄断三种类型。

（三）市场竞争企划书的概念

市场竞争企划书是指企业在市场及资源的竞争活动中，针对企业为达到竞争目标所进行的分析、构思、计划及实施的全过程，通过企划者能有效地传递并说明其意图与内容的一种企划书。

（四）市场竞争企划书写作

市场竞争企划书，其结构布局大体上以分析竞争对象与市场竞争策略两部分为核心，重点围绕这两个核心进行分析、展开论证和策划。市场竞争企划书的书写要以遵守市场机制为基础原则，充分整合竞争与契约这两个市场机制的核心因素，来制定起点公平、机会公平、高效率的竞争策略；同时，也要保持正确的竞争理念，无论是分散的竞争经济还是一定规模的集中经济，都要讲求效益和诚信，竞争者既要追求自身利益的最大化，也必须遵守诚信原则，排斥不正当手段和滥用优势地位。市场竞争企划书写作的具体结构内容如下：

1. 企划导入

企划导入由标题、企划人及企划时间、目录等项目构成。

2. 市场竞争概要

企划概要是指对该市场竞争的整体思路与内容进行概括性的说明，对于书写该企划起到化繁为简、理清思路的作用。

3. 竞争意图设定

竞争意图的设定是指对该竞争企划所要达到的目的与具体目标进行设计、制定。

4. 竞争对象分析

竞争对象的分析是对市场竞争对手的背景、优势、劣势等进行调研分析，竞争对象分析是市场竞争企划的核心部分之一，要给予充分的重视，将事先调查的竞争对手的基本数据、基本资料等客观全面、有条理地分析、论证。

5. 竞争策略制定

竞争策略是指企划者针对竞争对象而构想、设计的各项具体市场竞争措施。竞争策略作为市场竞争企划的核心部分之一，直接关联到竞争中能否取得优势，对于这部分应特别重视，它主要由实施策略的结构和具体实施策略两项内容组成。

6. 实施计划

实施计划是企划的实施阶段，对实施企划所需的时间、费用、人员及其他资源要明确地制定出来，以便提高企划的成效。

7. 经费预算与效果预测

经费预算与效果预测是对调研企划的总体评价，完整的竞争企划书，经费预算与效果预测等都应得到体现。

8. 附录

这一部分往往附加一些与市场竞争相关的数据、资料。

（五）范例

肝复春：上海滩保肝营销战（删减本）

一、上海保肝、护肝市场背景

上海，一直号称是中国保健品市场的半壁江山，各种保健品都想在上海这个

大蛋糕中切得一块，但事实是又有多少商家是真正能在其中存活下来，又赚它个钵盂满盆呢？在上海做过保健品的都知道，上海是最难做的——做好了就能一战成名；做不好，就会赔得血本无归。

说起肝保健，尽管保健品22项功能中，有此一项，但直到2001年，肝保健都一直不是主流市场。但2001年底，几个保肝的老产品突然火了起来，销量成倍地翻，原因是什么呢？昂立多邦和海王金樽等大品牌投放了巨额广告费，进行了肝保健品市场预热。但更重要的因素是，2001年前后，国家有关部门规定处方药不得进行广告宣传；OTC药品的广告投放力度也受到很大限制。国家对药品广告的限制，马上让一部分敏锐的保健品商家注意到了这块大市场。

上海肝保健品的开拓者，当属昂立多邦。自2000年以来，昂立多邦就用高频度电视广告，反复向目标消费群体灌输其“抗疲劳、降血脂、保肝脏”三大功能诉求。昂立多邦因为品牌价值高、定位准确，上市以来，迅速走红，据悉销售额已经超过“昂立一号”。虽然销售额很大，但其“现代专业人士保健品”的定位，显然给“专业保肝用品”留下了市场空间。

2001年海王大力推广的海王金樽，以“要干更要肝”的电视广告狂轰滥炸。虽然海王金樽做得一般，但却继昂立多邦进一步完成了肝保健市场的教育。

敏锐的市场人员立刻发现了这个蕴涵商机的市场。在上海率先开拓肝保健市场，并小有所获的是AT胶囊；而2002年9月刚上市的保肝新品肝复春胶囊，则在AT胶囊已先入为主的情况下，能否凭借凌厉娴熟的营销战后来居上。

除了上述产品，上海市场同时还有TK益肝饮、JD清源、大汉灵芝胶囊等专业肝保健品在同时推广，一时间，上海肝保健品市场硝烟弥漫，混战一团。而在这时，肝复春直到2001年底才拿到卫生部批号，尚在磨刀霍霍，积极筹备上市工作。

二、肝复春生不逢时，市调发现机会

××考虑到目前保健品市场陷入低谷和企业的实力，他只能用10万元广告费观察市场反应。他提的要求非常简单，如果肝复春能在3个月内，让投入产出比达到1:0.8，就算成功。

要求很简单，但笔者也深知，在众多竞争产品先入为主又遭遇市场低谷的情况下，肝复春可谓生不逢时，这个要求实现起来很难。但笔者考虑再三，还是决定接下这个“此期活”。道理很简单，肝复春实在是个好产品……

要做好策划工作，就必须掌握充分的市场信息。春节过后，笔者用了近3个月走访了上海的各大药店、医院，亲自和上百个售货员、医生、消费者当面沟通。通过大量的面对面访谈、终端调查等工作，笔者发现肝脏保健市场具有如下特点：

（1）消费者习惯到医院、药店购买保肝品。

（2）消费者多数都存在避讳心理。

（3）市场上的护肝保健品比较多，但知名度都不太高。

（4）肝脏专业保健品价格普遍偏高。

（5）护肝保健品多数均缺乏清晰概念。

调查到这里，笔者心里就有数了——肝复春虽然生不逢时，但绝对有戏，如果运作得当，后来居上亦未可知。

三、锐利营销：肝复春的竞争策略

上海护肝市场已经热火朝天，肝复春如何才能脱颖而出，从几个先进者手里抢夺份额呢？

对于肝保健这样成熟的市场来说，选准靶子无疑非常重要。笔者认为，肝复春的竞争对手当然不是昂立多邦、不是双金爱生；而考虑到市场老大 AT 胶囊同属于专业保健品，且运作已久、销量领先，市场领导地位又不很巩固，我们把 AT 胶囊选做了竞争对手。

（一）产品定位

1. 消费群体锐利化

作为肝保健品，肝复春虽然效果良好，但毕竟不能当作药来宣传，因此我们最终决定把肝复春的目标消费群体集中在 40 岁左右的中年低端消费者，他们的共同特征：需求强烈，经济条件一般。

2. 概念锐利化

事实证明，肝复春的“鲜、活”概念可谓是一剑封喉。在竞争对手普遍用珍贵中草药宣传的时候，肝复春的概念锐利化，让它在形象模糊的中药护肝保健品中鹤立鸡群，突围而出。

3. 包装锐利化

由于保健品选用草绿色的不多，因此肝复春在终端上，表现出非常好的展示效果。草绿色的外包装，还暗示消费者：肝复春的“鲜”、“活”植物概念。

（二）价格锐利化

肝复春的目标消费群体，多数在 40 岁上下。这个群体经济压力较大，而他们的学历并不算高，收入大部分都比较低。如果价格过高，他们无法承受。另外，考虑到肝复春的竞争对手，日均消费价格普遍在 10 元以上。根据锐利营销价格锐利化的原则，我们确定我们选择了低价策略。

每盒肝复春零售价格定价 89 元，可以服用 12 天，日均消费额定在 7 元左右，这个价格虽然比一般保健品价格要高，但在专业护肝保健品中间，却是价格最低的。肝复春的低价策略一方面适应了目标消费群体的消费能力，同时还排斥了竞争对手。

（三）渠道锐利化

上海护肝保健品消费者喜欢到药店、医院购买护肝药品或专业保健品；而上海药房连锁程度高、密度大、能够覆盖大多数社区，药房销售能力相当强。

实践证明，肝复春的渠道锐利化非常有效，零售终端非常配合肝复春的推广，不但把最好的陈列位置留给了肝复春，还大力配合肝复春在终端开展的常规促销活动。

（四）促销锐利化

肝复春只有 10 万元广告费，有限的广告费决定了肝复春必须走出一条新路——用最小的广告篇幅、最低的广告密度来进行传播；同时必须保证能打动消费者并带来销量。这一点我们没有任何分歧，但怎样保证《新闻晨报》等每周投入一次的小篇幅广告发挥作用呢？我们绞尽脑汁，终于找到了方法：

广告应以对肝脏保健品价格普遍较高为突破口，针对目标消费群体年龄大、收入较低的情况，通过对比性广告，强调肝复春的“实惠”。比如肝复春曾以《老百姓的护肝“民牌”》、《打破保肝高价神话》等为标题，直接以价格排斥竞争对手。

针对肝脏不好的人都有蛋白倒置的情况（AT 胶囊的主要功能也只是补充蛋白），肝复春推出时找了一个好搭档——“泥鳅冻干粉胶囊”优质蛋白。肝复春胶囊展开了组合拳销售模式，即购买 5 盒肝复春送 1 盒泥鳅冻干粉胶囊，购买 10 盒肝复春送 3 盒泥鳅冻干粉胶囊，这可以极大地提高购买力，并为消费者带来实惠，使消费者踊跃购买。

四、策划到位，肝复春一战成名

从 2002 年 8 月肝复春胶囊开始铺货，因为终端工作执行到位，肝复春草绿色的包装，一上市就在要点货架上占据优势位置。虽未展开广告攻势，但从终端的反映上，已经有不少消费者购买了产品；这大大提高了经营者的信心。与此同时，肝复春紧锣密鼓地完善行销方案和广告软文准备。

迄今为止，肝复春在上海运作已近半年，销量每月递增，但云洋生物却并未盲目追加投入，而是稳扎稳打，步步为营，成本费用始终控制得很好，但也面临着如何突破销售额瓶颈的问题。另外，上海市场上的护肝保健品因为肝复春攻势凌厉，已经纷纷停止报刊广告投放，找不到靶子的肝复春，没有了对比对象，营销策略势必需要调整。

目前，我们正考虑继续以锐利营销为指导，从 2003 年 4 月起开展第二轮营销攻势。新攻势，在功效诉求上力求集中，导入电台讲座进行深度沟通；在客户服务上，成立客户服务中心，跟踪消费者，进行数据库营销，做好售后服务工作。在终端上，则将前期运作利润全部投入到终端的强化上，在上海药房中成立20家专卖店、50家专柜。进入5月以来，肝复春在上海的月销售额已经增长了50%，显示出新攻势初见成效。

六、经营战略

（一）概念

经营战略是企业根据市场发展变化情况和企业实际状况对企业一定时期内生产经营进行整体规划的书面材料。

（二）范例

××公司国际经营战略

日本××公司生产的××相机，曾一度是照相机的代名词。20世纪中叶，随着日本照相工业的迅速崛起，一度独领风骚的德国某著名相机逐渐变得黯然失色。××公司的名牌相机纷纷粉墨登场，占领了大半个国际市场。作为日本著名的跨国公司，××公司仅在1984年，就生产了540万台照相机，占领相机生产总数的33%。其中35毫米单镜头反光相机成为世界最畅销的商品。1976年，××的单镜头反光照相机被蒙特利尔奥运会组委会指定为大会的小式工作相机。从此，××相机赢得了全世界广大摄影家的高度评价，在一系列国际比赛中，发挥了巨大的作用。

一、健全研究开发机制

在××，有人说，“忘了技术开发，就不配称××”。××公司根据这一信条，不断健全研究开发机制。现在，××公司有3个研究机构：中央研究机构、生产技术研究所和合成件开发中心。这些研究机构各有侧重。中央研究机构是××公司技术中枢，它主要研究10年、20年乃至更长时间以后的未来尖端技术，例如电子材料、复合材料和光技术等；生产技术研究所侧重研究应用技术；合成件开发中心则集中研究半导体技术。

二、设立公司教育培训中心

为了进一步提高公司员工的知识水平和专业素质，××专门设立了公司的研修制度。××公司设有专门负责员工管理人员教育研究的中心。研修的类型大致有如下几种：

1. 新员工的研修。要求他们通过研修掌握一些基础技术。研修时间一般为2~3个月，前半段主要是理论学习，后半段主要是到工厂实习。

2. 普通员工的研修。主要学习一些新技术。研修时间为平均每半年为2个星期。

3. 技术人员研修。主要学习一些尖端技术，通过研修进一步提高技术水平，加快技术革新步伐。每年的研修时间为半个月左右。

4. 管理人员研修。主管级人员通过学习企业管理方法和劳动法规，提高管理企业的水平。每年的研修时间为1个星期。

××不但培训人员不惜投资，在研究开发上更是不惜投入巨资，公司的研究费用一直占销售额的×%左右，研究人员则一直占全公司员工的15%左右。研究人员基本上都是硕士学位毕业生。××公司在放手使用他们的同时，还通过各种方式进一步提高他们的研究水平。公司每年都要把一些年轻有为、有发展前途的研究人员派往欧美等地的名牌大学或研究机构进修，并派一些有经验的研究人员参加日本或世界性科研项目。

三、确定两大战略目标

发展之初，××公司即定下了两个目标：一是赶超称霸世界的德国某著名相机；二是要打开美国市场。当初，德国某著名相机是凭借其先进的光学和精密机械实力而称霸世界的。现在，××的决策者从光学、电子技术的结合上，看到了成功的曙光。他们果断地将主要的技术力量投入了电子自动相机的研制上，同时采取自己倾斜政策，全力支持这个开发工程。

为了实现第一个目标，××公司首先对当时国际上最流行的相机加以改进，生产性能较好的××相机，并把眼光投向广阔的国际市场。

为了实现第二个目标，××公司召集了最优秀的技术开发人员，决定开发新技术。经过夜以继日的钻研，终于找到了技术突破的关键：将光学技术与电子技术相结合，实现照相机的电子化。几年以后，××已积累了足够的力量去攻占美国市场。于是在美国适时地推出了首创的带光敏"点服"的自动电子曝光相机，这种产品正好迎合了好奇、图方便的美国消费者的胃口，投放市场后，立即引起了很大轰动。××自动相机以简便的操作、可靠的质量赢得了良好的信誉，产品在美国市场供不应求。

四、加大创新，赢得国际市场

××公司在经营业绩蒸蒸日上之时，将盈利的很大一部分用于提高生产效率和更新生产工艺流程设备。在生产工序上大量引进机械电子装置，以降低成本，提高自动化生产水平，并向照相机自动化技术研究投入更多经费。××公司立志要创出自动化程序更高、性能更佳的产品。特别是当今时代，摄影领域发生了一场数字化的革命，一种全新照相机——数码照相机已经开始取代了传统相机的位置。在这次数字化革命中，××公司处于领先地位。

数码照相机也叫数字式照相机，是光、机、电一体化产品。数码照相机的最大优势在于它的信息数字化。由于数字信息，可以借助于全球的数字通信网即时传送，所以数码照相机首先可以实现图像的适时传递。数码照相机的另一优势是其图像可下载到计算机上做任意加工、使用通用的图像处理软件，根据自己的需要润色成像，传统的暗房技术是难以实现的。××公司正是凭借着技术上的不断开发，把高科技应用于产品中，不断创造出新产品，实现了××相机在世界上的领先与超越。

在激烈的国际市场竞争中，××采取了“拿来主义”的方针，借用各先进技术公司的力量，开发高新尖端技术，以求在市场竞争的技术高度上摆脱对手的纠缠。

为此，××公司先后与美国的××、德国的××公司签订了合作开发尖端技术产品的协议，使其在海外的发展迈入崭新的阶段。同时，××公司也采取了一般日本企业在国际市场上的通常做法：只要有进入市场的机会，就一定要抓住。20 世纪 60 年代，××公司向美国市场正式推出自己的复印机。由于采用了先进的光学技术，××这种使用高感光度化学物质并带绿色绝缘层的滚筒式复印机，比美国××公司的产品还略胜了一筹。20 世纪 70 年代，××又生产出液体干燥式复印机，用普通纸和显像液即可进行干式复印。

经过引进与消化吸收，××在市场上的竞争力进一步提高。××又把干式显像和光学纤维结为一体，代替过去那种体积大的透视系统，生产出用微处理器控制的小型复印机 NP200 型，其价格很低。该产品在美国市场推出不到半年时间，销售量增长近 5 倍。

××还实行了产品多样化战术，新产品不断问世。××曾向市场推出超级×系列产品，这种复印机速度高达每分钟 135 张，比市场上销售的任何大型机器的速度都快，且耗能少。××采用多样化的手段把竞争对手逼得透不过气来。

随着计算机市场的强劲发展所带来的对打印机的旺盛需求，××公司开始进入打印机领域。利用技术创新，××公司不断推出喷墨打印机新产品。近来，××公司更是一改往年一年发布 2 次新产品的定式，变成一年发布 3 次新产品。可以说，××新产品推出的频率之快、种类之多，还没有哪家厂商能与之匹敌。目前，××公司已经以超过市场份额半数以上的绝对优势占据打印机市场的榜首。

不但××的喷墨打印机占领了广大的市场份额，××激光打印机也进入了世界领先行列。此后，××又推出了一系列适应市场需求的打印机，如环抱型的激光打印机，充分应用了生态技术，获美国环境保护厅授予“第一届能源型电脑奖”。××公司还成功地采用了半导体激光技术，使 LBP 减少至当时最小体积。后来又采用了暗盒形式，将激光扫描光学系统制成组件，进一步缩小体积并实现了维修简易化，使激光打印机在全球市场普及开来。作为各种办公设备的输出装置，激光打印机为××在竞争中增强势力创造了有利的条件。

七、战略分析

（一）概念

战略分析是企业根据市场发展变化情况和企业实际状况对企业一定时期生产经营活动进行整体分析研究时形成的书面材料。

（二）范例

战略分析

一、环境分析

当今的××地区塑料工业非常繁荣，尤其是 PVC 塑料工业的发展，更是在国际市场上独领风骚。按产量与人口比例计算，美国约 12 公斤，日本约 13 公斤，但××地区约 30 公斤。目前××地区的 PVC 加工厂商已达 2500 多家，产品物美价廉，并输入世界各地。

××地区 PVC 树脂行销能力几乎达到 100%，而其加工能力，也指 PVC 需求能力维持在 90%，直接外销依赖很小，表明 PVC 工业是一个建立在下游加工基础上的工业。

××市场占有率为 75%，生产产量 1984 年是 1977 年的 1 倍多，平均增长为 12%，生产利用率高于日本。

××塑料公司战略制定至少有下列重大因素的综合考虑：

1. 欲确保下游加工国际竞争力，必须维护规模扩张策略，从而保持低成本优势。规模效应反映两种意义：

（1）在一定规模内从事生产，产品成本受变动费用的影响极大；

（2）在不同规模下从事生产，产品成本受固定费用的影响极大，应用扩张策略，必须以确保价格与原料来源为必要前提。

2. 由于产业政策强调发展上游工业，造成 1978 年以后乙烯供应不足，而且乙烯成本没有弹性。何况轻油裂解工业庞大复杂，维持单一供应商关系，显然不符合分散企业风险的经营原则。

3. 因为碱氯失衡引起氯气来源紧张，转向进口 VCM 及 EDC 是必然的。大致推算 1979 年以前每年约 3 万吨，1980 年约 15 万吨，1983 年以后超过 20 万吨。但问题的关键在于 1980 年前只是一种中间原料，还未进入大宗交易。

PVC 生产企业属于生产导向型，基于以上认识，主要问题是缺乏资金。一旦原料价格变动，以及原料不能稳定供应，就会影响国际竞争力。所以确保资金来源，既是最重要的目标，也是最重要的企业责任。

二、提高经营层次

×国有丰富的资源，有取之不尽的盐矿，可以电解氯气作为 EDC 原料；丰富的石油和天然气，可以生产乙烯，再转制 EDC、VCM 和 PVC。不但如此，其能源价格向来是世界最便宜的，这是×国石化业成本优势的关键。

鉴于在×国设厂有成本上的利润，不但可以确保××地区资源，而且可以借鉴×国先进经营方法。提高经营管理素质。经过认真分析研究，××公司制订了几项重大计划，并付诸实施，采取了如下步骤：

1. 垂直整合。从其企业发展历程来看，我们把××地区成功模式移植到×国去发展，比较容易成功。因此，决定以 PVC 原料厂做基础，同时发展下游加工，以扩大当地市场。

2. 水平整合。原计划与当地某碱氯公司合作，确保氯气来源，后来因其生产成本不具备竞争性而撤销，转而收购 13 厂及 14 厂，以前者 DEC 供应 12 厂，VCM 供应 14 厂；再者，因 14 厂 PVC 有市场，使分公司产品预售策略得以成功，一举解除了两厂产销困境。

3. 货畅其流。以往化学原料进口运输，处处受制于人，不但承担了昂贵的运费，时间也不容易掌握，的确不合理。不如建立一支化学船队，建立可靠的补给线；另外，经营化学船一定要有化学知识，这正是××公司的优势所在：

（1）采取区间往返行驶方式，缩短营运周期；

（2）化学船系“移动工厂”，××公司的管理制度修改后就能使用；

（3）船员从工厂挑选，建立海陆培训制度；

（4）严格推行 4 项无缺点计划：无污染、无公害、无伤害和无延误。

4. 投资计划的可行性。聘请专家对此投资计划从工程、技术、法律、会计、财务及企业管理等方面进行审查、考核，对投资计划的可行性进行科学的分析。

5. 企业传统精神。××企业具有 30 年 PVC 生产及加工：专业技术与经验，从工艺规程设计、设备采购、机械制造、运输装卸、工程发包，到现场安装、监工以至操作规程及试车工作，都不假外人。这种经营能力可以节约大量的建厂费。

三、全球竞争战略

在当今市场竞争条件下，企业如果没有强大的综合竞争力，国际化、集团化发展就是缘木求鱼：××公司能有今天的成功，是与其多年来坚持不懈的努力分不开的。

1. 卓越成长。去年公司总营业额为 1.2 亿美元，比前年增长 18%，排名×国当年全球 500 强企业第×××位。其中国外投资部增长幅度达 20%。

2. 市场领袖。以往 PVC 领袖首推 JJS，但去年第二季度以来，××公司调整市场策略，稳定了 PVC 市场而大获全胜。××公司未来市场地位越来越引人注目。

3. 稳健扩产。目前PVC生产能力：××地区××万吨，×国60万吨，合占世界产量6%。在PVC塑料方面：××在×国市场占有率为25%，仍为世界之首。目前正进行扩充，扩充后实力将进一步增强。

4. 任重道远

四、进一步扩展战略。可喜的是，××公司已经成功地迈出了走向辉煌的第一步，××公司的路还很长，要解决的问题还很多，还需要一步一个脚印地走下去。尤其在全球竞争日益激烈的今天，要想生存和发展就必须放眼世界，就必须不断充实自己，提高自己，才能立于不败之地。

八、战略实施

（一）概念

战略实施是企业根据市场发展变化情况并结合企业生产经营目标在一定时期执行战略企划时形成的书面材料。

（二）范例

日本××公司生产战略实施

××公司是以生产汽车为主的国际知名企业。该公司首创发明了“看板管理”，在当今世界汽车行业激烈的竞争中取得了绝对优势，改变了汽车行业的竞争格局。这种战略的实质内涵是有效地处理了“生产”和“交换”的矛盾，即“扩大品种”与“提高效率”之间的矛盾。××公司从而迅速崛起，把欧美企业逼得走投无路，甚至使一些一度占据优势的欧美大企业也逐渐丧失了主动权。

一、看板管理方式的动因

看板管理的雏形，可以追溯到20世纪30年代末，迟至五六十年代，才最终确立其地位。在这以前，与宿敌××公司相比，无论在产品品种上，还是在产量与成本上，××公司均处于劣势，采用看板管理之后，才扭转了局面。

当时，××面临的一个棘手的难题，就是如何利用现有的生产设备来扩大品种，以适应市场与竞争的需要。减少品种，扩大批量，从而降低单值成本，提高生产线实动工时，提高劳动生产率，一直是汽车行业的增长与发展模式。美国汽车工业××在1908～1927年内，在江丹工厂设立的车型汽车流水生产线优势就在于此。

如今，市场竞争条件发展变化，谁能在现有的生产技术基础上，在现有汽车质量与成本基础上，增加花色品种，谁就能赢得优势。一些欧美企业没能看到这一点，采取了削减品种的战略，生产经营状况日渐恶化。

但是，要想增加汽车的品种，现有的生产方式是极其不适应的，势必要减少批量，花费一定的“工程转换”时间，调整生产线。那么，生产线与工人只能停工等待，这是一种“花费”。另外，为了顺利地完成“工程转换”，还要制订精确的作业计划与工作程序，而“在制品”必须入库保存，这将会大大增加转换、搬运、保管和管理费用，导致生产率下降，库存与成本增加。这是一种难以解决的问题。

二、看板管理方式的形成

××领导的课题研究小组认为，只要能够减少“零件生产转换”与“车型生产转换”的“调整时间”，就能增加“生产线调整”的频率或次数，从而，就能达到增加“车型品种”的目的。提高生产率，增加连续开动的时间，所以减少工人停工时间，部分抵消增加车型所带来的不利影响，并从车型增加中所获得的“竞争优势”与“推销好处”上获得补偿。一方面，弄清楚“经济批量”。生产线调整所需要的时间越长，则批量成本就越高，这只能靠扩大生产批量来抵消成本的增加。降低生产线调整时间，无疑延长了生产线的实动工时，减少了每单位产品分摊的“调整费用”，这就可以缩小生产批量，为增加品种创造了条件。另一方面，减少批量，就可以减少库存量和库存保管时间，降低库存费用，反过来有利于进一步减少生产批量。

所以，这里的关键是如何大幅缩短生产线调整时间，以及每批产品连续生产的时间，并提出了把每次产品转换、设备调整时间，降低到1分钟以内的具体目标。具体措施包括：重新布置机床和有关设备，以减少设备调整时间并减少库存；添置新设备，包括专用机械及备用机械，以减少转换时间；研制专门的工件工位器具，以减少存取时间；调整器具的存放位置，使器具的存放，靠近机床，以减少存取的时间；等等。

减少生产线或设备调整时间，只是看板管理方式形成的第一步，远不是××公司生产方式的全部，充其量只能是“一种前提”、“一个组成部分”或“一种生产新方式的组合要素”。因此，属于“生产管理”范畴。但是，这种生产管理或作业管理的变革，使××公司看到“多品种、小批量”竞争战略的出路，找到从根本上改变竞争格局的思路，即在低成本、高效率基础上，与竞争对手展开“品种”上的较量。

××公司在达到“生产线调整时间”的目标之后，进一步确立“减少产品搬运量”的目标。孤立地看，减少“搬出搬进”、“搬来搬去”的时间和作业量，依然属于“生产管理”的范畴。也有资料表明，在锻造、加工、抛光、电镀与组装等部门，实际用于本工序作业的时间，只占总劳动时间的5%～35%，其余

40%～50%的时间，耗费在材料的搬入和成品的搬出上。顺理成章，××公司进一步的目标自然是减少搬运量和搬运时间，其具体措施是改变传统的工艺专业化原则，按对象专业化原则布置工作地与设备，把相关作业层可能地调整到一起，以减少来回搬运的作业量和时间。

这种生产作业过程的变革，意外地获得两种结果：一是减少了作业面积与堆放在制品的面积；二是物流加工过程变得更加有序且畅顺，从而为“多机床管理”提供了初始条件。所谓××式机床管理，其目的不在于提高机床使用效率，而在于提高工作效率。具体做法是，把机床呈U字形布置，机床与机床之间用可控传送装置加以连接，以减少搬运的人力。训练工人掌握多种多台机床的操作技巧，包括转换、调整与小故障排除等，工人的数台机床之间巡回操作，依次把加工件装上机床、开动机床、卸下成品。机械加工完毕，则会自动关停，待工人巡回回来时再卸下。每个工人分管的机器台数和每次的加工时间，可以随时加以调整，以最大限度地提高工时利用率。

至此，减少设备的转换调整时间，缩短生产间隔期，调整设备布置，以减少搬运量，以及多机床管理体系确立等，使××公司发现工序之间的相互衔接、生产作业过程的有序性，乃是“效率”的来源，倘若增加品种、减少批量，仍然可以保持稳定的“生产秩序”，而不至于造成混乱。这样，“品种与批量”之间的矛盾，就可以在新的条件下达到“均衡”，使生产领域的变革，有了战略意义，使生产领域的变革成为企业在市场上克敌制胜的关键。

能够找到一种管理方式，在减少转换调整时间，减少搬运量的技术基础上，保持生产工序之间的衔接、稳定与秩序，高效率的多品种小批量生产方式就可以确立。以往各道工序的作业计划，是隔一两个星期制订一次，仅这一项工作就得花费不少时间。而且，按照这种管理方式，难以把各工序有效地衔接起来，相反，由于批量小，生产线连续作业时间短，产品转换频繁，混乱与失效是难免的，再详细精确的各工序计划，都难以调控瞬息万变的作业过程。多品种小批量的设想，很难转化为现实。为此，××公司创造性地提出了“看板管理”的方法，具体做法是，只制订最终工序的作业计划，其他相关工序只要按照最终工序或前道工序的作业，配合行动，每一道工序，只生产下一道工序所需要的产品数量；每一道工序，只按上一道工序要求的产品数量进行生产；并使用“看板”进行工序间产品需要量的联络。对加工作业过程，实施“即时控制”，使各工序之间保持均衡且有效的联系，保证生产线连续且有序运作。真正实现小批量、多品种、少运输、均衡化、低库存和高效率的目标。

要使看板管理方式协调地进行，必须具备几个条件。首先，要使各个作业衔接起来，如同树干与树枝的关系一样，零部件制造如同小枝杈，与局部组装的树枝相衔接，然后统一汇集在总装生产线的树干上。其次，要使各工序或作业点之间保持均衡，产品数量与时间之间要衔接。过快过慢，都会打乱上下工序的秩序。最后，各局部组装线，要有一定的弹性，以调节各作业之间的均衡与协调，避免局部组装线的停顿。适当的库存是必要的，万一出现废品或某零部件短缺，或机械故障，会牵一发而动全身，产生连锁反应，使整个生产线陷于停顿。

三、看板管理方式的战略意义

看板管理的战略意义就在于：第一，提高了工厂整体生产率；第二，缩短了生产周期。小批量、少运输、均衡化、低库存以及看板管理生产作业，既提高了整体生产率，又缩短了生产周期，从而，从根本上提高了企业的竞争能力与适应能力。所以说，这既是一种生产管理方式，又是一种战略，是一种从生产管理层次入手，谋求企业在市场竞争中赢得优势的“生产战略”。

看板管理方式，并没有改变现有的生产技术基础，而是巧妙地、当然也是艰难地把缩短转换调整时间、减少搬运时间、多机床管理、看板控制以及均衡生产等要素有机地组合起来，在整体上提高了生产率。

在生产单一品种的专业化工厂中，既不需要更换品种，以及为生产准备保险在制品，也不需要什么特别的管理费用，无需对生产过程实施变革。随着市场压力增大，需要逐渐增加品种时，制造工程的环节失调就会增加。在调整生产线、保管在制品以及额外运输方面，需要增加劳动时间和劳动量。随之而来的是协调、监督人员的增加。此外，为变换品种，消除多品种混流中的无序与混乱，需要更多的计划与管理人员，需要花费更多的间接劳动等，势必在整体上降低劳动生产率。

看板管理方式的战略意义，不在于节省设备调整的直接费用，即直接劳务费用与停机时间的损失，直接费用在总成本中的比例很小。真正有意义的是节省了大量的“间接费用”，如同加工单一品种一样，当多品种之间的“转换”，不再增加间接劳动时，意味着消除了“批量”对“品种”的限制和综合效率或总成本的降低。对一家采用看板管理的加工企业来说，在“价格—品种”竞争中已经赢得优势。

采用看板管理方式的第二个战略意义，就是缩短生产周期。与历来那种品种转换迟缓、生产线一经开动就难以变化、材料及零部件搬运要花大量时间的工厂相比，采用看板管理的工厂，生产周期仅为1/5，也就是说，通过减少调整时间，减少搬运量，多机床管理以及看板控制，原来生产周期假如需要半年时间，如今只需要1个多月时间。

从竞争战略角度看，生产周期的缩短意味着企业生产系统的弹性增强，意味着应变能力的提高，这在很大程度上缓解了产需之间的矛盾。

看板管理的战略意义就在于此。只需要把握每年各品种的总要求，不必弄清

各时期的需求量与需求结构；只需要简单地把每年的总需求量，参照历年的实际销售统计数据，按周平均分配或安排“生产进度”。实现“均衡生产”。这样，可以有效地稳定生产秩序，降低成本，提高劳动生产率。即使库存量会因产需不完全吻合而有所增加，也可以通过提高生产率得到的好处，予以弥补。不过，事实上，由于生产均衡化后，生产更为有序，消除了众多不稳定因素，包括在制品、保险库存在内的“总库存量”，不是增加了，反而下降了。

看板管理的战略思想更为先进，它把对供需矛盾的解决，进一步在上述思路基础上演化，这就是“缩短生产周期”，即大幅度缩短生产周期，以缩短均衡化生产的期间，从而使企业应付需求变化的能力大大提高，整个生产系统的弹性与效率也大大提高。

四、日本公司的财务战略

日本公司所采用的财务管理方法较为独特，其宗旨在于一切为发展服务。公司的经营者们把实现发展目标放在一切工作的首位，因而其财务战略也把发展作为最优目标。

（一）日本公司的财务战略优势

×××银行曾对日美半导体产业的财务政策，做了一次比较。在报告中，该银行一针见血地指出：日本半导体企业的竞争力，是靠其财务战略来支持的，并对美国厂商们又一次敲响了警钟。

×××银行的报告认为，目前美国在半导体领域，暂时保持着技术与产量的领先地位，能否保持现有的地位，取决于资金的筹措与投入。其根据是，日本企业正在不顾经济形势和经济环境，大量贷款，向半导体领域进行投资。

而在资金的筹措与投入上，日本公司具有相对优势。一是日本公司的贷款比例比美国企业高，因而，它们的资金成本就显得格外低；二是由于资金成本较低，因此，只需要较低的资金利润率就可以了。如果美国企业也能提高贷款比例，借到像日本公司一样多的钱，资金成本也同样可以大幅下降。问题是美国的商业惯例，是不允许像日本公司那样，可以无止境地贷款。一旦美国半导体企业的市场占有率下降或被日本公司蚕食，产量与效率势必下降，最终反映到资本利润率指标上来，反过来削弱融资能力，资金筹措更趋困难，利润率进一步降低，形成恶性循环，企业存亡，就岌岌可危了。

在×××银行执行的当年，即1984年，日本半导体产业的设备投资首次超过了美国，日本公司的财务战略已经开始生效。留给美国人的选择，只有两个，要么说服金融界，摒弃历来的商业惯例；要么把半导体产业，转移到海外工资水平较低的国家与地区。如果听任日本公司如此迅猛的扩张，而不采取措施，抵消它们的财务优势，美国半导体产业的惨败，只是时间问题了。

日本企业采用这种扩张性财务战略，在尖端产业中，扩大规模，产生了对美国企业强大的竞争压力，所向披靡。日本企业采取这种财务战略的原因在于企业、银行与股东三者之间形成的特殊关系，以及与这种三角特殊关系相对应的三者利益目标的协调与统一，这就是积极谋求发展企业，参与企业经营与投资银行以及追求股票价值的股东。三者都希望通过日本企业的扩张性财务，来谋求各自利益目标的最大化，而三者结成的这种特殊关系，也使日本企业能够或者只能采用这种扩张性的财务战略。

（二）积极谋求发展的日本企业

质优价廉的产品、高涨的市场需求和稳定的经济收益，是企业“发展”的必要条件。不管在日本，还是在欧美，这些条件没什么两样。要掌握资金的来源，并促进企业的发展，必须依靠企业的财务政策；而财务政策的关键，在于价格、借贷和红利分配。任何企业都会采取积极的财务政策，力争超过对手。然而，企业外商的经济关系不同，其财务政策扩张性程序也不同。

表2－2所列举的例子表明，财务政策的差异会给企业发展带来极不相同的后果。下表中“A公司”为暂居某行业首位的美国公司，“B公司”为屈居第二的日本公司。

表2－2　A公司与B公司发展比较表　　单位：10亿日元

	A公司（美国）	B公司（日本）
市场占有率（%）	50	10
年增长率（%）	15	30
负债与自有资本率	0:1	2:1
负债	0	6.7
自有资本	5.0	3.3
总资本	50.0	10.0
维持目前状况需追加投资额	7.5	3.0
销售额	50.0	7.17
销售成本	20.0	4.5
盈利	30.0	2.67
扣除贷款利息	0	0.67
扣除税金	15.0	1.0
纯利润	15.0	1.0
扣除红利	7.5	0
新借贷款	0	2.0
用于扩大额	7.5	3.0

这两家企业在财务政策上有着鲜明差别，A 公司保持高利润、高红利无借贷；B 公司采取低售价策略，利润率较低，不发股息并借下巨额贷款。

A 公司财务根底坚实，资金评析表上未欠 1 美分；B 公司贷款与自有资本之比为 2∶1，债务相当沉重。为了保持发展速度，A 公司每年需要追加 15% 的投资额；B 公司为 30%，这些追加投资金额，只能从企业利润提留，或者从外商贷款予以解决。

假定 A 公司不打算借贷，从内部问题的提留部分中解决追加投资金额，那么，必须提高产品售价，保证税后利润达 150 亿日元，其中一半用于支付利息，另一半用于设备投资即 75 亿日元追加投资金额，保证年增长率达到 15%。

单从财务结构上来看，B 公司远不如 A 公司，B 公司生产成本较高，售价却定得很低。从表上数据分析，B 公司税前利润率仅为 37%，而 A 公司为 60%，两者差距很大。如果扣除应支付的贷款利息，B 公司实际税后利润率仅为 14%，而 A 公司的税后利润率为 30%。

在这种情况下，B 公司为了保证 30% 的增长率，必须再度向银行借款 20 亿日元，加上税后利润，即纯利润 10 亿日元，共 30 亿日元，作为追加 30% 设备投资金额。B 公司的负债与自有资本的比率不变，仍然维持在 2∶1，同时，B 公司必须停付股息。

B 公司的这种财务政策，在企业竞争中变得十分有利。一是 B 公司售价低。尽管 B 公司的生产成本高于 A 公司 13%，售价却低于 A 公司 28%；二是 B 公司的发展速度快。尽管 B 公司不发股息，并欠下巨额贷款，但增长率却是 A 公司的 2 倍，可以设想，B 公司用不了多少年，就能赶上 A 公司。

日本企业采用积极的财务战略，在日本企业之间竞争同样有效。20 世纪 50 年代，本田在当时被东发公司逼得走投无路，就是依靠大量贷款，迅速扩大生产规模走出困境的。当时，本田摩托车的质量水平较高，但生产扩张速度却备受奚落，有人认为本田的扩张，过于冒险，自信过了头。理由是本田利润不及东发的一半，而贷款数额却是东发的 4 倍，贷款与自有资本的比率，高达 6∶1。

然而，正是这种扩张性的财务战略，使本田的扩大再生产投资急速膨胀起来，实现了 40% 以上的年平均规模增长率，这一速度高出当时市场需求增长速度的 50%。与本田猛烈攻势形成明显的对比，东发反应迟钝、毫无生气。由此引起竞争格局的逆转，本田的市场占有率从 1956 年的 20%，一举扩大到 1961 年的 40%，而东发却在同期，从 22% 猛跌到 4%。

随着市场占有率的扩大，本田产量不断增长，达到东发的 10 倍，大大降低了产品的单值成本，进而，使本田的财力状况进一步改善，销售利润率回升到 10%。相反，东发却因产品积压、市场疲软，出现巨额亏损，不得不破除原有

“财务稳健”的规矩，向银行借贷度日。至此，形势完全逆转，本田的贷款与自有资本比率为1:1，而东发为7:1。正常情况下东发可以从失败的教训中悟出“以贷款求发展”的道理，卷土重来。遗憾的是摩托车行业的黄金时期已经过去，市场需求的年增长率已经降至9%，进入成熟期，胜负终成定局。1964年，长期称霸摩托车行业的东发公司最后经营破产。

（三）参与经营与投资的银行

日本企业之所以能够冒着风险借到巨额资金，这和企业与银行之间的密切关系是分不开的，实际上日本银行本身就是贷款企业的股东，在利益上相互关联，并对企业的经营状况了如指掌。日立、三菱电机、东芝、日本电气等公司，都是某一银行系统的成员。

更重要的是，日本银行所承担的风险，并不像人们想象的那样高。长期以来，日本银行通常的惯例是“抵押贷款”，在贷出一笔款额时，通常需要一定的担保，而日本企业的担保能力，往往比资产平衡表上表面数据大得多。以日立公司为例：

第一，日立的资金平衡表中，列有当年无法回收的一笔有息债款72亿日元，这实际上是日立与子公司（日立信用卡）共同向消费者提供的分期付款项目。实际上日立的债权额，大大超过账上所反映的数字。

第二，日立把借给员工的各种垫付的借款，例如，对超过一定标准的员工提供低息住宅贷款，仅以将来的收入和住宅作担保等，列入资金平衡表，在资金平衡表中，这笔垫款高达11176亿日元，分期偿还期为10～15年。

第三，在资金平衡表中，有价证券的估价大大低于现值。1981年3月31日，日立保有的有价证券从账上反映出来的数字是486亿日元，这是按几十年前购进的股票价计算的，通常日本公司不倒卖证券，如果按现有价计算，当值11800亿日元。

第四，也是最重要的一点，就是对土地的估价。在资产平衡上，日立的土地资产估价过低，从1956年至1981年，日本的地价，实际升值150倍，可是在资金平衡表上，日立的地产价值，仍然按购入价计算，其账面数与实际价值差额，当在百万亿日元。

资金平衡表上的这四项差别，即金融子公司债权债务的计算、职工的住宅垫款、有价证券的评估，以及房地产买入价与现值的差额，使日本企业的资产被大大低估了。可以说日本企业比较欧美企业，其财务状况毫不逊色。日本企业完全可以把这些低估了的“资产”作为理想的抵押品，向银行获取高额贷款。尽管日本公司在资产平衡表上反映出负债与自有资本的比例很高，但其融资能力并不低，就是这个道理。

更重要的是，日本公司与银行金融机构，有着千丝万缕的联系。它们互相持有对方的股票，交换各自的财务情报，并在金融投机中结为伙伴。以日立为例，它的资金平衡表上，列有大量的现金和有价证券。据估算，1981年3月31日，约有总额120亿日元的现金，作为定期存款，存入银行。这类似于一种投保，一旦出现急需资金的意外情况，可以从银行那里，痛痛快快地获得所需要的贷款。

企业与银行间结成这种关系，使企业一旦遭遇不测，甚至濒临破产，很容易得到银行的帮助。日本兴业银行在帮助日本企业复兴，发挥过重要作用。这家银行在战后对日产的振兴，在20世纪60年代重建“山一证券公司”，以及近10年内对日产氮肥公司与日航公司的整顿，起到了主要作用。

银行在插手帮助日本公司方面，几乎是不遗余力的，除了派人前往所联系的企业，帮助改善财务状况外，对陷入困境的企业，派出得力的管理人员，担任要职，甚至直接接管企业。如住友银行，在本系统系列企业东洋工业公司濒临破产之际，派出改组小组，直接接管企业。日本银行与企业之间这种独特的关系，可以用“相互依存、利益与共”加以概括，从而，拓宽了日本企业融资的自由度，增强了日本企业贷款的胆略。

（四）追求股票升值的股东

采取上述财务战略，常常使得产品定价过低，利润微乎其微，股息很少，企业负债累累，企业受制于银行等，这不能不使人担心股东的利益。

令人不解的是，日本股东们对日本企业利润之低，居然少有怨言。在过去的5年中，日本企业支付的股息，平均为股价的1.8%，××为1.3%，日立为1.7%，这相当于欧美竞争企业的1/4弱。并且日本普通股民或一般股东，对红利分配，以及对其他经营方针的发言权，几乎等于零。

红利既少，又没有经营上的发言权，看来向日本企业投资，是件得不偿失的事情。但是，要是股票能升值的话，股东也许大有赚头。

从过去10年的情况来看，日本企业的股价升幅大于美国企业。日本股东平均得到的股票收益，包括因股票升值获得的税前价差利益加股息，为股票购入价的175%，美国股东的收益为39%。日本股东的好处，显然要比美国股东大得多。换成具体金额的话，日本股东1973年每投资1.1万日元，到1983年共可获利约1.2万日元；而投资于美国企业的10美元，同期只能获利3.9美元。日本股东的股息收入，占总收益的11%，美国为8.5%；相反，日本股东因股市升值所得收入，是美国的40多倍。

从税后利益情况来看，日本股东的好处更为明显。尽管日本与美国政府，都对股息课以高税率，但是，日本股票升值的收益，却属于免税范围，这样一来，日本股东的税后利益比美国股东更高。近5年中，日本股东税前收益率为94%，而美国为76%。而税后纯收益率，日本为92%，美国为48%。

日本股东参与经营管理的权力，只相当于美国的优先股股东。在公司有支付能力的条件下，他们可按照股份多少领取股息，除此之外，就没有任何权力。

股息对于企业的竞争力，具有很大影响，弱小的企业尤其如此，经营不善、即将破产的企业，支付股息后所剩无几，根本没有能力扩大再生产：这种情况，从财务状态中也能看出（见表2-3）。表中所示，是日立、三菱电机和东芝三家企业的财力状况。三家企业中日立的业绩最好，其次是三菱，最后是东芝。

表2-3　日立、三菱电机、东芝的财务状况比较表（1983年）

	日　立	三菱电机	东　芝
企业整体竞争力	强	中	弱
销售利润率（%）	3.8	2.2	1.6
总资本利润率（%）	3.8	2.5	1.6
贷款与自有资本比例	0.7:1	1.4:1	1.9:1
贷款利息占利润比重（%）	27	44	50
红利分配率（%）	14	27	45
企业利润留成率（%）	86	73	55
企业利润留成额（10亿日元）	540	110	90
可用以再投资的利润及追加贷款（10亿日元）	917	260	260

利润中可以再投资部分，日立最大，东芝最小，三菱居中，借贷比例也是竞争力越弱的企业越高。这说明竞争力弱的企业，为了维持现有地位，对贷款的依赖程度较高。不管动机与条件如何，控制股息分配、提高企业利润留成，以及前面所说的，增加贷款和压低售价，都将有利于市场竞争能力的提高。最终伴随着竞争能力的增强，像日立那样，财务状况变得越来越好，包括贷款与自有资本的比例降低等等。

一旦财务上进入良性循环，员工收入与利益，也开始上升。尤其是企业的发展，带动股票升值，使股票的利益目标与企业发展目标一致起来，股东可以全额获取股价上升所带来的收益，并免予征税。企业员工可望在企业竞争力增强、利润上升中，提高薪水等等。

因此，日本多数经营者的第一位目标是，提高市场占有率，即谋求企业发展，提高竞争能力；第二位是总资本利润率；第三位是新产品的开发；第四位才是股票升值。美国经营者则大相径庭，第一位是提高总资本利润率；第二位是股票价格上升；第三位才是扩大市场占有率。甚至有少数美国企业，把股票升值作为第一位目标。

日本企业选目标优先顺序，合乎竞争规律。企业只有在竞争中取得优势，才能增加利润，提高总资本利润率。而要取得竞争优势，首先必须拿出优良的产品，然后再陆续推出新产品，稳固领先地位。最终是否领先于竞争对手，还需从市场占有率指标来检验。为了保持和扩大市场占有率，尤其是主要产品畅销市场份额，必须进行必要的设备投资，扩大产量，提高或维持发展速度，即使出现亏空，即使获得不了股息，也在所不惜。如不这样做，就保不住自己的市场地位，而现有地位一经动摇，要想恢复很不容易。这一过程必须咬紧牙，持续到在市场上取得决定性胜利为止。

一旦在争夺市场占有率上取得决定性胜利，利润自然滚滚而来，股价也会一升再升，丰田、松下、布里奇赖和本田等日本企业的发展过程，都证明了这一点。

九、经营战略计划

（一）概念

经营战略计划是企业依据市场发展变化和企业经营目标、企业宗旨等，在广泛市场调研的基础上，对企业的各种生产经营进行整体性安排的计划方案。

（二）写作要点

经营计划的写作要注意以下几个方面：

（1）企业的经营目标和企业宗旨。

（2）企业的产品开发及市场潜力。

（3）企业的可持续性发展战略及目标。

（4）可行性分析报告。

（三）范例

××公司经营战略计划

一、基本任务和总目标

从现在起到2010年是中国经济稳步发展的时期，根据本企业产品在市场中的地位和作用，公司制定2003年至2010年远景规划，使之成为公司各项工作的指导。

这个时期内的奋斗目标和重点是：研制尖端产品，赶上国际先进水平；进行部分产品的更新换代；新建和扩建部分生产车间；大量培训员工，促进技术进步；提高企业经营管理水平和经济效益。

二、发展规划

（一）企业发展规划：新建××车间，进行××产品的生产；扩建××车间，使×种产品的生产到2010年比现在提高×倍，年产量达到××万只；增加工程技术人员、技术工人和部分管理人员，使之从现有的××人，增加到××人。

（二）产品发展方向：与××研究所合作，积极研制××、××等新产品，其中××新产品要达到国际先进水平；以提高质量为中心，对现有的××等几种产品进行技术改造，使之符合国内和国际市场的需要。

（三）主要技术经济指标

1. 提高劳动生产率：随着新技术设备的应用和工人生产技术的提高，到2010年全年劳动生产率要比现在提高××%左右。

2. 增加总产值：在××车间的扩建和××车间的新建工程完成投产后，年总产值可达××万美元，比现在提高×倍。

3. 降低可比产品成本：通过提高劳动生产率，节约原材料、燃料等消耗，使可比产品成本到2010年比现在减少××%左右。

4. 加速资金周转：在产品增加的情况下，做到不增加流动资金，使流动资金的周转天数从现在的××天，降低到××天。

5. 提高盈利水平：在增加生产、降低消耗的基础上，力争2010年的利润从现在的××万美元，增长到××万美元。

三、为实现目标而采取的措施

（一）举办各种培训班，提高员工文化水平，学习先进技术，改善人员素质，使之符合企业发展的要求。

（二）加强企业文化的渗透，正确贯彻经济责任制。严格执行奖惩制度，切实做到权、责、利相结合。调动全体员工的积极性，不断提高生产技术和经营管理水平，实现各项技术经济指标。

十、战略企划书

（一）概念

战略企划书，是企业对其发展战略进行整体规划，制定长远战略目标时形成的书面材料。

（二）写作要点

通常来说，战略企划书主要包括以下几个方面：

（1）战略企划书的名称及作者姓名；

（2）战略企划书的完成时间；

（3）战略企划的具体目标；

（4）战略企划的具体内容；

（5）战略企划的预算和进度；

（6）战略企划的实施；

（7）其他注意事项。

（三）范例

战略企划书

一、开拓市场新视点

面对日趋激烈的市场竞争和品牌、产品的多样化，我们迫切需要从战略上进行新的调整，从战术上进行更合理的安排，这也是本企划的直接目的。也就是说，在充分认识市场战略问题的基础上，具体实施这一方案。

1. 品牌、产品的多样化是否具有独特的目的与价值？在硬件和软件方面是否实现了差别化？其差别是否是明显的？

2. 消费者是以什么基准识别这些产品的？消费者是否具备充分识别这些品牌和产品的能力？是否因基准模糊，而陷入无所适从的状态？

3. 在开发新品牌或新产品时，以什么样的产品空白为目标？现有产品存在着哪些空白？

4. 多样化的产品与品牌存在着怎样的“补充关系”？它们是否因具有独立的目的与价值而相互补充；还是仅限于部分重复？

5. 主要商品与市场特色销售法是否是整合性的对应？两者之间是否存在重复或脱节？

6. 如何从对本公司的产品定位，以何基准细分产品，实现差别化和统一化？是否存在思维盲点？商品构成是否能反映消费者观念和价值的转变？

7. 本公司的产品构成中，应追加哪些产品？

二、目标及问题

本企划案的目标及问题如下：

1. 应追加的基准，以及具有创造性的差异是什么？

2. 对新产品应如何分类，其依据是什么？

3. 对提出的分类基准进行可行性分析。

4. 现行的产品体系以何基准建立，是否有必要对其进行考察，需要考察的依据是什么？

5. 具体提出“新产品分类基准”和“新产品分类体系”。

6. 对现有产品进行市场营销分析，为新产品开发战略提出合理化建议，并拟出大致草案。

三、企划程序

在充分把握企划课题的基础上，按照下列程序进行企划。如表 2-4 所示。

表 2-4　企划程序

程序	内容
1	新商品基准的假设与设定
2	对现行商品基准的考察与修正
3	对基于新基准代表商品的综合评价
4	按组分析与评价
5	新商品分类基准与体系
6	现行商品群的市场营销分析
7	对新商品开发战略的制定与建议

四、企划方案

各程序的具体实施按下列方法进行调查研究：

程序 1：新产品分类基准的假设与设定。

参与相同产品开发的研究人员，对重新构筑市场营销战略的新基准进行讨论，并系统地整理讨论结果。

步骤 1：听取技术开发人员关于新产品开发的关键性介绍。

步骤 2：通过对消费者意见的分析，讨论消费者实际选择品牌和产品时所重视的“商品特性评价项目”。

步骤 3：在获取以上讨论结果后，产品开发人员进行集中讨论，主要考虑以下问题：

（1）根据产品手册，对其中关键点进行列表；

（2）对上表中的项目进行整理、分析和归纳，最终合并同类项；

（3）对新的关键点集体讨论分析。

程序 2：对现行产品分类基准的考察和修正。

首先从历史的角度考察现行的产品分类基准的假设是基于何种思路，然后分析其在市场营销中存在的问题。

考察市场营销中存在的问题时，应注意以下几个方面：

（1）寻求作为新产品开发“转换点”的新思路及难点；

（2）为使产品和品牌多样化而创造特色及难点；

（3）将新品与现有产品差别定位的难点；

(4) 制定对系列经销商有说服力的产品设计难点。

方法：商品开发成员进行集中讨论，对以下问题要得出结论：

结论1：本公司传统产品分类基准是什么？

结论2：它存在哪些问题？

结论3：在当前的市场营销中，存在什么问题？

结论4：新分类基准的开发方向是什么？

程序3：对基于新基准的代表产品做好综合评价。

从商品目录中选择本公司代表产品。选择的数量应在200种之内。

具体的评价方法是，将新基准变为标准化的“产品特性评价点”，被评价产品每一品种填制一张卡片，如表2-5所示。

表2-5　产品评价卡片

产品名称		产品形态	
品牌		包装形态	
产品分类		使用方法	
容量		使用场合	
价格		特殊使用方法	
上市年度		包装特征	
主要成分		设计目标	
主要功能		附加价值	
颜色		特色销售方法	
形状		本色特性	
大小		销售路线	
气味		生活方式	
触觉		代表性竞争品	
音质		企业名称	
开发关键		产品名称	
销售关键		品牌	
广告关键		价格	

步骤1：由技术人员对产品特性进行评价；

步骤2：根据消费者意见评价产品特性；

步骤3：由产品开发人员对产品特性进行综合评价。

程序4：组别分析与评价。

将以上3个阶段对产品特性识别的结果输入计算机，通过多变量解析方法，如因素分析、计量分析、分组分析等使之类型化。数据输入方法如表2-6所示。

表 2-6 数据输入方法

		产品特性评价基准						
		指标 1	指标 2	指标 3	…	指标 48	指标 49	指标 50
对象商品	1							
	2							
	3							
	4							
	5							
	6							
	7							
	8							
	9							
	10							
	…							
	199							
	200							

具有代表性的因素分析法是“从因素分析到组别类型化”方法，其程序是：

(1) 运用因素方法，选择出基本的“因子”。

(2) 利用因素的符合模型，将对象产品类型化。

方法：对多变量指示与程序进行解析，然后对结果进行分组分析。

(1) 对单项特征，进行多变量解析。如“硬件组”和“软件组”。

(2) 合并多项特征，进行多变量解析。如将“硬件”和“软件”两个特征值输入，进行多变量解析。

(3) 根据单独特征分组，典型的样本构成如表 2-7 所示。

(4) 利用上述分析分别对“评价组”进行比较，其中包括“消费者”、“技术开发人员”和“产品开发人员”三组。

程序 5：新产品分类基准与新产品分类体系。

上述一系列的计算均用计算机进行，但读取结果、评价、分析及提出战略方案则属于开发领域。

方法：对多变量解析的结果进行集中分析，仍采取集中讨论的方式，讨论的主要题目为：

(1) 为涵盖如此庞大且多样化的市场，应制定怎样的新产品分类标准？

(2) 本公司拥有的产品体系，总体上应保持怎样的结构？

程序 6：对现行产品的市场营销分析。

表 2-7 典型样本构成

		软件特征							
		1	2	3	4	5	6	…	100
对象商品	1								
	2								
	3								
	4								
	5								
	6								
	7								
	8								
	9								
	10								
	…								
	199								
	200								

以上述过程得出的新视点为基点，实施对现行产品的市场营销分析。

方法：仍采用集体讨论的方式解决，讨论重点主要有以下几点：

(1) 本公司产品涵盖怎样大组别市场?

A. 布局如何；

B. 薄弱环节；

C. 重复部分；

D. 不足部分。

(2) 不同产品群取得怎样的营销成果?

A. 产品多样化效率与效果；

B. 竞争力。

(3) 本公司在产品战略方面存在的问题是什么?

A. 从各产品的销售额来看；

B. 从各产品的市场份额来看。

程序7：对新产品开发战略的制定与建议。

十一、战略企划管理条例

(一) 概念

战略企划管理条例是企业为加强内部管理，实现企业经营战略目标而制定约束性、规范性书面材料。

（二）范例

战略企划管理条例

第一章　总则

第一条　目的

为加强公司管理，提高公司现有资源利用率，实现公司经营战略目标，促进公司快速发展，特制定本条例。

第二条　基本要求

1. 要做到规划与应变相统一。

2. 要力争达到权责明确。

3. 各项操作要求科学、规范、明确。

4. 控制与自主相统一。

第二章　基本原则

第三条　前瞻性

要不断创造机会和把握战略机会，分析机会存在的依据、特征，确定把握机会的方针和行为规范，寻找新的经营机会和经营领域。

第四条　创新性

要合理利用公司现有资源，不断完善战略企划方案，要使其不断得到创新和发展。

第五条　应变性

战略企划要突出人的主观能动性和自觉适应性，根据市场环境和公司现有状况，灵活地调整战略企划活动。

第六条　含糊性

跟踪公司有限且有价值的目标，组合相关的战略企划资源，确定相应的解决方法，充分发挥员工的创造性和能动性。

第三章　操作流程

第七条　主题的界定

1. 明确战略企划目标；

2. 战略企划问题列举；

3. 界定战略企划主题。

第八条　战略企划资料的搜集与分析

1. 现有资料搜集；

2. 市场状况调查；

3. 资料审核；

4. 资料分析。

第九条　战略创意的产生

1. 创意方法的选择；

2. 战略创意方案的制订。

第十条　可行性

1. 选择衡量标准；

2. 战略企划方案的对比评估；

3. 最终企划方案的确定。

第十一条　战略企划的模拟与评估

1. 战略企划的预算评估；

2. 战略企划的进度控制；

3. 战略企划的效果评估。

十二、经营战略目标

（一）概念

经营战略目标通常包括企业整体目标和企业部门目标，它是企业在一定时期内所要达到的经营目标。企业整体经营战略目标主要指企业年度经营方针；企业部门目标主要指企业经营管理中各部门具体的生产任务。

（二）范例

整体经营战略目标

一、企业总体目标

1. 预定偿还 1000 万元上年度短期借款，使负债比率低于 80%。

2. 促进全体员工同心协力，努力贯彻自主性的经营方针。

3. 营业额达到 2 亿元。

二、人事管理目标

1. 全公司总人数以 150 人左右为标准。

2. 确立职位分类、薪金体系。

3. 设定工作说明书。

4. 每年派1名员工到××国某公司进修。

5. 建立经理以上员工住宅制度。

三、营业、采购、生产目标

1. 设立5个分公司。

2. A产品不良率降至5%以下。

3. B产品进口到岸价每吨控制在×××元以下。

四、会计、财务目标

1. 总资产尽可能控制在5000万元左右。

2. 营业外收入中的租金收入以每月500万元为目标。

3. 加强企划部门的预算控制。

部门经营战略目标

一、公司总体目标

1. 达到年销售额3亿元、利润率10%的目标。

2. 在上年纯利率10%的前提下，尽可能扩大市场占有率至10%，打垮××公司，使本公司在本行业中排名进入前5名。

二、总经理办公室目标

1. 拟出内部监察计划。

2. 希望各部门的计划制定工作于×月×日以前结束，以配合经营会议，并于×日内召开年度计划发布会。

3. 关于经营计划与实绩，以图表形式表示以获得整体印象，并拟出具体的图表管理方案。

4. 为新的组织拟订职务权限规则。

5. 做好新投资机会的投资报酬率分析。

三、生产部门目标

1. 拟订使产品合格率达到85%的计划。

2. 拟订适当计划，以使不良产品比率降到1%以下。

3. 以1200万元于×月份更换生产设备，以便能降低成本10%，把制造成本控制在2亿元以下。

四、总务部门目标

1. 拟出年内例行事项的实施计划表。

2. 拟订综合控制计划，重点放在推销员与管理职员上。

3. 拟订出计划，使达到附加价值150万元为提高工资20%的目标。

4. 拟订修订薪金与改善薪金体系的具体计划。

5. 提出具体的计划，于×月份增加餐厅设备。

6. 与有关人员协商，拟订员工的医疗计划。

五、营业部门目标

1. 拟订有关采购商品的计划。

2. 拟出销售目标3亿元、销售成本4000万元的月别、部门别的明细分担表。

3. 达到应收款回收85%的目标，并依顾客与部门制作回收的目标图表。

4. 按月拟订销售促进计划。

5. 把销售重点放在A、B、C三个产品上，希望能使其销售额达到总销售额的75%以上。

6. 拟出更换公司货车的计划。

六、会计部门目标

1. 下年度须把重点放在资金运用效率上，希望每月召开经营会议时，能提出月资金设计调度计划实绩对照表。

2. 拟定利益目标3000万元、销售目标3亿元、制造成本2亿元、销售成本4000万元、管理成本2000万元、资金成本1000万元，依月别再设定综合损益计划，另外还须拟定预算实绩表的格式。

3. 将管理费用区分为固定费用及变动费用两种，为加强预算控制，须拟订代金券制度运用方法。

4. 与制造生产部门联络，拟订可自金融机构贷款设备投资资金2000万元的具体计划。

5. 提出缩短折旧年限到下年度全部摊提完毕的改善方式。

十三、经营战略方针

(一) 概念

经营战略方针是指以企业的经营思想为基础，根据实际情况为企业实现经营目标而提出的一种指导方针。企业的经营战略方针分为基本经营方针和年度经营方针。

（二）范例

××公司经营战略方针

为加强公司管理，提高公司经济效益，特制定本经营战略方针。

1. 以顾客为上帝，在为顾客服务中发展自己；

2. 以最新最好的技术提高施工质量；

3. 认真负责地完成各项工作；

4. 团结合作，发挥公司的整体功能；

5. 保持健康的身体、愉快的情绪。

下面对这一基本方针的前几条作一介绍：

1. 关于“以顾客为上帝，在为顾客服务中发展自己”。

这一条，是公司方针的集中体现。对顾客必须怀着诚意提供服务。通过向顾客提供最好的产品和服务，使他们得到满足，不仅是有益于顾客的事，也是有益于公司的事。只有顾客对公司的产品和服务是满意的，他们才能从中得到收益，使其事业得到发展，而这反过来也会使公司在顾客中树立起好的形象，使顾客再次接受公司的产品和服务。

如果因为一时疏忽、工作做得不好，而受到顾客批评，应该认真接受批评，检查疏忽和失误，对顾客赔礼道歉。如果对顾客的批评置若罔闻，也不及时改进自己的工作，就会使公司在顾客中失去信任，这实际是一种自毁声誉的做法，是绝对不可取的。一定要看到这种做法的危害性，要树立“顾客就是上帝”的思想，以满腔热情认真地为顾客服务。

2. 关于“以最新最好的技术提高施工质量”。

作为主要从事建筑工程的公司，必须充分看到施工质量对保证产品质量的决定性作用。在施工中，必须以认真负责的态度，把施工质量作为保持公司优势的生命线。而施工质量的提高，除了工作态度以外，还有赖于技术水平的提高，特别是先进技术的采用。因此，要积极进行新技术的开发和新工艺的研究，在这方面，要鼓励公司职工在技术革新和创意上下功夫。

3. 关于“认真负责地完成各项工作”。

责任观念是做好工作最重要的因素。不管某人对某项工作如何熟悉、技术如何高明，如果没有负责精神，仍然做不好所承担的工作。负责观念是一种敬业精神，也是一种坚定的信念。对于工作负责的员工，要给予鼓励和奖赏，并委以重任；对于工作不负责任的员工，要予以处罚。

十四、商业战略规划

(一) 概念和作用

商业战略规划是指单位依据国家和上一级单位经济发展总体规划制定的带有全局性的远景计划。如工商企业的三年规划、五年规划、十年规划都属此范围。

这种高层次的综合性战略规划研究，最主要的作用就在于把局部问题放在总体规划中来考虑，使工作按照既定目标，有重点、有步骤地达到预期目的。

(二) 特点和种类

1. 特点

商业发展规划具有以下特点：一是全局性和整体性。在社会经济总体战略规划中，商业发展规划的任务是将商业战略规划和工业战略规划、农业战略规划衔接起来，充分发挥商业的桥梁纽带作用，使商品生产和经营者共同面对市场，实现在战略目标、步骤和措施上的协调同步，调节生产与流通的关系；二是长远目标与阶段目标有机结合；三是权威性。发展战略规划，须经充分调查、测算、分析、研究后制订，并经决策层审定，使它在内核和表征上均具权威性。

2. 种类

按时限可分长期规划和中期规划；按区域划分，有全国性规划、地区性规划、企业规划；按内容划分，有综合性全局战略规划和单项专业性战略规划；按市场目标划分，有市场经营渗透战略、市场经营开拓战略、新产品市场经营战略、混合市场经营战略等。

(三) 格式和写作

商业战略规划文体总体结构形式可分为标题、正文和结尾三个部分。标题需写明制订规划的部门、规划时间和规划性质。如《××市“九五”期间商业发展战略规划》。结尾一般包括结语、日期、呈报及抄报抄送单位等。

正文主要内容一般包括战略总思路、战略目标、战略步骤、战略措施四个部分。

1. 战略总思路

战略总思路总体来说，必须体现社会主义市场经济的基本规律和社会主义生产目的。从商业发展来看，它必须遵循市场学的原则。

2. 战略目标

它充分反映战略制定者的主要意愿、高度集中战略实施者的基本要求，并通过一套完整的控制指标数字系统表现出来。

3. 战略步骤

它是实现战略目标的具体部署、谋划和布局。一般视情况划分若干小阶段，有步骤、有阶段地实现战略目标。

4. 战略措施

它包括宏观决策和微观决策两大类。宏观决策，主要是指从社会统一市场发展考虑，制定涉及全局的策略。微观决策，主要是指有关企业范围内和一些局部性的策略，同时包括将总体发展战略全局具体落实到中、长期计划和具体工作计划中去，把远景规划和当前的具体行动统一起来。

（四）范例

××公司品牌战略规划

背景介绍：

××企业是由厦门××贸易有限公司、厦门××生物食品有限公司、上海××贸易有限公司、武汉××贸易有限公司以及福州、长沙、泉州、新疆等的驻外办事处组成，是一家专门从事农副厂品、水产品、食品加工及自营销售、经销代理名优产品、兼营进出口贸易的综合大型民营企业。

品牌现状：

目前公司拥有定位中高档的“绿帝”品牌南北干货及休闲食品系列，定位中档的“绿惠”品牌南北干货系列，定位高档的“渔太郎”品牌海产休闲食品系列等。“绿帝”商标获得了“厦门市著名商标”、“福建省著名商标”等荣誉。然而，多品牌的品牌战略之下，企业自觉无力承担多品牌的传播费用。又陷入了品牌定位不清、形象不明的“品牌糊涂圈”。再者，企业意欲进入桂圆深加工领域也碰到了品牌战略问题。所以品牌战略是我们要解决的首要问题。而后才是品牌关系处理与品牌形象塑造的梳理。

产品现状：

首先，干货范围，品项多、规格多、单品多，但产品卖点不够差异化。并且产品价格高于大部分同行但并无有力的支撑点。其次，产品包装也无差异化。在卖场远远看去，几家干货企业的包装大同小异。最后，多款产品而无拳头产品，而销售区域的相对广泛又给拳头产品的打造上提出难题。而新进入的桂圆领域，产品将如何开发？命名、卖点提炼将如何进行？包装如何设计？价格、通路、推广如何进行？都是要考虑的层面。

销售现状：

公司先后投资建立了厦门、武汉加工厂并成立了武汉××贸易有限公司，上海××贸易有限公司、福州、长沙、泉州、新疆等的驻外办事处，主要为当地各大商超直供配货，同时在全国各大中城市建立了广泛的经销网络。而相对广泛的销售区域而又受到了几方面的威胁，一是相对广泛的销售区域与区域干货产品特色性的矛盾。每个区域都有相对畅销和有特色的干货产品？二是相对广泛的品项与竞争对手单品突破的矛盾性。××产品多而杂，竞争对手有小而精的倾向。

而圣美与××的合作，就是从品牌战略规划、品牌策略梳理、产品卖点提炼、品牌及产品视觉形象设计、整合行销推广等多个方面进行年度全案合作。本书主要从品牌战略规划及策略梳理方面进行整理。

品牌战略规划：

说到品牌战略，很多书本上都讲了这是一个包括品牌化决策、品牌模式选择、品牌识别界定、品牌延伸规划、品牌管理规划、品牌远景设立的一个系统性工程。而实战派的我们将品牌模式作为本次品牌战略规划的重点。而品牌模式的选择我们又主要为企业解决两个方面的问题：一是品牌屋的构建问题；二是各品牌的关系处理问题。这两个问题的答案是企业最迫切的、最急需掌握的。

品牌模式、品牌架构、品牌屋其实都是一个问题的不同说法而已。一般我们认为多品牌与单一品牌是两种最主要的品牌架构，处于二者之间的有主副品牌、背书品牌等不同的品牌架构。而关于什么企业应该采取什么品牌架构，没有一个固定的说法。我们不能去说有什么绝对正确的品牌架构，只有在一定的时间背景、一定的资源能力下，才最适合企业的品牌架构。

而要为企业选择合适的品牌架构，我们首先要看企业的业务版块，然后要评估各个业务版块在目标客群、品牌形象、营销层次、企业资源等几个方面的关联度（差异性和重叠性）。

××公司的业务版块基本上包含了干货业务、桂圆深加工业务、休闲渔产业务以及其他有可能由干货延伸而来的香菇、木耳深加工业务。

从目标客群上，我们可以看到，各个业务版块目标客群涵盖都会比较广，这也与食品的产品属性有关。根据不同的产品形态而目标客群有所侧重。在营销层次上，我们主要考察产品的差异性。不难看到，产品的共性非常的强，都是做有营养的山海产品及其深加工产品。而从品牌形象上，我们从绿帝的整体印象上看，对于绿帝的认知，最大占比是干货。从各项占比来看，最高占比是菌菇类干货（这方面暂时不考虑延伸），其次是桂圆肉、桂圆干（从认知上已经往桂圆休闲方面延伸），再次是渔类。因此，从绿帝下桂圆产品的相关认知延伸到桂圆深加工，由渔类干货延伸到渔类休闲，这本身就存在现实结合点。从品牌名称本意上，从“绿帝”二字来看，绿，帛青黄色也。——《说文》（是一种颜色）帝，王天下之号也。——《说文》（是一种地位象征）从最直观的字面上来看，没有品牌延伸的限制。从品牌荣誉资产上来看，15 年来有意识/无意识的品牌推广，绿帝已获得厦门市著名商标、福建省著名商标等荣誉资质。所以如果采取主副品牌的品牌架构是共享的。况且从企业资源上来看，注册一个品牌容易，而推广一个品牌更难。多品牌几乎是强者的游戏，在企业发展阶段，如采取多品牌战略，不利于资源聚焦。而单纯的使用单一品牌战略，又无法承载所有产品的特性。主副品牌的采用既有利于企业资源聚焦于主品牌上，又使副品牌得以表现自己的个性。兼具有“单品牌”与“多品牌”的双重优点，值得考虑。

品牌屋构建起来后，而各个品牌的关系要如何处理呢？

第一级品牌是××，这是公司品牌。由于××公司品牌与产品品牌 15 年的推广分离，导致消费者对××的认知度较低。因此目前尚无法做到强力的品牌背书，只能是作为一个企业名称在产品包装上或是宣传物料中标注一下，是自然而然的带出公司名称，而不是推广的重点。

第二级品牌是主品牌绿帝与侧翼品牌绿惠。绿帝是主力品牌，是企业真正经营和重点推广的品牌。而绿惠是侧翼品牌，是和那些次一级的竞争对手打价格差这条线的。绿惠究竟经营什么，怎么定价，都要根据绿帝面临的竞争态势来动态调整。它就是绿帝的一个保镖，为绿帝的健康发展保驾护航。此外，由于要将绿帝作为主品牌来推广，绿帝承载的范围更大更广。因此我们也建议企业在品牌注册的角度对绿帝品牌进行保护。

第三级品牌是副品牌层级，目前有桂圆深加工产品品牌臻贵圆与休闲渔产产品品牌渔太郎。在这里，各个副品牌就要在主品牌的统摄下，聚焦各自的主力目标客群，聚焦各自的独特产品优势，形成自己独特的个性。既有关联又彼此区隔。共同支撑和丰富着家族品牌。最终相互促进，共同发展。

整个品牌架构，乍一看，层级比较多，关系比较复杂。其实推广的重点就在绿帝品牌及其副品牌这两层。因此也没有违背我们前面所进行的多方面分析，并且也是清晰的。

第三章　产品生产与制造文案

一、生产计划书

（一）概述

企业的生产计划是企业生产经营计划的重要组成部分。按时间来划分，可分为中长期生产计划、年度生产计划和短期的生产作业计划。企业的生产计划规定该计划期间内企业各部门的生产任务与生产指标，使各部门的生产活动有计划、有步骤地进行。

1. 概念

企业的生产计划，是计划期内完成生产任务和进度情况的规划，可按两三年、5 年或 10 年编制，它的主要内容包括：科学研究及新产品的开发、产品质量的提高、产量的增长、销售额的增长和销售市场的扩大，主要技术经济指标的改善等。

2. 意义

生产计划具体规定了计划期（年季月）内生产的品种、质量、数量、产值、出产期限和生产能力的利用程度等。不仅规定了企业和企业内部各部门的生产任务和进度，还规定了企业和其他企业的生产协作任务。其意义在于充分挖掘企业内部潜力，合理利用生产资源，科学组织生产活动，从而圆满完成目标任务。

3. 作用

企业的年度生产计划，又称生产大纲，是企业年度生产主体，也是编制其他计划的重要依据。企业的生产作业计划是生产计划的具体执行计划，它将生产任务在较短的时间分配到各个生产环节，保证各生产环节相互协调和衔接，同时对各个生产环节完成任务的情况进行日常的指导、检查、分析和调整。

（二）格式与写作要点

1. 格式

企业的生产计划一般由生产计划表、生产计划编制说明书和生产计划进度等组成。编制生产计划要贯彻以销定产原则，同时要合理利用企业的生产能力。

生产计划的格式包括以下三个部分：

（1）标题。写××单位计划期内生产计划即可。

（2）正文包括：前言；生产目标；具体措施；有关要求。

（3）落款。在正文的右下方写明生产计划的制定者和日期。

2. 写作要点

企业在编制生产计划时，要考虑到生产的组织及其形式。但同时，生产计划的合理安排，也有利于改进生产组织。生产计划工作主要包括：企业生产能力水平的确定，生产指标的确定以及全年生产任务的合理安排。

生产计划的编制必须遵循计划程序，按以下四个步骤进行：

（1）调查研究，收集资料。编制生产计划所需可以归纳为：需求信息、资源信息和生产信息。

（2）统筹安排，拟定优化计划方案。在掌握了必要的信息基础上，从提高企业经济效益总目标出发，对某一阶段的生产任务进行统筹安排。这一阶段的主要工作就是初步确定各项生产计划指标，包括产量指标的优选和确定、质量指标的确定、产品品种的合理搭配、产品生产进度的合理安排。

（3）综合平衡，编制计划草案。要做好生产计划的平衡工作，包括生产指标与生产能力的平衡；测算企业主要生产设备和生产面积对生产任务的保证程度；生产任务劳动力、物资供应、能源、生产技术准备能力之间的平衡；生产指标与资金、成本、利润等指标之间的平衡。

（4）讨论修正与定稿报批。通过综合平衡，对计划做适当调整，正确制定各项生产指标。根据综合平衡的结果，即可编制计划书。计划书经相关科室、生产单位组织员工讨论、经再订正，方可报请总经理批准。

另外，生产计划的编制必须做到全局性、效益性、平衡性、群众性、应变性。

编制生产计划要充分考虑到企业的潜力即可能性。企业的可能性包括人、财、物等各种资源条件，其中合理利用生产力是重要因素之一。

（三）范例

××塑料制品20××年第三季度生产计划

在提高质量、增加品种、搞好节约、保证安全的前提下，努力增产适销对路的产品，全年总产值预计1~9月可达到××××万元，为全年增产指标××××万元的80%。

一、指导思想

全面提高各项技术经济指标，努力增长短线产品，厉行节约，实现增产增收，力争达到一个没有水分的增长速度。

贯彻五个原则：

1. 贯彻超前完成生产任务，今年生产比上年增长4%的原则，全年总产值一定要达到或超过××××万元；

2. 贯彻以质量求生存的原则；

3. 贯彻充分利用企业人力、物力资源的原则；

4. 贯彻编制计划的权威性、先进性和灵活性原则（超前幅度6%～11%）；

5. 贯彻计划综合平衡的原则。

二、努力抓好以下四个方面的工作

1. 加强市场预测，狠抓产品质量和品种，最大可能地生产适销对路的产品，特别是塑管及相关产品要根据市场需求进行生产。大型塑制品要摸清市场变化情况，打开销售渠道，防止库存积压。

2. 通过企业整顿，建立和健全各项生产管理制度，把重点转移到提高经济效益上去，各项经济指标要努力达到本厂的最好水平。不断提高质量，降低成本，增加收入。

3. 切实抓好原材料和能源的供应和节约，确保生产稳定增长，根据目前部分原材料供应紧张的情况，必须竭尽全力，保质保量地供应原材料、辅助材料，搞好能源适用和节约等工作。

4. 搞好安全生产，做好防暑降温和防台防汛工作，搞好生活工作，安排好高温人员宿舍，搞好清凉饮料供应和食堂卫生等工作。针对本季度高温多、暴雨多的实际情况，采取可行的方法，预防事故发生，确保安全生产。

三、各车间生产安排

一车间（部分情况，其他略）：

1号塑制品机，日产5万只儿童塑料玩具，设备利用率95%，全程合格率92%。

（其他车间生产安排略）

生产安排要注意的几个问题：

1. 根据需要，本季度需要增加原料；

2. 2号机要加强维护保养，争取年内不维修；

3. 1号、2号机的中修要做好备品备件的准备工作；

4. 1号机及2号机定额，待整顿办查定后再予调整，现作临时定额。

附件一：总产值计划表（略）

附件二：产量计划表（略）

××塑料制品厂

20××年×月×日

二、生产成本分析

（一）生产成本分析概述

生产成本分析是在企业经营活动中，对构成生产成本的诸因素进行数量分析而写成的书面报告。

生产成本是构成产品价值的基础。随着企业经营活动的开展和外部环境的影响，生产成本处于动态的波动中，而生产成本分析就要在这波动中找出影响成本上升或者下降的主要原因，从而使企业的经营做到有的放矢，达到降低生产成本，增加经济效益，使企业走向良性循环的目的。

生产成本分析的作用：

（1）通过成本分析找准成本升或者降的主要原因，为企业领导决策、指挥，为调整产品结构提供依据。

（2）成本分析是综合能力较强的一项工作，它不仅需要财务知识，也需要运用专业技术知识，因此，通过成本分析可以提高企业财会人员的业务技能和专业素质。

（3）生产成本分析可以提高企业的管理水平，从而为降低成本、提高企业的经济效益打下坚实的基础。

生产成本分析的种类：

按时间分，有月度生产成本分析、季度生产成本分析、年度生产成本分析。

（二）生产成本分析的写法

生产成本分析的格式一般由标题、数据表格、文字分析说明三部分组成。

1. 标题

生产成本分析的标题由成本分析单位、分析日期、分析内容三方面构成。

2. 数据表格

生产成本分析数据表格的一般内容有：原料成本表；用费成本表；分品种的单位成本表。

3. 文字分析说明

生产成本分析的文字分析说明是以数据表为基础，找出成本升高的主要因素，然后提出整改措施。

生产成本分析从构成成本的诸要素（原料成本和工费成本）的波动入手，

找出影响总成本上升或者下降的主要原因，对主要影响成本升或者降的指标分析，要深入透彻。成本分析的方法常用的有指标对比法、成本分析法、连环代替法和差额计算法等。成本分析的落脚点是落实，如果成本分析仅仅停留在纸面上，那就失去了成本分析的根本意义。

（三）范例

企业实施电子商务的成本分析

企业在实施电子商务的时候，总会发生一定的成本，如寻找商机所发生的成本、处理收集信息所发生的成本和为电子商务配备人员所发生的成本等。本文分析一下企业在实施电子商务的时候应该发生哪些成本，不应该发生哪些成本以及这些成本的发展趋势。

一、企业为实施电子商务应该发生的成本

企业为实施电子商务所应该发生的成本是企业为建成、应用和运行电子商务系统所必须发生的成本。如果没有这些成本支出，企业就无法实施电子商务或无法得到电子商务的好处。这些成本应该包括：

1. 电子商务的接入成本。这种成本是企业为建立电子商务系统所发生的成本，是对企业实施电子商务具有基础意义的成本。这种成本一旦发生，就是一种沉没成本，不管后来方案如何变化，都是固定不变的。

2. 购置、维护硬件和软件所发生的成本。企业实施电子商务必须具备一定的硬件如电子计算机、服务器、交换机和网络等作为载体；也必须具备相关的电子商务软件，才能完成其功能。硬件一般通过向电脑公司购买即可。软件可以购买已经成熟的商品软件，也可委托其他单位或自己组织人员进行针对自己的特点开发。电子商务系统运行以后，必须对硬件和软件加以日常维护，才能保证其正常运行。

现在电脑技术的更新换代越来越快，企业配置的硬件设备很快就会过时，被新的、更多功能的、更快速度的、更强兼容性的硬件所代替。与此同时，电脑软件的功能也越来越方便、越来越强大，遵循的标准越来越高。企业在信息系统路径依赖的作用下，为了赶上时代的潮流，抓住稍纵即逝的商机，必须适时对电子商务系统进行更新换代。

3. 系统人力资本的投入。实施电子商务系统以后，还必须配备相关的人员、建立相关的机构，具体负责系统的日常运行。这些人员在招聘的时候需要花费选择成本，进入到企业后还要对其加以教育培训，需要支付其工资。

4. 交易成本。企业在通过电子商务系统与其他企业发生商务活动也需要发生成本，主要由三部分构成：①为保证合同的有效性而在合同契约签订前发生的成本，如对对方的调研费用；②企业签订合同的过程所发生的成本，如双方讨价还价、起草合同、协商合同条款和最后签订合同过程中所花费的成本；③合同签订以后为监督、实施合同而发生的成本。

5. 电子商务系统的保护成本。现在越来越多的企业建立了电子商务系统，企业间信息的共享程度也越来越高。但是企业为了保证自己的竞争优势，都有自己的专有技术和信息。专有技术和信息区别于非专有技术和信息的最大特点是具有排他性。公开的网络环境为“商业间谍”和黑客等不法之徒窃取企业的机密提供了方便之门。因此，企业在建立自己的电子商务系统之后，必须建立专门的制度，专门的设备和软件来防范系统中信息的被盗和泄密。系统的保密程度越高，相应的花费的成本也就越高。

二、企业实施电子商务应避免发生的成本

以上是企业在建立和运行电子商务系统的过程中所发生的成本，属于直接发生的。但还有一些成本，它并不是明显发生的，属于间接成本。企业必须防止和避免这些间接成本的发生。

1. 系统路径依赖的负面成本。企业建立好电子商务系统后一般不会轻易改变，如果技术更新换代，也只是沿着同类技术的路径走下去。系统的路径依赖对企业的正面作用，是有利于企业积累经验，使企业在竞争中取胜。但是系统的路径依赖也具有负面效应，就是不可避免地对新的、更有效的、类型不同原有系统的技术的抵制。这既不利于新的、更有效的技术的引进，也实际上是对新效率的一种自动放弃。这是一种机会损失，构成企业的一种间接成本。因为如果企业的竞争对手采用这种技术，就会具备更高的竞争优势。

2. 操作技术不配套而发生的成本。不可否认，我国企业的信息化进程与信息技术水平良莠不齐，差距很大，甚至在同一个企业中也存在不同档次的操作系统与管理方法混用的问题。一些企业拥有相当先进的设备，但没有采用与之配套的管理方法，使大量的工作仍然停留在手工方式上，这是我国企业与国外先进企业差距的一个典型标志。

企业在这种不配套的情况下，必然导致双重付出：一是因为处理方法原始、落后，先进的系统“掩埋”在陈旧的操作方式中，原先的投资成为沉没成本；二是由于不同的处理方法造成的管理困难，以及由这种困难产生的额外的协调成本。

3. 弥补信息流动性陷阱的成本。信息的流动性陷阱是信息供给与信息需求不对称在企业的一种特殊反映。随着现代信息网络技术的发展，更多的信息流动渠道开通，信息的供给大大地增加了，由于缺乏有效的信息需求，出现了信息泛

滥。这时如果企业没有相应的信息处理方法，就产生了信息流动性陷阱：一方面企业强烈的市场信息需求面对的是大量泛滥的、不适用或无法采用的信息；另一方面企业对市场和技术信息有比较强烈的需求意识，但由于信息消费能力不足，影响需求意识转化为切实的需求行动。

三、企业实施电子商务成本的变化趋势

随着新技术的不断出现，互联网发展的步伐越来越快，从而使企业实施电子商务的成本有以下变化趋势：

1. 现代企业的电子商务成本的绝对量有增大的趋势。电子商务成本的绝对量有增大的趋势是指在总量上电子商务成本比企业的其他成本增长要快得多。这是因为随着实施电子商务企业的增多，从而产生规模效益，电子商务给企业带来的效益越来越大，其成本收益率高于企业平均成本收益率，即电子商务成本总量的增大不会影响企业收益的提高，反而有助于企业效益的提高。

2. 电子商务的硬件投入成本相对减少，软件投入成本有增大的趋势。由于技术的进步，硬件的性能有不断提高的趋势，而其价格却在不断的下降。硬件投入成本相对减少的含义是：相对过去而言，硬件的投入绝对值是增加了，但相对软件投入成本而言，不如软件投入成本增加迅速。

软件投入成本主要是指相关电子商务软件及信息服务、信息交流、人员信息处理能力的培训等方面的成本。客户在与企业进行业务往来的时候，所接触的是软件，而硬件隐藏在背后。所以现在软件是决定一个企业的电子商务系统是否有效的关键，其在电子商务系统的地位越来越高。其成本有增大的趋势是指：不仅软件投入成本的绝对量且相对硬件来说都有增大的趋势。

3. 纠正成本、保护成本和升级成本有增大的趋势。在电子商务系统中纠正成本的支出可以防止信息泛滥、信息虚假，以求信息可靠、真实。企业在将外部的信息引入企业经营中，难免会发生变形，甚至错误，这时就需要付出纠正成本。现在互联网上过量和虚假的信息越来越多，就需要企业加大纠正成本的支出。

现代企业间的竞争越来越激烈，企业的竞争对手总是千方百计地收集甚至是盗窃企业的机密信息。为防止企业的机密信息被盗和泄密，企业必须强化电子商务系统的安全程度，相应地，必须增大安全成本的支出。

4. 为使电子商务系统的处理能力更强、速度更快、兼容性更好，企业必须支出升级成本。现代信息技术发展越来越快，使得企业电子商务系统更新换代的步伐也越来越快，相应的升级成本的支出也加大了。

总之，企业的电子商务成本有继续增大的趋势，它直接影响了企业的成本构成，并决定了企业的效益。因此，必须对电子商务系统的每一项成本支出进行认真分析，尽量减少支出，只有这样才能更好地提高企业的效益。

三、增产节约计划

（一）增产节约计划的含义

企业根据年度生产经营目标制定增产节约指标以保证年度计划的实现。增产节约计划是企业挖掘潜力的行动计划。它是企业按厂部、车间、科室、小组并按年度、季度、月度编制和执行的。

表示企业增产节约经济效益的指标有：

（1）假定年度节约额：措施实现后12个月内所节约的数额。

（2）当年节约额：即措施实现后至计划年末所节约的数额。

（3）净节约额：从当年节约额中扣除应摊的措施费用所得的节约额。

（二）增产节约计划的写法

增产节约计划的书写格式是：

1. 标题

写明××单位增产节约计划即可。

2. 正文

其内容包括：前言（指导思想）、提出明确的任务指标，为实现任务指标而采取的具体步骤措施、任务指标的完成时间。

3. 落款

注明日期，以此作为凭证与存档。

（三）范例

××变压器厂20××年增产节约计划

为了做好转移工作，努力增加产量，不断提高产品质量，降低消耗，增加积累，用最少的物化劳动和活劳动为社会主义建设多做贡献，要发动全厂职工深入、广泛地开展增产节约运动。

我们的奋斗目标是：全年变压器比去年增产28%以上，费用节约25万元。

一、努力增加生产，产量增加28%以上

变压器是发展电力工业，支援工农业生产的重要产品。我们决心努力增加生产，为国家多做贡献，去年完成了变压器140万千伏安，今年计划完成180万千伏安，增产40万千伏安，增长率为28.5%。具体措施是：

1. 认真改革不适应生产发展的生产关系和不适应经济基础的上层建筑，加

强对经济工作的领导。调整编制、体制，特别要加强对政治思想工作、技术工作、企业管理和生产指挥系统的领导，正确处理好军用品和民用品的关系。

2. 从小生产的习惯下努力解放出来，向专业化方向努力。发动全厂职工开动脑筋、想办法、开展双革四新，向自动化、科学化、机械化进军，扩大生产能力。

3. 加强科学管理，按照工时定额、设备能力、工艺装备组织生产，充分发挥生产能力。

4. 狠抓关键，集中力量攻克高电压、大容量变压器。安排生产坚持易难结合，做到均衡生产。

5. 深入开展以优质、高产、低耗、安全、多积累为主要内容的社会主义劳动竞赛，严格奖惩制度，厂部与车间签订经济合同，做到多做贡献多得奖。

二、进一步提高产品质量，减少返工损失 2 万元

1. 组织全厂职工学技术、学管理、提高技术水平，使每个操作工人能掌握现代化生产的技术，以适应生产发展的需要和提高产品质量的需要。

2. 健全产品工艺，制造专机和工夹模具，保证产品质量的提高，全年减少返工工时 5000 个，节约返工损失 2 万元。

3. 在质量管理中做好三接三检工作，做到不合格零件不引下道工序，不合格产品不出厂。进行用户访问，实行三包，不断改进产品设计，不断提高质量，稳定一等品水平，争取创优等品。

三、努力降低消耗，全年节约材料费用 17 万元

从我厂变压器成本的构成因素来分析，20××年原材料比重已占 83.19%。因此，20××年我们把降低消耗节约原材料作为增产节约的一个重要方面来抓。

1. 提高钢材、矽钢片利用率，加强材料套裁利用，做到投料算了用，大小套了用，余角边料综合用。我厂钢材利用率去年为 93.71%，今年争取提高到 94%；矽钢片利用率由去年 95.39% 提高到 95.50%。全年预计用钢材 2000 吨。从利用率提高上节约 7.5 吨，节约额 1 万元。

2. 建立第一车间和第一仓库，即修旧利废车间和仓库。全年修复开关、闸刀、电气设备、电动机等，使用价值 2 万元。

3. 做好废旧物资回收工作，全年回收厦钢材 70 吨，有色金属 10 吨，废料加工改制回收金额 10 万元。

4. 进行产品设计改革，从改进产品设计中要材料，全部节约材料费用 4 万元。

5. 逐步做好辅料的定额管理工作，试行辅料限额发放。

四、努力节约用电，全年节约电力 4 万度，金额 3000 元

去年我厂变压器每万元产值用电量由 20××年的 1398.8 度降为 973.94 度；今年计划再降低 23.94 度。使每万元产值用电量降到 950 度，全年节约用电 4 万度。

1. 采用新技术，在上漆炉和有关方面推广远红外线工艺，以节约用电。

2. 加强用电最高负荷的控制，力争做到均匀用电，每月平均最高负荷掌握在 880 千瓦内，比 20××年×月平均 899.17 千瓦每月降低 19.17 千瓦，节约 1400 元。

3. 做好有功和无功用电的力率调整工作，力争全年获得奖金 2000 元。

4. 加强节约用电的宣传教育工作，做到不开空车，不开无人灯，严格控制电炉的使用。

5. 加强电力的管理工作，合理调整输入电线路，消灭漏电，确保安全，每天抄表加强记录，及时分析执行情况，采取有效措施，降低用电量。

五、节约费用 14000 元

贯彻好勤俭办企业的精神，做到少花钱，多办事，办好事，千方百计节约支出。

1. 节约利息支出。去年变电器方面每月支出利息 22700 元，今年要加强资金管理，合理调度资金，把资金搞活，减少积压物资，加速产品配套。努力发运产品，减少银行贷款，每月节约利息支出 700 元，全年节约 8400 元。

2. 节约差旅费。加强出差外地和市内交通费的审核，去年变压器方面差旅费支出为 88397 元，今年节约 2%，全年节约 1768 元。

3. 节约办公费。加强长途电话的控制，节约使用办公印刷品。去年支出办公费 19184 元，今年节约 2%，计 384 元。

4. 节约仓库费用。加强仓库管理，减少消耗材料的领用。去年支用 47740 元，今年计划降为 47000 元，降低 740 元。

六、挖掘劳动潜力，增产工时 1 万个，多做贡献 4 万元

1. 全面修订工时定额，以工时定额测定劳动力，调动劳动力，不断提高企业科学管理水平。

2. 发动群众深入开展双革四新，成立双革四新办公室，抓大型变压器关键项目，扩大生产能力。

3. 提高工时利用率，减少非生产工时；加强设备维护保养，减少停台；添置必要的工模具，提高工效；及时保证生产所需要的原材料，消灭停工待料等，全年工时利用率争取达 80% 以上，每月增产工时 80 个。

4. 贯彻预防为主，医疗为辅的医疗方针，做好职工保健工作，使全年出动率达 95% 以上。

七、搞好安全生产，加强安全生产的教育，采取必要措施，消灭隐患，减少事故损失1000元

200×年×月

四、企业生产管理规定

（一）概念

企业生产管理的范围非常广泛，涉及材料、加工、质检、跟单等工作。各个生产环节必须严格执行有关制度，方可生产出合格的产品。

（二）写作要求

（1）各类管理明确责任、权力，便于操作；

（2）为维护生产管理的严肃性，必须有一定的约束规定，不可流于形式。

（三）范例

××公司生产统筹管理规定

1. 为统筹从接单到出货的全过程管理，制定本规定。

2. 品质生产控制部设跟单员岗位，受总部主管领导。

3. 接单后，跟单员应向报单者或客户反复核实产品规格、要求、数量、交货日期等，并填写“生产任务下达表”，报主管核实及厂长批准后下达执行。

4. 跟单员负责督促采购员在限期内依公司规定完成采购工作。

5. 跟单员负责督促外加工单位在限期内完成任务。

6. 各部门应优先（即时）配合和执行跟单员的协调指令，在紧急情况下，跟单员可直接请示总经理决定，事后补办手续及书面解释原因。

7. 质检合格的成品，由跟单员通知出货。

8. 凡有不及时履行本规范的，每次罚责任人100元，由跟单员提请主管核实，厂长批准，由财务部门执行；造成损失的，责任人赔偿实际损失，由跟单员提出，报主管核实、厂长批准后，财务部门执行；跟单员失职，按上述规定由主管或厂长执行。

9. 本规定自公布之日起施行。

五、企业生产操作规范

（一）概念

企业生产操作规范是指生产作业人员在生产中操作机器，仪表、模具或进行装配工作时应遵守的规矩。一般包括操作装配规范、工序工艺规范、检测鉴定规范等。操作规范是一线的规章制度，是生产工人的操作规范，因而一定要具体，同时要注意不同产品、不同工艺工序应有不同的操作规范。

（二）格式与写作要求

1. 格式

（1）标题：一般注明“××操作规范”或“××工艺规范”等，标题置于正中上方，以产生突出、醒目，引起大家注意的效果。

（2）正文：主要强调操作规程。

2. 写作要求

（1）写作要规范化、图样、表格、数值、公式等必须准确无误。

（2）措词简明，逻辑严谨，不能产生歧义，模棱两可。

（三）范例

××五金厂生产作业操作规范

一、关于人体运动的原则

1. 使用双手从事生产性工作。

2. 双手同时开始及完成各种对称工作。

3. 使手和手臂的移动作连续曲线的动作。

4. 工作应有节奏，使工作自动而圆润。

5. 操作范围内，尽量使移动距离最短，并用最低类别的动作。

6. 应尽量利用物体重量。

二、关于工作场所的原则

1. 手和手臂的运动途径应在正常工作区域内。

2. 必须用眼睛注意工作，应保证有正常视野。

3. 工具和材料应置于固定位置。

4. 工作场所的高度应设计能供站立或坐着使用。

5. 工作区域应以少移动为原则。

6. 好的工作环境可以导致好的工作表现。

三、关于工具和设备的原则

1. 工具和设备应预置于随手即可拿到或抓取之处。

2. 以足踏板和固定工具代替手的动作，使手能执行更有用的工作。

3. 使用将完成产品移去的自动弹出设施。

4. 在方便操作的情况下，将机器控制排列妥善。

5. 利用特别的工具和复合的工具（多种用途的工具）。
6. 考虑如何使用机器以便利操作。
四、关于材料搬运的原则
1. 为了方便取拿，应有良好的设计。
2. 安排重力输送的漏斗、分离器、输送带，将材料送使用地点。
3. 预置和分类标明下一操作所需的材料和零件。
4. 用落地输送法将产品挪开。
5. 将所有较重物品举起时应使用搬运机械。
五、关于节省时间的原则
1. 改善人工和机械动作的迟疑或暂时停止的问题。
2. 通常动作形式需要较少步骤或元素者，所用的时间最短。
3. 当机器工作时，工作应是进行中；而工作进行时，机器应是工作中。
4. 应同时加工两个或两个以上零件。
六、记录方式
操作步骤需按照工作流程并详细记录。

六、企业技术管理制度

（一）企业技术管理制度的含义

这是企业将技术管理工作落实到相关岗位和人员，加强企业技术管理，促进企业技术全面发展而制定的制度。

（二）企业技术管理制度的写法

技术管理制度的写作格式通常由标题、正文、制定单位、日期所组成。

正文可采取总则、分则、附则款式，也可采用条款式。要求简明扼要、具体、易懂易记，便于执行。具体内容包括：管理的目的，总的要求；机构、职能、权限；生产技术设备；生产过程的技术管理；辅助生产过程的技术管理；技术文件管理；技术管理的核查与考核。

制定技术管理制度要与岗位责任结合起来，统一要求。为了使职责要求具体化，最好针对不同岗位、不同环节制定相应的细则，与技术管理责任制度配套使用。

（三）范例

技术责任制条例

为了进一步提高我厂的技术水平、管理水平和生产水平，充分调动广大工程技术人员的积极性，尽快实现技术现代化，我厂决定试行技术责任制。

第一章　总则

第一条　推行技术责任制，是实现科学管理，加快工业发展速度，加速实现四个现代化的需要。

第二条　我厂建立以总工程师为首的四级技术责任制，把全厂生产、技术、科研、质量、机械、计量、动力、能源、环保、安全、基建、设计、供应等技术工作统一组织起来，形成强有力的生产技术管理指挥系统。

第三条　技术责任制在总厂领导下贯彻执行。在具体技术问题上，要充分发挥技术负责人的作用，真正做到有职、有权、有责。

第四条　总工程师（副总工程师）、主任工程师（副主任工程师）、主管工程师、专责工程师是技术领导职称，是同级的领导成员，分工负责全面的或某一方面的技术工作。

第五条　在贯彻以总工程师为首的技术责任制的同时，要建立和健全各级技术岗位责任制，明确职责，充分发挥广大工程技术人员的作用。

第六条　加强对技术干部的考核，对技术干部的考核要归入个人档案。

第二章　技术负责人的责任

第七条　各级技术负责人要努力做到：

1. 认真贯彻执行党和国家的科技路线和各项方针政策，坚持辩证唯物主义观点，坚持实事求是、一切从实际出发的原则。

2. 刻苦钻研技术业务，努力学习世界先进技术，对技术工作认真负责，精益求精。

3. 充分发挥个人在技术工作方面的主动性和积极性，同时，要注意发扬技术民主，开展技术交流，团结广大技术人员搞好技术工作。

4. 坚持敢想、敢干与严格的科学态度相结合的工作作风。

第三章　技术责任制的管理体制

第八条　生产技术管理权力集中在厂部，对各车间、科室实行统一领导，分级负责。

第九条　总工程师领导并发挥生产、技术、科研、质量、机械、计量、动力、能源、环保、安全、修建、技术供应、设计等技术职能部门的作用。

第十条　副总工程师是总工程师的助手，在总工程师的领导下从事生产、技术、科研、质量、机械、计量、动力、能源、环保、安全、基建、技术供应、设计等方面的技术领导工作或受总工程师委托代理总工程师工作。

第十一条　根据高效能和精简的原则，在总工程师下面设总工程师室，配备几名承担专业生产技术工作的工程师，负责进行组织、协调、统筹、调研和办理总工程师职责中的一些具体事务。

第十二条　主任工程师（副主任工程师）是总工程师在该单位的委派员，在业务上接受总工程师的领导，并对总工程师负责。凡总工程师职责涉及本单位的工作，均由主任工程师（副主任工程师）负责主持。本单位一切上报总工程师的技术文件，必须经主任工程师（副主任工程师）签署。

第十三条　主管工程师受主任工程师委托，负责某一部门或某一方面的生产技术工作，直接接受主任工程师的领导，并对主任工程师负责。

第十四条　负责工程师是某一专业或某项工作的专门技术负责人，受总工程师和主任工程师或主管工程师的领导，并对主任工程师和总工程师负责。负责工程师应该深入钻研某一专业或某项工作的科学技术，逐步成为某一专业或某项工作的技术权威。

第四章　总工程师的任务、职责和工作权限（略）

第五章　主任工程师、主管工程师、专职工程师的职权和权限（略）

第六章　一般工程师、技师、助理工程师、技术员的职责和权限（略）

七、企业生产经营责任制

（一）企业生产经营责任制的含义

企业生产经营责任制，是国有企业对国家的经济责任制，特征是正确处理国家、企业和职工三者之间的关系以及责、权、利关系。按照所有权与经营权分离程度，分为承包经营责任制、租赁经营责任制和资产经营责任制等形式。

（二）企业生产经营责任制的写法

生产经营责任制的写作格式由标题、正文和落款组成。

1. 标题

标题要标明企业（或单位）名称和经营责任制的类型及文种。如《××企业承包经营实施办法》。在一般情况下，企业名称、经营责任制类型和文种都不能省略。

2. 正文

比较规范和正式的经营责任制，其正文分为总则、分则和附则三部分。总则主要叙述制定生产经营责任制的意义、根据，以及总的原则和规定。分则是生产经营责任制的主体部分。附则作有关的补充说明，诸如实施日期、实施办法、审批单位、监督单位等。最后署上制定日期。

尽可能明确具体，以便于实际操作；必须写明检查考核办法以及奖惩规定；生产经营责任制的文种主要采用“×××经营责任制”形式；正文一般采取章节式或条款式，将责、权、利分条分款拟写，依次排列。

（三）范例

××市小型国营企业租赁经营试行规定

第一章　总则

第一条　根据国家有关文件精神，为了探索新的经营方式，进一步搞活小型企业，特制定本规定。

第二条　本规定适用于我市实行租赁经营的小型国营企业。

第三条　对小型国营企业实行租赁经营，是在不改变企业所有制性质的前提下，依照所有权与经营权适当分开的原则，实行租赁机制与按劳分配原则、民主管理制度相统一的一种社会主义经营方式。

第四条　企业实行租赁经营，只是经营方式的改变，其行政隶属关系、党群关系和财政、税收渠道不变。

第二章　租赁程序

第五条　企业的出租权属于国家。企业出租，由主管局（公司）会同财政局审查批准。

第六条　租赁企业的方式，可以集体承租，也可以个人承租，以集体或企业全体职工承租为主要租赁方式。

第七条　出租企业面向社会实行公开招标。

第八条　凡中华人民共和国公民，拥护党的路线、方针、政策；有经营管理能力和相当于中等专业以上的文化水平（集体承租的指代表）；有一定数量的个人财产和两位具有正当职业并有一定财产的保人（集体承租不用保人），均可投标。经出租方资格审查合格的投标者，允许到投标企业调查，编写投标书和经营管理企业方案。

第九条　由出租方和聘请的有关专家、学者及出租企业的职工代表，组成考评委员会，对投标者进行答辩考评，从中选择优秀者，经企业主管部门进行品

德、业绩考核后，确定承租人。

第十条　承租人确定后，出租方和承租方须签订租赁合同。其主要内容应包括：租赁双方的权利与义务、租赁期限、租金数额与缴纳方式、利益分配、债权与债务处理等事宜。由企业主管部门负责人、承租人和保人在租赁合同上签字。

第十一条　在签订合同的同时，由出租方、承租方及财政局、银行代表对出租企业的资产进行核查注册，作为租赁合同的主要附件。

第十二条　合同签字后，由租赁双方持合同向公证部门申请公证。公证部门确认合同合法，出具公证书后，租赁合同正式生效。合同与公证书的正本交出租企业的主管部门，出租企业、承租人和公证处各一份，副本报工商行政管理部门和有关银行备案。正本与副本具有同样法律效力。

第十三条　承租人（集体承租的指代表）如不是企业租赁前的法人代表，需持变更企业法人代表申请报告、租赁合同及公证书，到工商行政管理部门办理变更法人手续、领取营业执照。

第十四条　租赁手续办理完毕后，由企业主管部门负责人陪同承租人到所承租的企业，召开职工大会，宣读租赁合同，承租人正式就职。

第三章　承租人的权利与义务

第十五条　承租人是企业租赁期间的法人代表，是从事社会主义经营活动的劳动者。

第十六条　承租人对租赁企业的生产经营和行政管理全面负责。有权自主使用、支配企业的财产，使设备不断更新；有权决定企业机构设置、人员配备、分配形式和经营方式；在保证完成国家计划的前提下，有权按工商管理规定从事多种经营。

第十七条　承租人必须认真贯彻执行国家的方针、政策和有关规定，不得违法经营；必须接受国家下达的指令性计划，完成合同规定的各项经济技术指标；必须接受政府有关部门的监督指导，不得随意改变国家规定的经营方向。

第十八条　承租人必须努力提高经济效益，带领职工走共同富裕的道路，在政策允许的范围内，逐步提高职工的收入，改善职工的生活福利待遇。

第十九条　承租人要尊重职工的民主权利，定期向职工代表大会报告工作，听取职工的意见和建议；要维护职工的劳动权利，不得无故裁减人员；要主动向企业党组织报告工作，接受党组织的监督。

第二十条　承租人必须树立职业道德观念，文明生产，文明经商，不断提高产品质量和服务质量，维护消费者利益。

第二十一条　承租人必须对企业的全部财产实行社会保险。

第四章　租金

第二十二条　实行租赁经营的企业，除了照章纳税外，要向企业的主管部门缴纳租金。工业企业缴纳的租金，主管部门按规定返给企业，作为企业留利，在国家和地方财政部门规定范围内合理使用；商业企业缴纳的租金，主管部门按规定可提取行业发展统筹基金。

第二十三条　核定租金要兼顾国家、企业、职工、承租人四方利益，在保证国家增收、企业多留、职工收入逐步增长的原则下，依据企业固定资产、自有流动资金、经营状况、地理环境和市场动态等因素，参考本规定附后的计算公式，由租赁双方具体商定。

第二十四条　租金可分为基数递增租金和固定租金两种形式。基数递增租金，是指由租赁双方商定各租赁年度的基数利润和基数租金，并在基数租金基础上，按计租年度企业的实际利润与基数利润的比例适度上浮计算出实际租金。当实际利润低于基数利润时，承租人要照交基数租金。固定租金，是指由租赁双方商定不因利润增减而上下浮动的承租各年度的租金数额。承租人按年度缴纳租金。

小型商饮服务企业或亏损工业企业可采用固定租金形式，其他企业一般应采取基数递增租金形式。

第五章　承租人的收入

第二十五条　租赁企业在租赁年度留利中扣除当年租金后，剩余赢利在企业和承租人之间按合同规定的比例分成。承租人分得的红利即为个人劳动所得，受国家法律保护。

第二十六条　鉴于承租的风险性和市场的多变性，承租人分得的红利不宜全部转为消费基金。一般以支取职工年平均收入的5倍左右为宜，剩余部分作为承租保证金存入企业，不计利息，不分红利，租赁终止时一次或分期从企业提取。承租保证金在承租人提取前暂不缴纳个人所得税。

第二十七条　承租人在租赁期内停发工资、奖金，但保留工资级别，享有晋级权；终止租赁合同后，享受其应有的工资待遇。

第二十八条　如租赁年度的企业留利不足以缴纳租金时，承租人必须以个人财产抵补。承租人个人财产不足应补数额时，以保人财产抵补。因承租人过失，造成严重损失，要依法追究其责任。

第六章　合同的变更、终止或解除

第二十九条　租赁双方均不得随意变更、终止或解除合同。如单方变更、终止或解除合同，须按国家经济合同法规定承担经济责任。

第三十条 由于国家政策、法规和客观环境发生预料不到的重大变化，致使租赁经营出现异常状况，确需变更合同时，租赁双方可协商修订合同或作出补充规定，送有关部门备案。修订后的合同或补充规定，经公证机关确认后具有法律效力。

第三十一条 出现下列情况之一的，出租、承租方均可经仲裁部门按法定程序终止或解除合同。提出终止或解除方不承担经济责任。

（一）承租人因经营管理不善，致使企业超过合同规定出现连续亏损，出租方有权提出终止或解除合同。

（二）承租人不执行合同规定，损害了出租方的利益，出租方有权提出终止或解除合同。

（三）出租方违背合同规定，严重干扰承租人经营自主权，使其无法自主经营，承租方有权提出终止或解除合同。

（四）承租人按合同规定应得红利不能兑现，承租方有权提出终止或解除合同。

（五）由于本规定第三十条原因，租赁双方没有满意的解决办法，任何一方均可提出终止或解除合同。

第三十二条 租赁期满后，由出租方、承租方和财政局、银行代表对租赁企业资产核查无疑义后，按法定程序解除租赁关系，并通知有关各方。延长租赁期，须重新履行租赁程序。

第七章 管理

第三十三条 实行租赁经营的企业继续享受有关的行业政策、规定待遇。实行租赁的企业由于经营方式和分配方法已不同于国营企业，可按集体企业进行管理。

第三十四条 承租人的个人纯收入缴纳个人所得税，不计入企业工资总额。承租人用个人所得支付给保人和有特殊贡献人员的报酬，不计入企业奖金总额。

第三十五条 经市有关部门核准后，租赁经营企业可实行百元利润工资含量浮动办法。即按上年税前计入成本中的工资总额占租赁合同规定的租赁年度基数利润的多少，按核定比例上下浮动，工资总额计入成本。

第三十六条 承租人个人投资更新设备，其产权归承租人个人所有。个人投资允许按银行利率计息、分期收回。个人投资收回后，更新设备的产权归企业所有。

第三十七条 企业租赁前的债权、债务，承租方均须继承。对于债务，租赁双方可在不损害债权人利益的前提下协商具体偿还办法，列入租赁合同条款，作为处理有关债务的依据，并通报债权人和有关部门。

第八章　附则

第三十八条　集体企业租赁可参照本规定执行。集体企业出租权属于企业职工大会或职工代表大会。由主管局（公司）会同税务局审批。

第三十九条　本规定自发布之日起施行。

附：计算公式（略）

八、企业标准化管理规则

（一）企业标准化管理规则的含义

企业标准化管理是企业内部规章制度，是企业职工生产、工作和生活的行为准则。

（二）企业标准化管理规则的写法

标题往往标明《××标准化管理规则》。文种除“规则”外，也有采用“条例”、“责任制”、“协议书”的。

正文可分总则、分则、附则，也可不分，直接采取条款式。

开头写明标准化管理的意义、目的、总体要求。同时要确认管理机构、职责、范围，还要对企业标准化工作的领导、组织、实施、考核、奖惩等有明确规定。

标准化管理要以生产技术标准化管理为主。

结尾一般署上制定单位、日期即可。

（三）范例

××厂标准化管理规则

1. 总则

（1）企业标准（含规章制度，下同）是企业内部法规；是稳定企业正常生产秩序、提高产品质量、降低消耗、增加经济效益，实现科学管理的重要保证，也是全厂职工生产、工作和生活的行为准则。全体职工必须严格遵守执行。

（2）企业标准以技术标准为主体，包括管理标准和工作标准，各部门应密切协作，各级负责人要加强领导，共同搞好企业标准化工作。

（3）企业标准化是以贯彻上级标准，制定和实施企业标准为主要内容的全

部活动过程，收集要齐全，制订要全面，实施要坚决，执行要严格，奖惩要兑现。

2. 标准化工作机构和职责

全厂标准化工作由总工程师全面主管。在技术资料室设专职技术标准管理员，企管办设专职管理标准、工作标准管理员，各部门指定专（兼）管人员，形成标准化管理体系网络。

标准化机构成员的任务是：

(1) 贯彻执行上级的标准化工作方针、政策，编制的标准化工作计划，开展标准化宣传和教育培训；

(2) 组织制订、修改企业标准，组织贯彻国家标准、部（专业）标准、地方标准和企业标准，监督各类标准的实施，处理标准执行中的问题；

(3) 对产品设计引进要提出标准化要求，并参与工作和进行标准化审查；

(4) 统一归口，管理各类标准资料，建立档案，收集国内外标准化情报资料；

(5) 做好标准化的统计与效果分析，总结经验；

(6) 承担上级委托的标准化工作任务。

3. 建立完整的标准档案

(1) 有关超前标准（包括国际国内正在拟议中的高标准）是企业开发新产品、占领市场形成拳头产品的重要标准化情报资料；不仅专职人员尽力搜集，各部门收集的也要迅速送到标准化资料室汇集备用。

(2) 有关国际标准是企业产品打入国际市场，参与国际市场竞争的依据，标准化资料室归档应全面收集配套成龙。

(3) 现行有关国、部、省标准是企业生产经营的依据，凡只有一册的正本由标准化资料室归档，部门使用副本，资料室要做到收集齐全、管理科学、实施严格。

(4) 企业内控标准是实现上述标准化的保证措施，要求全面具体，针对性、实用性强，能解决实际问题，汇编成册，下发全厂执行。

乙企业标准的制定与发布程序

(1) 技术标准一般由职能部门拟定提出，由技术资料室审定编号报总工程师批准发布；管理标准、工作标准由企管办审定编号报厂长批准发布，否则一律无效。

(2) 企业标准的编号（略）。

4. 标准的实施与考核

(1) 凡正式发布的标准一律从实施起始日开始严格实施，直至有新标准出来才终止，再执行新标准。

(2) 各类标准执行情况按规定严格考核，并与经济责任制挂钩，奖惩兑现。

5. 附则

本规则从发布之日起正式执行。

××厂

××××年××月××日

九、产品生产业务及其处理程序

（一）产品生产业务的含义

产品生产业务是指企业从原材料加工成产品的过程，也是对原材料的再加工、产品准备的过程，这一业务的正确与否、衔接与否，直接关系到原材料资金的占用、产品销售的供应问题。

（二）产品生产业务的设计程序

1. 要求承上启下

2. 要节约使用企业资产

（三）范例

产品生产业务的处理程序

1. 购建厂房、机器、设备等产品。

2. 购买原、辅材料。

3. 领用原、辅材料投入生产，月终如有已领未用下月仍需用的材料，应办理假退料手续，否则办理退料手续。

4. 生产耗用燃料及动力（如水、电、气等）。

5. 组织安排工人和技术人员按操作规程进行生产加工制造。

6. 产品质量检测。

7. 产成品、半成品验收入库。

8. 产品成本计算（含完工产品与在产品成本计算及在产品实地盘点）。

十、确定最优生产批量的可行性方案

（一）确定最优生产批量的可行性方案的含义

确定最优生产批量的可行性方案是企业财务部门根据决策部门的指示，就企

业生产产品的批次、数量进行分析研究核算而作出的一种可行性建议文书，目的是供企业决策部门参考，以便控制生产的不必要耗费。

（二）确定最优生产批量的可行性方案的内容

确定最优生产批量的可行性方案的建议一般包括以下内容：

1. 对所生产产品的批量计算

2. 由数据分析产生的最优方案

（三）范例

××公司关于确定最优生产批量的可行性方案

财务部：××

20××年××月××日

20××年我公司预定生产××型音箱××台，据车间提供的信息，每天产量为××台，日销售量为××台，每批投产调整准备成本为××元，每台产品全年储存成本为××元。现对这个产品的最优生产批量计算如下：

最优生产批量=2×全年产量×每批投产的调整准备成本÷单位产品全年储存成本×（1－每天销售量/每天产量）

年调整准备成本=每批投产的调整准备成本×生产批次产品+全年存货总成本

全年储存成本=单位产品全年储存成本×平均储存量

平均储存量=每批产量×2×（1－每天销售量/每天产量）×每天产量

上述计算结果表明：××型音箱以每批投产××台为最优批量，全年生产存货总成本××元为最低。此时，全年储存成本与全年调整准备成本均为××元，该产品平均储存量应为××台，生产批次为×次。至于另外两种型号音箱的最优生产批量，由于数据不准、不全，尚难做出准确的计算，须待查实后再行计算。以上计算仅供参考，并请生产部予以验证。

十一、企业技术改造计划

（一）概念

企业技术改造计划是指企业根据市场环境的变化并结合部门、行业、地区和企业的需要进行技术改造时形成的书面材料。企业技术改造计划主要包括技术改造总体规划、行业技术改造计划和企业技术改造计划等。

（二）企业技术改造计划的写作要点

通常来说，企业技术改造计划主要包括以下主要内容：

1. 标题

2. 正文

正文通常包括前言和计划事项两部分。前言要阐述计划的主导思想，计划事项要说明技术改造的基本任务、基本目标以及实施的具体步骤和方法。

3. 落款

如范例《××公司技术改造规划》的写作包括：首先介绍公司的概况；其次写公司根据新形势的要求和试点单位的经验，提出的规划设想；最后是落款，签上书写时间。该范例内容全面，语言简洁，具有代表性。

（三）范例

××公司技术改造规划

本公司拥有12家工厂、1个研究所和1所职工大学，职工1.2万人，其中工程技术人员近1000人、工程师400余名。全公司生产的产品共有17个大类、381个系列、1984个品种，为国民经济各行各业提供各种电器，是全国电器行业中规模较大，产品门类比较齐全的一个工业公司。多年来，本公司认真贯彻国民经济调整的方针，开展了一系列改革：有步骤地从国外引进技术，改革传统的生产方式，组织流水生产线，不断改善经营管理，抓好职工培训，大大提高了生产效率和产品质量。本公司根据新形势的要求和试点单位的经验，提出了分阶段实现全面改革生产组织形式的规划设想：

1. ××××年，本公司在抓好已建立的5条生产流水线的完善、巩固的基础上，通过鉴定验收，进一步在16个厂选择设计可靠、工艺稳定、批量较大的20种产品，先从装配部分着手生产流水线，同时对加工装备、测试设备和管理技术进行改革，以达到能稳定生产符合国内外先进标准要求的产品，并为今后几年内行业生产每年递增8%的速度创造良好的条件。

2. “七五”期间，设想每个厂都有1~2条完整的生产流水线。这样，全公司就有40~50条流水线。流水线要从装配发展到加工，标准要更进一步提高，使全行业年产10万只以上的近60种电器元件，多数实行流水生产。

3. “八五”期间，也就是在19年前，全行业大批量的产品，争取全部形成流水生产。并力争有几条线达到自动化、半自动化的要求。这样，就从根本上改变全行业大批量产品装配上的小生产方式，向现代化大生产迈进，为生产总值提高实现翻一番打下扎实的基础。

4. 到××××年前，根据发展情况，流水生产线进一步采用新技术，大幅度提高流水线的生产效率，主要产品质量达到国际先进水平。为了切实实现这一改造规划，我们采取以下主要措施：

(1) 做好产品的选择。上流水线的产品要求设计定型，正在发展期的产品，批量在10万件以上，加工不很复杂，工序不太多，工位在15个以下。

(2) 做好可行性分析。对流水线的技术经验水平，产品生命状况，投入产生情况，以及安全操作，工作条件等都要进行有根据的分析、论证，不能一哄而起。

(3) 做好相应的生产手段的配套，实现专用工具和测试手段的相应配套。

(4) 资金和技术力量。资金以自筹为主，技术力量以厂为主，厂、所、校协同合作。

(5) 做好验收条件的制订。对生产流水线要做到建成一个，验收一个，成功一个。

××××年××月××日

十二、生产计划实施办法

（一）概念

生产计划实施办法是为实现企业的生产计划而制定的全体员工都遵守的制度。

（二）写作内容

1. 计划实施的参考

2. 计划实施的流程

3. 实施计划过程中的具体要求

具体写法请参考下面的范例：

（三）范例

生产计划实施办法

1. 计划处在每年计划制订与实施时，要考虑生产状态，以过去数年中的实绩作为标准，制定年度计划预定表，并把此表送交营业部。

2. 在1个月以前就要制订出月度计划预定表，此表亦需送交营业部。

3. 营业部通过各工厂送来的计划预定表了解市场情况，制订出下月乃至下下月的生产进度表返回到各工厂。

4. 工厂根据营业部下达的生产进度表，计算自己当月的生产预订量，并把此表上交给营业部。

5. 在工厂的最后一道工序，要汇总每天的生产数量，然后入库；并在最后工序的入库账上进行登记，根据入库量计数，算出与进度计划相对照的超过或不足的数量；再以此数据记入工厂日报，送交营业部。

计划处要根据超过或不足数量，计算第二天的机器使用情况，如需对原先的计划做出变更，要得到主管处长及厂长的同意，并通知运输部门、工程及工厂试验部门，采取适当的措施。也就是说，根据制造进度表，决定制造预定计划后，工程制造部门要计算出各部门每天必须生产制造的数量，对各部门实施中出现的超过计划或不足计划数值的情况，要通知承担任务的部长采取恰当措施。另外，对各部门每天的在制品要进行试验性检查。以保证产品的质量。在最后一道工序，要进行产品质量的各项检查，确定产品的质量等级。

6. 在月中，要对当月的在制品进行盘存。在对当月生产状况进行系统调查的同时，要算出工厂的生产效率、实绩与计划的差异，而后制订出作业方针。

7. 如果由于发生事故而减少生产，会造成预定产量的不足，此不足须填入营业部的有关图表中。

营业部要根据市场行情，把可以推到第二个月去的生产任务移至第二个月。

8. 产品若可能延期，则要考虑其损失的大小以及其他替代产品的替代问题。

9. 计划处在对要求试验的产品和部门进行调度时，要考虑营业部提出的有关数量、成本等方面的要求。

10. 营业部要考虑计划处的要求，在半月或一月前向计划处提交生产进度表。

11. 根据计划处长的指示，计划处要以工程主任及调查处联合会议上提出的希望条件为标准，根据实际情况，决定哪些机器开动、哪些机器暂停，然后预估出这一时间的产量。

十三、生产计划实施规定

（一）概念

生产计划实施规定是指为企业员工在实施生产计划时而必须遵守的规范。

（二）写作方法

1. 一般日程计划

2. 中间日程计划

3. 分配与调查

具体写作要求请参考下面的范文。

（三）范例

一般日程计划

第一条　制造期限的指定。

企划处要经常备有《标准完工工程表》、《制造处作业能力表》等表格，在考虑预定的加工传票及订货传票有关工程结束期限的要求和物资进货日期的基础上，确定结束设计及结束工程的时间，并把这个期限记入《制造指令》中。

第二条　每月制造实施计划。

企划处要每月召开一次与制造加工有关处室的联合会议，以季度制造预算为基准，考虑营业部的要求，制订目标与预算。

采购物资：按照一季度中不同品种产品加工制造所需量而进行，具体分解到月。

接受订货：按照一季度实有时间（全部工作时间减去为完成以前的订货任务必须占用的时间）安排，具体分解到月。

第三条　完成报告。

1. 在产品加工制造结束并作为成品进入成品库后，就要办理规定的手续，手续完后，即要填写完成报告。

2. 企划处要每月汇总各工厂、车间的完成报告书，并写成综合的完成报告书，向有关的处室分发通报。

中间日程计划

中间日程计划是以每月制造实行计划为基础的不同部门、不同零件的工程计划。它是日程管理的基准。

中间日程计划以基准劳动日程表、作业能力表、标准劳动时间表为基础而制订。对偶发性事故要进行调查，做出处理。

第四条　基准日程表。

1. 意义。

所谓基准日程，是指以标准作业方法，以正常的工作强度进行操作，为完成某一项工程所需的时间。在机械加工厂，由于加工工序很多，基准日程也就表现为从一道工序到下一道工序，或从这一车间到下一车间的时间。确定基准日程，对于工厂经济合理运行是很重要的。

2. 设定内容。

基准日程表因产品、型号、马力等的不同而具体内容也有所不同。通常，需要设定以下内容：

(1) 制造过程所需开动的机器台数；

(2) 材料的下料时间；

(3) 主要工程的开始与完成的时间；

(4) 试验的时间；

(5) 完成的时间；

(6) 入库的时间。

第五条 能力调查表。

能力调查表主要为了解工厂中劳动力的情况而制作。通过算出不同职业工种、不同工程部门保有的劳动力，算出根据生产计划所需要的劳动力，进而算出劳动力的供需状况，是有余还是不足；并据此编制中间日程，进行人员配置。

保有劳动力 = (1 − 无效作业率) × 作业效率 × 工作天数 × 出勤率 × 有效人员

说明：

1. 单个劳动力为 1 天 8 小时的劳动时间，以 P 代之。

2. 作业效率 = 实际劳动时间/P，实际劳动时间根据过去的实绩确定。

3. 出勤率 = 出勤人数/（出勤人数 + 缺勤人数）。

出勤天数为除掉休息日后的预定出勤天数。有效人员为扣除长期缺勤者、预定调走者以外的实有作业人员。

上述计算均以有效人员计算。

4. 无效作业率 = 无效作业时间/作业时间。

无效作业时间是直接动员、间接动员、不良作业、修正作业、组织活动等所需时间的总和。

第六条 标准作业时间表。

标准作业时间是指不同零件、不同作业的标准作业时间，它以所需劳动力计算为基础。

第七条 每月实行计划。

每月实行计划以在制造部门联合会议所定的制造计划为基础而制订，制定每月制造预定表后，要向各有关部处下达。

第八条 期限。

1. 本厂作业的日程。

中间日程计划的期限根据进度表而定。进度表根据基准日程表、能力调查表而制订。工程期限要向材料、零件、焊接、组装等各作业部门下达。

2. 订货日程。

按照能力调查表，制作订货卡片，按卡片所填的日程执行。

分配

第九条 材料零部件的数量确定。

1. 根据以下资料确定仓库常备物资、零部件所需的数量

(1) 每月制造实行计划表。

(2) 库存余额表。

(3) 其他。

2. 本厂半成品生产所需物资

本厂半成品生产所需物资按照以下资料确定所需数量。

(1) 半成品余额表。

(2) 每月制造实行计划表。

(3) 库存余额表。

(4) 其他。

第十条 零部件半成品。

零部件半成品的管理按零部件半成品管理规定办理。

第十一条 本厂自制零部件的订货。

1. 订货分配表

自己制造的半成品零部件，要以每月制造实行计划表、每月现货库存余额、半成品、订货余额的调查为基础，制订订货分配表，并以此确定每月的订货数量。

2. 订货基准表

订货基准表是规定各种零部件的订货时间必须先于工程进行时间的一种标准。但如果订货时间太早，又会占用仓库面积，占用资金。订货标准表是为了解决这个矛盾而制订的。

3. 订货单的制作和发送

在厂内生产半成品零部件时，要根据订货分配表及订货时间基准表，决定订货数量以及到货日期，并把各必要的事项记入所定的订货单中，做好订货安排。

第十二条 传票发行。

1. 轮班作业时，要根据各班的特点，发出相应的作业传票。

2. 综合管理作业的传票。

综合管理作业要在综合管理表上记入每天作业的实绩，在截止时间发出不同级别、不同工程的作业传票。

调查

第十三条　调查。

调查每天作业量、生产进度的迟缓时间，分析工程上的资料，整理成适合统计管理要求的基础性资料。

每天进行作业量实绩调查，根据作业传票掌握每天各级的作业量，调查作业的进度。

为了管理作业成绩，需要每月计算与劳动时间相对应的作业实绩，报告各有关部门。

第十四条　每天半成品调查。

每天调查作业过程中的半成品，并把控制半成品、掌握进度、对迟缓采取的对策的资料结合在一起，作为半成品余额报告的原始资料。

第十五条　成本资料的制作。

每月20日，制作下面的成本计算资料，送交成本计算处。

1. 综合半成品余额报告书。

综合管理机种的半成品评价，要以下列资料来制作半成品余额报告书：

（1）工程管理表；

（2）半成品余额调查表。

2. 零件进出余额月报。

综合管理机种的材料、零件的进出余额表，要按以下资料制作：

（1）材料进行卡；

（2）现货卡。

3. 其余材料进出余额报告。

关于月内使用的其他材料，要按以下资料制成进出余额报告书：

（1）其余材料进出表；

（2）现货卡。

第十六条　统计的制作。

制作工程管理上必要的各种统计有固定格式，包括：

①资产量统计；②不良产品统计；③作业实绩统计；④有关材料统计；⑤外购材料统计；⑥半成品余额统计；⑦生产延期统计；⑧有关生产的其他统计。

十四、安全生产管理办法

（一）概念

安全生产管理办法是企业依据有关法律法规，结合本企业实际情况制定的落实企业安全生产的各项措施的总和，是企业的一项基本规范。

安全是企业的生命。安全不仅与人民的生命财产关系密切，而且也与企业的经济效益关系密切。没有安全就没有效益。国家特别重视对安全生产的法制化管理，制定了《安全生产法》，对安全生产的有关问题作了明确的规定。各部门、各地区根据自己的实际情况，提出了更为详细的要求。企业作为安全生产的主体，更要加强对本企业的安全生产的管理，保障国家与人民生命财产的安全。

加强对安全工作的领导，要在思想上高度重视。要认真贯彻预防为主的方针，把功夫下在平时防范上。要把企业岗位技术培训同安全生产教育结合起来，特别要做好对企业法人、特种作业人员、外来人员的重点教育。要建立健全安全管理机构，建立安全工作队伍，完善安全保障设施，严密安全管理制度。要加强安全执法力度和安全检查工作，及时发现安全隐患，及时采取措施应对。对违反企业安全管理的行为，要予以处理。

（二）写作内容

安全生产管理办法是对企业生产安全的基本要求，各企业根据其生产特点，对安全应当有不同的要求。基本内容包括安全管理部门及其职责、设备安全、设施安全、操作安全、安全培训与教育、安全事故的处理、安全管理的责任等。

例如范例《××公司安全生产管理办法》的写作，首先写总则；其次是管理部门、安全教育、安全设施、安全设备、安全防护与检查、安全检查、责任等相关内容；最后是附则。内容全面，条理分明，很有代表性。

（三）制作要求

（1）依据国家的安全管理法律、法规和规章的要求，对企业生产安全的各个环节做出明确的规定。

（2）要贯彻预防为主的安全管理方针，办法中安全措施要实用、准确、有效，落实到每个岗位。把岗位责任与安全责任结合起来，综合考核工作业绩。

（3）对事故的处理要严格遵守国家的规定，不得隐瞒不报，不得弄虚作假。对于责任人要追究其法律责任。

（四）范例

××公司安全生产管理办法

20××年××月××日（××）安全字第××号

一、总则

1. 为保证生产安全和职工的生命健康，根据国家有关法律法规的规定，制定本办法。

2. 公司的全体员工必须牢固树立安全第一的思想，认真学习和贯彻国家的《安全生产法》，确保生产安全。

3. 安全生产管理，坚持“安全第一、预防为主”的方针。

二、管理部门

1. 公司的生产安全部为安全生产管理部门。

2. 生产经营单位必须遵守本办法和其他有关安全生产的法律、法规，加强安全生产管理，建立、健全安全生产责任制度，完善安全生产条件，确保安全生产。

3. 生产经营单位的主要负责人对本单位的安全生产工作全面负责。各单位要设立相应的机构，负责本单位的安全生产。

三、安全员

各单位要根据具体情况，配备专兼职安全员，安全员的名单要报生产安全部备案。

四、单位主管职责

生产经营单位的主要负责人对本单位安全生产工作负有下列职责：

1. 建立、健全本单位安全生产责任制；

2. 组织制定本单位安全生产规章制度和操作规程；

3. 保证本单位安全生产投入的有效实施；

4. 督促、检查本单位的安全生产工作，及时消除生产安全事故隐患；

5. 组织制定并实施本单位的生产安全事故应急救援预案；

6. 及时、如实报告生产安全事故。

五、安全教育

1. 生产经营单位应当对从业人员进行安全生产教育和培训，保证从业人员具备必要的安全生产知识，熟悉有关的安全生产规章制度和安全操作规程，掌握本岗位的安全操作技能。未经安全生产教育和培训合格的从业人员，不得上岗作业。

2. 生产经营单位采用新工艺、新技术、新材料或者使用新设备，必须了解、掌握其安全技术特性，采取有效的安全防护措施，并对从业人员进行专门的安全生产教育和培训。

3. 生产经营单位应当教育和督促从业人员严格执行本单位的安全生产规章制度和安全操作规程；并向从业人员如实告知作业场所和工作岗位存在的危险因素、防范措施以及事故应急措施。

六、安全设施

1. 安全设施要符合设计标准。对于新设备，在投入使用前必须经过安全检测合格；不合格不得使用。

2. 生产经营单位应当在有较大危险因素的生产经营场所和有关设施、设备上，设置明显的安全警示标志。

七、安全设备

1. 安全设备的设计、制造、安装、使用、检测、维修、改造和报废，应当符合国家标准或者行业标准。

2. 生产经营单位必须对安全设备进行经常性维护、保养，并定期检测，保证正常运转。维护、保养、检测应当做好记录，并由有关人员签字。

3. 生产经营单位使用的涉及生命安全、危险性较大的特种设备以及危险物品的容器、运输工具，必须按照国家有关规定，由专业生产单位生产，并经取得专业资质的检测、检验机构检测、检验合格，取得安全使用证或者安全标志，方可投入使用。检测、检验机构对检测、检验结果负责。

八、安全防护与检查

1. 生产经营单位必须为从业人员提供符合国家标准或者行业标准的劳动防护用品，并监督、教育从业人员按照使用规则佩戴、使用。

2. 生产经营单位的安全生产管理人员应当根据本单位的生产经营特点，对安全生产状况进行经常性检查；对检查中发现的安全问题，应当立即处理；不能处理的，应当及时报告本单位有关负责人。检查及处理情况应当记录在案。

九、安全设施的申报与审批

申报安全检测的程序是：

1. 使用单位在设施安全完毕后3日内主管部门提出安全检测申报。申报的内容包括设施名称、安装单位、安装标准、监理单位、施工负责人、设施负责人等。

2. 生产安全部接到申报后，应在2日内组织初检。初检合格后，由生产安全部按职责权限送检测部门检测。

3. 检测部门检验合格后，按规定颁发设施使用许可证。未经批准，不得使用。

十、安全检查

1. 公司生产安全部应当定期与不定期开展生产安全检查，发现问题，应及时纠正。对涉及安全生产的事项进行审查、验收，不得收取费用；不得要求接受审查、验收的单位购买其指定品牌或者指定生产、销售单位的安全设备、器材或者其他产品。

2. 安全生产监督检查人员应当忠于职守、坚持原则、秉公执法。安全生产监督检查人员执行监督检查任务时，必须出示有效的监督执法证件；对涉及被检查单位的技术秘密和业务秘密，应当为其保密。

十一、安全检查的内容

1. 公司安全管理规章的落实情况；
2. 安全教育培训情况；
3. 安全员业务素质；
4. 生产设施设备的安全；
5. 用电安全；
6. 操作安全；
7. 机房管理安全；
8. 发电机管理安全；
9. 其他安全事项。

十二、安全隐患的处理

发现安全隐患，要及时提出处理意见，按照分工管理的原则，确定解决安全隐患的具体措施。

十三、安全事故报告

1. 发生安全事故后，事故单位应在 1 小时内通知公司生产安全部；逾期不报，追究责任人的责任。

2. 属于特别重大责任事故的，生产安全部要按照法律法规的规定及时上报有关部门。

十四、通报

生产安全部每月通报一次存在重大安全隐患情况的单位。1 年被 3 次通报的，免去第一责任人的职务，并视情节给予相应的处分。

十五、责任

生产经营单位发生生产安全事故，经调查确定为责任事故的，除了应当查明事故单位的责任并依法予以追究外，还应当查明对安全生产的有关事项负有审查批准和监督职责的行政部门的责任，对有失职、渎职行为的，依法追究相应法律责任。

十六、附则

1. 各单位根据本办法，结合本单位的实际，制定实施细则，报总公司备案。

2. 本办法自 20××年××月××日起施行。

第四章　产品商标与专利文案

一、商标注册申请书

(一) 商标注册申请书的含义

商标注册申请书是指从事商业活动的企、事业单位和个体工商户向商标局提出的要求注册其商标的书面文件。凡须注册商标的企、事业单位和个体户均须填写此文件，不能以口头形式或其他方式提出申请。

(二) 商标注册申请书的种类

根据《商标注册用商品和服务国际分类表》规定，商品共分为34类，服务分为8类，共计42类。其分类标准为：

(1) 制成品原则上按其功能、用途进行分类，如分类表没有规定分类的标准，该制成品就按字母排列的分类表内类似的其他制成品分在一类。

(2) 原料、未加工品或半成品原则上按组成的原材料进行分类。

(3) 商品构成其他商品的一部分，原则上与其他商品分在同一类，但这种同类商品在正常情况下不能用于其他用途。

(4) 成品或半成品按其组成的原材料分类时，如果是由几种不同原材料制成，原则上按其主要原材料进行分类。

(5) 用于盛放商品的容器，原则上与该商品分在同一类。

(三) 商标注册申请书的写法

商标注册申请书由标题、正文、事务性说明和基层工商行政管理部门核转四部分组成。

1. 标题

用文种的名称，不用在前后加任何限制成分。

2. 正文

由引言和表格两部分组成，其格式由管理商标的工商行政部门统一印制。

3. 事务性说明

4. 基层工商行政管理部门核转

一般由县、市和省、市两级签署核转，每一签署都应有专栏设置。

（四）范例

商标注册申请书

（此表适用于国内申请人）

申请日期：____________

申请编号：__________类别：__________

申请人名称：____________________

申请人地址：____________________

经济性质：____________

营业执照号：__________（章戳）

邮政编码□□□□□□

________年____月____日

商标注册规费：

(1) 申请费：________元

(2) 注册费：________元（收费章）

(3) 印花税：________元

核转（代理）____________

核转（代理）________元

（章戳）

（章戳）

________年____月____日

________年____月____日

邮政编码□□□□□□

邮政编码□□□□□□

（书式________背面用表）

（将一张商标图样贴在格内，另附 10 张图样。指定颜色的附着色图样 10 张和黑白墨稿 1 张）

商标是否指定颜色。

商标种类：

商标设计说明：____________

是否是第一次申请：____________

在其他哪类商品上已注册了相同商标：____________

商品分类：________同时在哪些类提出申请：________

商品名称：____________

商品用途：____________

主要原料：____________

二、商标异议书

（一）商标异议书概述

我国《商标法》规定，对商标局初步审定的商标，自公告之日起3个月内，任何人均可提出异议。商标异议书就是对商标局初步审定并予以公告的商标，依法提出反对意见的书面材料。超过3个月的异议期，商标局不再受理异议。

（二）商标异议书格式与内容

1. 标题

只有文种名称即可，不须加其他限制成分。

2. 受文单位

它的受文单位是国家行政管理局商标局，无须地方各级工商行政部门核转。

3. 文首

写明我方注册商标的商品类别、商品名称、商标名称、证号、对方单位名称、经过初步审定的商标编号、名称、《商标公告》刊登日期。

4. 正文

这部分是本文件的核心，重点写明异议理由。

5. 结尾

指异议书提交人的签名盖章、住址、文书拟制时间。

6. 附件

包括提供的文件副本，随文件提供的证据材料和其他有关事项。

（三）范例

商标异议书

国家工商行政管理局商标局

我公司（厂）使用的第____类________商品上的________商标，已经你局核准注册，证号________。依据《商标法》第十九条规定，对____________公司（厂）经你局初步审定，列入编号第____号，刊于________年____月____日第____期《商标公告》的商标提出异议，请裁定。

理由如下：______________________________

附：副本一份。

证据：××件（略）

商标注册人：×××（签章）

地址：

20××年××月××日

三、商标异议复审申请书

（一）商标异议复审申请书概述

商标异议复审申请书是指当事人对商标局作出的异议裁定不服的，向商标评审委员会提出的申请复审的文件。当事人既可以是商标初审公告人，也可以是提出异议的人。

（二）商标异议复审申请书格式与内容

（1）写明自己对商标局某字某号异议裁定书不服，特申请复审；

（2）申请复审的理由；

（3）申请人签字、盖章、注明地址。

（三）范例

商标异议复审申请书

国家工商行政管理局商标评审委员会：

我厂（公司）对商标局____字第____号异议裁定不服，依照《商标法》第22条规定，现申请复审，请你会予以裁定。

理由如下：

____

____

附送：副本一份。商标图样5张。

证据____________________件。

其他____________________

申请人：×××（签章）

地址：

20××年××月××日

四、转让注册商标申请书

（一）转让注册商标申请书概述

企业转让注册商标申请书是向商标局申请注册商标转让的一种法规性文书，它具有法律效力。注册商标转让申请经商标局核准后，转让方必须将原注册证加注后发给受让人，并予以公告。

（二）转让注册商标申请书格式与内容

企业转让注册商标申请书包括标题、受文单位、正文、签署、附件、转让所在地工商行政管理部门签署六个部分。

1. 标题

写明文种名称即可。

2. 受文单位

通常为国家工商行政管理局商标局。

3. 正文

要求写清注册商标的号数、名称、原注册人名称、受让方的名称、转让原因。

4. 签署

一般包括转让人签名、盖章；转让人地址；受让人签名、盖章；受让人地址；受让人营业执照号；受让人经济性质。

5. 附件

应包括原注册证、申请费、注册等。

6. 地方工商行政管理部门签署

通常由受让人所在地的县（市）和省两级工商行政管理部门签署审核批转。

（三）范例

转让注册商标申请书

国家工商行政管理局商标局：

你局准予注册的第××号××商标，因原注册人××已将其转让给××，现双方会同，申请转让注册。

转让人：（章）

地址：

受让人：（章）

地址：

营业执照号：

附：

原注册证一份。 其他 ________________	转让申请费________元。
	转让注册费________元。
	地方工商行政管理部门 商标注册费用收讫专用章

地方工商行政管理局核转意见：____

____

年　月　日

（公章）

五、企业产品商标注销申请书

（一）企业产品商标注销申请书概述

企业产品商标注销申请书就是因某种原因需要申请注销商标的企业按法律规定报送的书面报告。

企业产品商标注销申请书是商标注册过程中的终止文件，是申请注销已注册过的商标的一种文件。

（二）企业产品商标注销申请书格式与内容

1. 标题

写明文种名称即可。

2. 受文单位

通常为国家工商行政管理局商标局。

3. 正文

应写清楚注册商标的编号、名称及注销理由。

4. 签署

一般包括申请人签章、地址和申请日期。

5. 地方工商行政管理部门签署

通常由受让人所在地的县（市）和省两级工商行政管理部门签署审核批转。

（三）范例

注册商标注销申请书

国家工商行政管理局商标局：

你局核准注册的第____号使用于商品分类表第________类商品上的__________商标，现申请注销。

理由如下：____

____

申请人：××（章）

地址：

20××年××月××日

附：原注册证一份（略）

县级工商行政管理局核转意见： （章） 年　月　日	省（市）级工商行政管理局核转意见： （章） 年　月　日

六、商标注册公证书

（一）商标注册公证书的含义

商标注册公证书是证明商标已经注册并享有专利权的文书。

（二）商标注册公证书的写法

公证书的内容上要是证明商标注册证是我国注册商标的主管机关所出具的，证词应写明某公司或某厂；生产的何种产品上的何种商标注册证系何地工商行政管理局出具，也可以采取证明它的影印件与原本相符的方式办理，公证书的证词应写明某号牌某产品商标注册影印本与何地工商行政管理局出具的原本相符。如文书使用国要求提供译文的，则应写明英文译本与中文原本的内容相符。

（三）范例

公证书

（　）××字第××号

兹证明我国×××公司（或厂）生产的××××（系指货名）上的××商标注册证（编号或登记号××号）系国家工商行政管理局出具。该商标的专有权属于我国×××公司（或厂）。

商标图案附后。

中华人民共和国××省××市公证处

公证员（签名）

××××年××月××日

七、商标续展注册申请书

（一）商标续展注册申请书的含义

商标续展注册申请书，是指注册商标所有人依法办理手续，延长注册商标的有效期限。我国《商标法》规定，注册商标的有效期为10年。注册商标有效期满后，商标所有人须继续使用该商标，则可在有效期限，即将届满时办理续展手续，商标所有人申请续展注册，应在注册商标有效期届满前6个月内办理。

（二）商标续展注册申请书的写法

商标续展注册申请书通常由下面几部分组成：

1. 标题

标题一般用文种的名称，不需加任何限制成分，如《商标续展注册申请书》。

2. 受文单位

受文单位是国家工商行政管理总局商标局，不需地方各级工商行政部门核转。

3. 文首

写明我方注册商标的商品类别、商品名称、商标名称、证号、对方单位名称、经过初步审定的商标号、名称、《商标公告》刊登日期。

4. 正文

正文部分要求重点写明续展理由。

5. 签署

指异议书提交人的签名盖章、住址、文书拟订时间。

6. 事务性说明

提供各种证据材料和其他有关事项。

（三）范例

商标续展注册申请书

国家工商行政管理总局商标局：

你局核准注册的第____号________商品上的________商标，有效期将于________年____月____日期满。现申请续展。

申请人：____________（章）

地址：________________

________年____月____日

附送：

原注册证 1 份 商标图样 10 份 其他	续展申请费　元 续展注册费　元 续展迟延费　元 （地方工商行政管理局收费专用章）
县级工商行政管理局核转意见： （印章） 年　月　日	省（市）级工商行政管理局核转意见： （印章） 年　月　日

八、注册商标更正申请书

（一）注册商标更正申请书的含义

注册商标更正申请书，是指注册商标所有人需改变其名称、地址或其他注册事项时递交给工商行政管理部门的书面材料。我国《商标法》第 23 条规定："注册商标需要变更注册人的名义、地址或其他注册事项的，应当提出变更申请。"

（二）注册商标更正申请书的写法

注册商标更正申请书通常由下面几部分组成：

1. 标题

标题一般用文种的名称，不需加任何限制成分，如《注册商标更正申请书》。

2. 受文单位

受文单位是国家工商行政管理总局商标局，不需地方各级工商行政部门核转。

3. 文首

写明我方注册商标的商品类别、商品名称、商标名称、证号、对方单位名称、经过初步审定的商标号、名称，《商标公告》刊登日期。

4. 正文

正文部分要求重点写明更正理由。

5. 签署

指更正提交人的签名盖章、住址、文书拟定时间。

6. 事务性说明

提供各种证据材料和其他有关事项。

7. 地方工商行政管理部门签署

（三）范例

注册商标更正申请书

国家工商行政管理总局商标局：

你局核准注册的第____号________商品上的________商标，因注册事由变更为________________，现申请变更。

申请人：____________（章）

地址：________________

________年____月____日

附送：

原注册证____份 其他	变更费____元 （地方工商行政管理局收费专用章）
县级工商行政管理局核转意见： （印章） 年 月 日	省（市）级工商行政管理局核转意见： （印章） 年 月 日

九、补发商标注册申请书

（一）补发商标注册申请书的含义

补发商标注册申请书，是指商标所有人因保管不慎或意外事故，使《商标注册证》遗失或损坏，而向商标管理部门呈送补发商标注册证申请的书面材料。

（二）补发商标注册申请书的写法

补发商标注册申请书通常要注意以下几个问题：

1. 标题

标题一般用文种的名称，不需加任何限制成分，如《补发商标注册申请书》。

2. 受文单位

受文单位是国家工商行政管理总局商标局，不需地方各级工商行政部门核转。

3. 正文

一是原核准的注册证的编号；二是写明使用这一商标的所属类别；三是使用这一商标的商品名称；四是申请补发的理由，理由要逐条详细说明。

4. 签署

指更正提交人的签名盖章、住址、文书拟定时间。

5. 事务性说明

提供各种证据材料和其他有关事项。

6. 地方工商行政管理部门签署

（三）范例

补发商标注册申请书

国家工商行政管理总局商标局：

你局核准注册第____号使用于商品分类表第________类商品上的________商标，现申请补发。

理由如下：____

____

申请人：____________（章）

地址：________________

________年____月____日

附送：

商标图________张 证明文件________份 其他	补发注册证费________元 （地方工商行政管理局收费专用章）
县级工商行政管理局核转意见： （印章） 年 月 日	省（市）级工商行政管理局核转意见： （印章） 年 月 日

十、专利说明书

(一) 专利说明书的含义

专利说明书简称“说明书”，是专利申请文件中篇幅最长的部分，也是发明和实用新型专利申请文件的重要组成部分。专利说明书的作用是传递信息、公开专利，为理解和利用这项专利提供足够的情报，并提出专利申请保护的理由。

(二) 专利说明书的写法

1. 标题

一般写“说明书”即可。

2. 正文

专利说明书的写作格式，在专利法实施细则上作了具体规定。具体来说，其结构如下：

(1) 发明或实用新型专利的名称。

(2) 发明或实用新型专利所属的技术领域。

(3) 该领域的现有技术水平。

(4) 发明或实用新型专利的背景。

(5) 发明或实用新型专利的目的。

(6) 发明或实用新型专利的内容。

(7) 发明或实用新型专利的效果。

(8) 附图说明。

(9) 发明或实用新型专利的实施实例。

(三) 范例

汉思炉宝专利产品说明书

专利号：200710008611.0

“炉宝”前称“998”助剂，为新型、高效、安全的NaCl和（C5H5）2Fe双基型燃煤炉窑添加剂。它是由助燃剂、催化剂、膨化剂、固硫剂以及独特的高温滞留剂等各种成分组成，并采取了纳米新技术。

“炉宝”在国内有关科研机构及专家的指导和帮助下，进行了大量的试验和研究，并取得了国家发明专利（专利号：200710008611.0），荣获“国家技术发明一等奖”和“国家科技创新二等奖”，是具有自主知识产权的高新技术产品。该产品广泛应用于燃烧块煤、粉煤和水煤浆炉的电厂锅炉或其他工业、民用窑炉等。

其主要功效和特点有：

一、安全可靠

“炉宝”是一种由多种化学原料配制而成的固体粉末。其水溶液为碱性，PH值在10~12。在常温下不燃、不爆、无毒，在生产、运输、储存过程中均无任何危险。

二、节能增效

A. 它具有良好的供氧、增氧作用。可将悬浮碳粒、可燃气体充分燃烧。B. 二次微爆提高了煤的燃烧效率（层燃炉）。C. 助剂中的钾、钠等碱性金属氧化物最外层电子被激活，产生跃迁释放出强大的辐射能。D. 燃煤与助剂中的某种助燃剂经磁力线反复切割而激发分子运动，产生连锁反应，加速和强化了燃烧过程。从而使炉渣含碳量及飞灰可燃物减少，排烟温度降低。实践证明，煤粉炉可节煤1%~3.5%左右，有结焦现象时节煤效果则更好。链条炉至少可节煤3%~10%左右，对循环流化床、水煤浆等炉型也有较好的节能效果。

三、固硫减排

它能使煤中的硫分生成固态的硫化物随炉渣排出，从而大大减少二氧化硫气体的排放。经测试，采用最新研发成功的固硫加强型“炉宝”助剂，可使锅炉的脱硫率达到20%~60%左右。为此，不但保护和改善了环境，还为部分高硫煤提供了更为广阔的市场，具有重大的战略意义。

四、防、除结焦

“炉宝”中某种特殊的改性剂和高温滞留剂，能够较长时间滞留炉内。一方面阻止结焦的形成，同时能吸附在炉壁上并渗入焦层，使结焦逐渐疏松脱落，使锅炉的热传导效率大大提高，减少检修次数，维持了锅炉的安全经济运行。

五、简便易行

使用“炉宝”无需任何投粉设备。可人工直接将粉末倒入输送带上；锅炉给煤负压口或磨粉机内。其他锅炉（负压）则可从人孔门将袋装粉末，连小袋一起抛入炉内旺烈区即可。每八小时添加一次。

六、用量极少

“炉宝”用量极少，初始用量为耗煤量的万分之二左右。明显见效后，可逐渐递减，确定常用量，但不得低于总耗煤量的万分之一。因此使用“炉宝”不但不会增加电厂成本，长期坚持使用还会带来可观的经济效益。

七、先试用、后实用

“炉宝”有五种不同的品种，分别是常规型、除焦加强型、节能加强型和固硫加强型、水煤浆专用型。应根据各厂家的不同的炉型、煤种及想要达到的预期目的，来选择所需的型号、包装和使用量，对特殊的煤种或配煤则可为厂家有针对性的设计适用配方，以取得预期效果，坚持先试用，再实用的原则。

十一、专利异议书

（一）专利异议书的含义

专利异议书，是当事人对专利局初步认定不予以公告的专利依法提出反对意见的书面材料。

（二）专利异议书的写法

专利异议书通常包括以下几个方面：

（1）提出异议人的状况。包括提出异议人的姓名、国籍、法定地址等。

（2）专利代理机构、包括专利代理机构的名称、地址、姓名等。

（3）异议请求。

（4）异议理由。异议理由要详实。

（5）附件说明。

（6）异议费的缴送说明。

（7）事务性说明。

（8）专利局处理意见。

（三）范例

专利异议书

申请人	姓名或名称	国籍
	地址	代表人　　电话
专利代理机构	名称	地址
	代理人姓名	登记号
根据《专利法》的有关条例，对下述专利申请提出异议。 申请号　　申请日　　公告日 发明名称 专利申请日		
异议理由		
附件清单		
异议费　元，已通过□邮局□银行□专利局收款处交纳		
申请人或代理人签章 年　月　日	专利局处理意见 年　月　日	

十二、专利申请报告

（一）专利申请报告的概念

专利申请报告是在科学技术上具有发明创造的单位或个人为了取得某项发明创造的专利权，向国家递交的符合《专利法》规定的书面申请文件。

专利申请报告是取得专利权的基本依据。专利申请报告分为发明专利申请报告、实用新型专利申请报告和外观设计专利申请报告。发明或实用新型专利申请报告由请求书、说明书及其摘要和权利要求书等文件构成。申请外观设计专利的专利申请报告由请求书和该外观设计的图片或照片等文件构成，同时专利申请报告中应当写明使用该外观设计的产品及其所属的类别。这些申请文书必须符合我国《专利法》规定。专利申请报告的内容是否准确、完整，形式上是否符合我国《专利法》的规定，都将直接影响专利申请的有效性。根据我国《专利法》规定，专利申请报告适用于申请和取得专利权利的各类专利法主体。

（二）专利申请报告的特点

1. 完整性

为了便于国家专利管理机构对申请专利内容的初步审查和实质审查，我国《专利法》规定，申请发明或者实用新型专利的应当提交请求书、说明书及摘要和权利要求书等文件；申请外观设计专利的应当提交请求书以及该外观设计的图文或照片等文件。同时对每一种文件的写作方法和内容都做出了明确和详细的规定。

2. 新颖性

我国《专利法》规定，授予专利权的发明和实用新型应当具备新颖性。新颖性是指在申请日以前没有同样的发明或者实用新型在国内外出版物上公开发表过、在国内公开使用过或者以其他方式为公众所知，也没有同样的发明或者实用新型由他人向专利局提出过申请并且记载在申请日以后公布的专利申请文件中。但申请专利的发明创造在申请日以前6个月内，有下列情形之一的，不丧失新颖性：在中国政府主办或者承认的国际展览会上首次展出的；在规定的学术会议或者技术会议上首次发表的；他人未经申请人同意而泄露其内容的。

3. 创造性

是指同申请日以前已有的技术相比，该发明有突出的实质性特点和显著的进步，该实用新型有实质性特点和进步。判定一项发明是否具有创造性比判断一项发明是否具有新颖性要难得多，因此在专利说明书中要求对一项发明或实用新型的性质进行说明，以帮助专利审查机关判定该发明或实用新型是否具有创造性。

4. 规范性

专利申请报告是一种带有法律性质的文书，必须严格按照《专利法》的规定写作。

（三）专利说明书的写作

1. 专利说明书的概念

专利说明书有广义和狭义两种解释。就广义而言，专利说明书是指各国专利局或国际性专利组织出版的各种类型说明书的统称；就狭义而言，专利说明书是指经过专利性审查、授予专利权的专利说明书。专利说明书是记录发明或实用新型具体内容的说明性文书。通常所说的专利文献大多指专利说明书，它是专利申请文件的重要组成部分，也是专利文献的主要组成部分。

2. 专利说明书的作用

（1）申请人通过说明书向公众充分公开其发明创造，从而取得获取专利申请的权利。

（2）记载最新科技成果的技术情报资料，对科学技术信息的传播交流起着极大的促进作用。

（3）支持权利要求书，并可用于解释权和要求。

（4）确定法律保护的范围。只有在专利说明书中才能找到申请专利的全部技术信息及准确的专利权保护范围的法律信息。

3. 专利说明书的写作要求

我国《专利法》规定："说明书应当对发明或者实用新型做出清楚、完整的说明，以所属技术领域的技术人员能够实现为准。"为此，《专利法》把对说明书的要求概括为八个字："支持、清楚、完整、实施"。支持就是对权利要求书的支持；清楚当然是指说明书的内容，文字和附图要简洁明了，易于理解；完整是指在说明书中应充分公开其发明内容；实施是指充分公开发明，使技术人员能普遍实现其发明。

4. 专利说明书的基本内容

《专利法》规定，说明书应包括八个方面的内容：

（1）发明或实用新型的名称；

（2）发明或者实用新型所属技术领域；

（3）申请人对发明或者实用新型进行解释、引证；

（4）发明或实用新型的目的；

（5）写明要求保护的发明或实用新型的技术方案；

（6）发明或实用新型所具有的优点和积极效果；

（7）如有附图应有图面说明；

（8）实现发明或者实用新型的最佳（技术）方案（式）。

5. 专利说明书的结构

（1）标题。用一句话概括本发明或实用新型的称谓。

（2）属性。用一句话概括本发明或实用新型的基本属性。习惯写法是：本发明（或实用新型）属于××××，或本发明是××××。

（3）比较。用本发明或实用新型和以前的同类先进技术相比较，来说明它的新颖性、创造性和实用性。

（4）附图。用附图说明本发明或实用新型的技术构思要领。

（5）摘要。摘要应说明本发明或实用新型的基本要点。

（四）范例

实用型机械设计专利申请报告

中华人民共和国国家知识产权、专利局：

一、申请项目：牧草自动揉切、上料机申报实用型机械设计专利申请

二、报请人：×××

三、产品设计

1. 背景与意义：随着我国牧草业不断发展，牧草加工设备严重不适应当前牧草生产之需要。

2. 表现形式：牧草主产区草捆加工95%还利用原有机械打捆设备，能耗高、生产率低、加工密度低，造成运输成本加大，成品率低，造成资源浪费严重，严重制约牧草产业的发展。为此结合我国牧草主产区实际情况自主开发、研究、设计开发出一套配套YZ3－90型液压牧草打捆机于一体的运用195型拖拉机为动力，操作工1人，加工能力每小时3～4吨、自动喂料、切段、揉丝、自动上料机。本机设计结构紧凑、链条传动平稳、加工成本低，可用于苜蓿草、羊草、杂草、花生秧、稻草等。本机在牧草加工行业属首创，特申请实用型机械设计专利。

附图略。

十三、专利申请权利要求书

（一）专利申请权利要求书的含义

专利申请权利要求书，是申请文件的重要组成部分，具有直接的法律效力。

（二）专利申请权利要求书的写法

专利申请权利要求书通常包括以下几方面：

（1）标题。标题一般用文种的名称，不需加任何限制成分，如《权利要求书》即可。

(2) 发明或实用新型的技术特征。

(3) 请求保护的范围。请求保护的范围包括独立权利要求和从属权利要求。

(三) 范例

权利要求书

(引言)
一、(发明或实用新型的技术特征)
二、(请求保护的范围)
1. (独立权利要求)
2. (从属权利要求)
三、(其他有关事项)
(签署) 年　月　日

十四、专利实质审查请求书

(一) 专利实质审查请求书的含义

我国《专利法》第35条规定:"发明专利申请自申请日起3年内,国务院专利行政部门可以根据申请人随时提出的请求,对其申请进行实质审查。"专利申请人提出实质审查请求时的书面材料就是专利实质审查请求书。

(二) 专利实质审查请求书的写法

专利实质审查请求书通常包括以下几个方面:

(1) 申请人自然状况。包括提出异议人的姓名、国籍、法定地址等。

（2）专利代理机构说明。包括专利代理机构的名称、地址、姓名等。

（3）表明请求进行实质审查的愿望。

（4）附件说明。

（5）事务性说明。

（6）专利局处理意见。

（三）范例

<table>
<tr><td rowspan="2">申请人</td><td colspan="2">姓名或名称</td><td>国籍</td></tr>
<tr><td colspan="2">地址</td><td>代表人　电话</td></tr>
<tr><td rowspan="2">专利代理机构</td><td colspan="2">名称</td><td>地址</td></tr>
<tr><td colspan="2">代理人姓名</td><td>登记号</td></tr>
<tr><td colspan="4">根据专利法对下述专利申请提出异议。
申请号　　　　申请日　　　　公告日
发明名称</td></tr>
<tr><td colspan="4">附条清单
□申请日前与本发明有关的参考资料
□外国对该申请进行检索的资料
□外国对该申请进行审查结果的资料</td></tr>
<tr><td colspan="4">备注</td></tr>
<tr><td colspan="2">审查费元，已通过□邮局□银行专利局</td><td colspan="2">局收款处交纳</td></tr>
<tr><td colspan="2">申请人或代理人签章
年　月　日</td><td colspan="2">专利局处理意见
年　月　日</td></tr>
</table>

十五、发明申报书

（一）发明申报书的含义

发明申报书是重大科学技术新成就的发明者，按照国家申请发明权的规定所撰写的、用来申请给予发明权的一种书面材料。它是国家鉴定一项发明权的文字凭证。

（二）发明申报书的写法

1. 标题

直接写文种“发明申报书”即可。

2. 正文

发明申报书一律按国家规定的固定格式填写，只有表格式一种。

（三）范例

<table>
<tr><td colspan="2" align="center">发明申报书</td></tr>
<tr><td colspan="2">建议密级：
批准密级：
国家专利分号：　　序号：</td></tr>
<tr><td colspan="2">发明名称：</td></tr>
<tr><td colspan="2">发明者：</td></tr>
<tr><td colspan="2">申报部门：</td></tr>
<tr><td rowspan="2">起止时间</td><td>基层申报日期</td></tr>
<tr><td>部门申报日期</td></tr>
<tr><td colspan="2">发明的详细内容及列为发明的理由：</td></tr>
<tr><td colspan="2">附件目录：</td></tr>
<tr><td colspan="2">申报部门审查意见：</td></tr>
<tr><td colspan="2">国家科委发明选评委员会审批意见：</td></tr>
</table>

十六、产品说明书

（一）产品说明书的含义

产品说明书是指企业对自己产品的原理、性能、材料、规格、用途、特点、使用方法及维修和注意事项等方面的情况进行介绍说明的文字资料。

产品说明书的主要作用：可让人们获得有关这一商品的知识，以便正确使用和保养；可以扩大宣传、增加销量，具有广告作用。

（二）产品说明书的特点

产品说明书的主要特点：

1. 真实性

它必须真实地介绍产品的性能，不能为了推销产品而故意夸大其作用。

2. 条理性

是指产品说明书必须按照一定的次序进行说明，以便使用者按照它进行操

作。通常是按照操作的先后顺序和结构的空间顺序进行介绍。

3. 通俗性

产品说明书的读者是文化程度不同的广大用户，为了使这些用户都能读得懂、照着做，应当写得通俗易懂。为了达到最佳介绍效果，常用图画、照片做一些示例。

（三）产品说明书的类型

产品说明书具有多种类型：以表现形式分有文章式产品说明书、条款式产品说明书、表格式产品说明书、图文结合式产品说明书等；以内容分有简约型产品说明书、完整型产品说明书、产品使用说明书、产品目录等。

我们经常见到的是简约型产品说明书。其特点是结构不完整、篇幅短小，只简要介绍产品的功能、特点、使用方法、注意事项等。药物、食品、化妆品等一次性消耗类的产品说明书都属于这种类型。一般地说，完整型产品说明书能体现出产品说明书的共同特点。这类产品说明书通常由标题、引言、原理、技术指标、结构特点、操作说明、故障排除七个部分组成。这七个部分可视产品的具体情况灵活变换，并非一成不变。

（四）产品说明书的写法

这里讲完整型产品说明书的写作方法。

1. 标题

标题是产品说明书的名称，常有四种写法：

（1）由商标名称、产品名称、文体名称构成，如“红梅石英电子挂钟说明书”；

（2）由产品名称和文体名称构成，如“电热毯说明书”；

（3）由商标名称和产品名称构成，如“三九胃泰”、“双喜压力锅”；

（4）只写“产品简介”、“产品说明书”等字样。

2. 引言

产品说明书的引言往往比较简短，主要讲明产品的适用范围、使用对象等。

3. 原理

许多产品说明书中有关产品的设计原理和操作规则的说明。这一部分内容可以用“原理”或“操作规则”作为小标题，也可以用能够体现这一内容的词语作标题。其目的是满足人们刨根问底，欲知其详的心理，以便为后一部分内容——操作方法做准备，回答“为什么这样操作”的问题；一旦产品出了故障，用户可以据此进行修理。

4. 技术指标

又叫主要性能参数、主要特性等。主要技术指标通常都是选择最能反映本产品特点和性能的那些数据。

5. 操作说明

主要是解决“怎样做”的问题，对操作中的各个步骤做出实际说明。这个部分应注意条理性，不能前后倒置，要按操作时的顺序加以说明。操作说明几乎都用图解相配合，图解有利于读者与实物相对照，很快理解文字的作用。

6. 故障排除

这部分内容是专为使用者在遇到故障时阅读的，一般采用表格方式加以表达或说明。

写产品说明书，应做到科学客观，尽量少用或不用专门术语，语言应清楚明白，以免引起误解；要用纯粹的说明文字，切忌描写、抒情和议论。

（五）范例

淑美华化妆品使用说明

一、粗、黄、黑、暗及健康皮肤使用凝肌嫩肤套盒

洁面：柔白滋养洗面奶→紧肤：柔白紧肤精华→去角质：去角质凝露→热敷：七到八遍→按摩：要求用本公司专业淋巴排毒手法→热敷：将多余的按摩膏擦拭干净→敷膜：纯中药美白面膜粉（取5g加入温水搅拌6~7分钟，用面刷涂于面部25~30分钟后擦净）→紧肤：柔白紧肤精华→导入：嫩白精华液→嫩白乳液→隔离亮肤霜。

备注：面膜适合3天1次，连续使用10周后改为1周1次。

日常护理产品搭配使用：

1. 日间护理产品搭配使用：

洁面：柔白滋养洗面奶→柔白紧肤精华→嫩白精华液（全脸使用）→嫩白乳液→调理晚霜→隔离亮肤霜。

2. 夜间护理产品搭配使用：

洁面：柔白滋养洗面奶→柔白紧肤精华→嫩白精华液（全脸使用）→嫩白乳液→调理晚霜。

二、色斑皮肤（适合使用全息调理套盒）

护理程序：（黄褐斑、雀斑、色素沉着等各种斑均可适用此方法）。

洁面：柔白滋养洗面奶→紧肤：柔白紧肤精华→去角质：去角质凝露→热敷：七到八遍→按摩：要求用本公司专业淋巴排毒手法→热敷：将多余的按摩膏擦拭干净→导入：嫩白精华液（套盒内绿色瓶子）→敷膜：调理面膜或香蕉蜂蜜调理面膜（40分钟后热敷擦拭）→紧肤：柔白紧肤精华→导入：精华液2号→调理晚霜2号→调理美肤霜→隔离亮肤霜。

日常护理产品搭配使用：

1. 日间护理产品搭配使用：

洁面：柔白滋养洗面奶→柔白紧肤精华→精华液2号（全脸使用斑处按摩吸收）→调理晚霜2号（斑处按摩吸收）→调理美肤霜→隔离亮肤霜。

2. 晚间护理产品搭配使用：

洁面：柔白滋养洗面奶→柔白紧肤精华→精华液2号（全脸按摩）→如角质层厚，用调理晚霜1号（皮试后方可使用）如角质薄用调理晚霜2号。

备注：使用10周后即可改用凝肌嫩肤套盒。

本疗程使用3～5天后出现调理反应属正常现象可继续使用，调理表现为：痒、干、轻微红疹（建议：外用香蕉蜂蜜调理面膜或调理面膜1号方每晚1次、内服油彩皮炎1号方，严重水疱者外敷调理面膜3号）。

三、敏感性皮肤属受损皮肤：（换肤后遗症、激素后遗症、周期性过敏、均适用此方法）首先调理修复皮肤（适合使用全息调理套盒）

护理程序：

洁面：柔白滋养洗面奶→紧肤：柔白紧肤精华→去角质：去角质凝露→冷敷：七到八遍。

敷膜：调理面膜+半只香蕉+蜂蜜5毫升调匀后同时敷面40分钟→滋养：柔白紧肤精华→调理美肤霜2号→调理美肤霜。

日间与夜间相同护理产品搭配使用方法：

洁面：柔白滋养洗面奶→紧肤：柔白紧肤精华→调理美肤霜2号→调理美肤霜。

备注：

1. 敏感症状严重者或各种顽固性皮炎，使用调理面膜1号外敷50分钟。

2. 敏感症状全部消失后，再调痘和斑，痘、斑消失后改用凝肌嫩肤套盒。

四、痤疮皮肤、扁平尤（适合全息调理套盒）

洁面：柔白滋养洗面奶→紧肤：柔白紧肤精华→角质：去角质凝露→热敷：七到八遍清痘及黑头要求严格消毒防止交叉感染→敷膜：调理面膜→痘痘调理露→精华液2号→调理美肤霜2号→痘痘调理霜。

日常护理产品搭配使用：

1. 日间：

洁面：柔白滋养洗面奶→紧肤：柔白紧肤精华→痘痘调理露→精华液2号→痘痘调理霜→调理美肤霜→隔离亮肤霜。

2. 晚间：

洁面：柔白滋养洗面奶→紧肤：柔白紧肤精华→痘痘调理露→精华液2号→痘痘

调理霜或粉质调理晚霜（皮试后方可使用，粉质晚霜只有调理痘精品小套盒里有）。

五、干燥、衰老性皮肤

洁面：柔白滋养洗面奶→紧肤：柔白紧肤精华→补水眼部精华→嫩白乳液→调理眼霜→嫩白滋养日霜→隔离亮肤霜。

十七、权利要求书

（一）概念

权利要求书是申请人请求专利保护范围的文书。

（二）内容

权利要求书应说明发明或实用新型的技术特征，明确地限定请求保护的范围。权利要求分为独立权利要求和从属权利要求。独立权利要求是从整体上反映发明或实用新型的主要技术内容，记载最主要的技术特征的权利要求。引用独立权利要求中一项或多项权利要求的，叫作从属权利要求。一个发明或实用新型的独立权利要求，可以有若干个从属权利要求。

（三）作用

专利被批准以后，专利权的保护范围由权利要求书中的技术特征确定。因而，权利要求书的内容是判定他人是否侵权的依据，是与说明书内容相一致的具有直接法律效力的独立文件。

（四）写作要求

1. 形式要求

权利要求书应当有独立权利要求，也可以有从属权利要求；权利要求书有几项权利要求时，应当用阿拉伯数字按顺序编写，每项权利要求至少占一段；每项权利要求应由一句话构成，中间不得出现句号，尽量不出现分号；权利要求书中使用的科技术语应与说明书中使用的一致，可以有化学式、数学式，但不得有插图，除有绝对必要外，不得使用“如图……所示”、“如说明书……部分所述”等用语。

2. 内容要求

要以说明书为依据，清楚、简明、扼要、准确。

（五）结构

1. 独立权利要求

分为两部分：前序部分说明该发明所属的技术领域及已有技术号；与该项发明的主题密切相关的技术特征；特征部分说明该发明本身的技术特征。

2. 从属权利要求

也分为两部分：引用部分和特征部分。从属权利要求是就前一项（或多项）

权利要求所提出的权利要求。所以在写从属权利要求时，先引前述权利项目（一项或多项），后写特征。一股脑儿地说明该要求的所有技术特征，并指出新的技术特征。写引用部分时，只写明被引用权利要求的编号即可。特征部分，写明发明或实用新型附加的技术特征，对引用部分的技术特征作进一步限定。

（六）范例

权利要求书

1. ××仪表，包括接收并处理来自于车速、电压、水温、汽油量、机油量、刹车油量、夜间会车远近光、夜间后面来车信息的传感器信号的电路及其显示仪表盘。其特征在于：电路包括输入电路、转换电路、含单片机及存储器的中央处理单元电路、整形电路、显示驱动电路、报警电路、电源电路、会车驱动继电器电路；来自传感器的信号经输入电路进行滤波、抗干扰处理和电平转换后输入A/D转换电路转换为单片机能识别的数字信号，经单片机运算处理，送显示驱动电路中的电流放大电路放大，以动态扫描方式驱动显示器件发光并分别显示各自状态；其中传感器接收的夜间会车提示信号经单片机处理后进驱动电路执行远近光切换；车速和发动机转速采用霍尔元件或光电元件制成的传感器，将机械转速转换成电脉冲信号，经整形电路处理后进单片机运算处理，驱动显示电路和报警电路；采用按键（AN）与单片机连接，由其输入密码或由其指示单片机控制执行停车的执行电路，或改变仪表的显示方式。

2. 根据权利要求1所述的××仪表，其特征在于：仪表盘上具有防盗报警状态指示，机油压力指示，刹车油量指示，电路故障指示，速度模拟显示，小里程显示，总里程显示，水温显示，电瓶电压显示，汽油量指示，人机对话按键，自动调光窗，发动机转速显示，夜间小灯指示，大灯指示，左、右转弯灯指示，倒车灯指示，刹车灯指示，夜间后面来车提示。

3. 根据权利要求1所述的××仪表，其特征在于：车速及发动机传感器由磁钢或带透光孔的转盘，霍尔元件（CH）或光电元件（CG）构成，车速和发动机转速经霍尔元件（CH）或光电元件（CG）上的输出端或（××）传递至整形电路，传感器安装在机动车变速箱、轮翼上，将转速变换成频率脉冲信号送至整形电路处理。

4. 根据权利要求1所述的××仪表，其特征在于：A/D转换电路采用集成芯片U1，其输入端与输入电路的输出端连接，以逐次比较方式将输入电路的八路单端模拟星转换为数字信号供单片机读取。

5. 根据权利要求1所述的××仪表，其特征在于：中央处理单元电路由单片机（U2）和两只串并转换器件及 CPU 监视电路、串行××组成；其输入端分别接收按键（AN）送来的信号、单稳态触发电路送来的信号读取 A/D 的数据、处理数据，将需要存储的数据储存，并将信号分别输送到驱动显示电路、报警电路、驱动电路和执行电路分别进行显示、报警、远近光的自动切换和防盗停车。

6. 根据权利要求 1 所述的××仪表，其特征在于：防盗报警执行电路包括驱动管（T9）、与（T9）输出端连接的开关继电器（J1），其中继电器的吸合开关串接在汽车的电源回路中。

7. 根据权利要求 1 所述的××仪表，其特征在于：会车驱动继电器电路与防盗报警执行电路一样。驱动管××、由××输出端控制的开关继电器××，其中继电器的吸合开关串接在汽车的远光和近光灯电源的回路中。

十八、技术鉴定证书

（一）技术鉴定证书的含义

技术鉴定证书是科研工作结束后，所召开的技术鉴定会对科技成果进行评价、鉴定后所形成的书面材料。

（二）技术鉴定证书的写法

1. 封面

（1）标题：一般写“技术鉴定证书”即可。

（2）编号：由组织鉴定的单位填写。

（3）项目名称。

（4）研制单位。

（5）主要协作单位。

（6）组织鉴定单位。

（7）鉴定地点。

（8）鉴定日期。

2. 正文

正文是其核心，主要包括以下方面：

（1）技术规格和简要说明。简要说明科研任务的来源，介绍科研成果用途等；技术规格部分则列示主要特征、指标、性能等。

（2）鉴定意见。要以第三人称和鉴定委员会×气书写对提供的技术文件的审查情况、该成果所达到的科技水平、经济价值怎样、尚未解决哪些问题、改进意见、投产建议等。

（3）组织鉴定单位审查结论。

（4）主要技术文件及提供单位。

（5）主管部、委、局审查意见。

（6）鉴定委员会成员名称。写出其职称、职务、姓名、所在工作单位、本人签名。

3. 附录

主要包括资料审查情况和技术性能测试情况。

（三）范例

技术鉴定书

×××环科鉴字［××××］第××号

项目名称：碳钢——水热管元件研制及扩大应用

研制单位：××省环境保护科学研究所

协作单位：××市和平区环境设备厂

组织鉴定单位：××省环境保护局

鉴定时间：××××年××月××日

一、简要说明

××省环境保护科学研究所自××××年开始对碳钢——水热管元件研究，在取得初步研究成果的基础上，××××年由××省环境保护局正式列题进行研究，到××××年××月完成。

本课题在充分研究近十几年来国际上的研究资料，提出适合我国国情而又实用的技术方案。以较先进的分析、测试手段研究了碳钢——水热管不相容的机理，根据这种机理确定解决不相容的技术路线，对各种方案进行筛选，确定了经钝化处理漆加工试剂的最佳方案，可把产氢量控制在1%～3%，然后以回归方法找出数学模型进行热管寿命预测。得出这种碳钢——水热管元件寿命可达5～7年的结论。并在四个地方进行应用试验，证明这种热管的研制是成功的，并获得了可广泛应用的回收100～800℃的余热的经济效益。

××省环境保护局于××××年××月××日至××月××日在××召开了本项研究成果的技术鉴定会，参加会议的有××工大、××化工学院、××工学院、××建工学院、××建筑设计院等专门从事热管研究的教授、专家和科学技术人员共33人，与会人员在充分讨论的基础上，提出如下鉴定意见。

二、鉴定意见

（一）结论

1. 碳钢——水热管元件研制及其应用研究技术文件、资料基本完备、数据齐全、可靠，可以指导生产。

2. 碳钢——水热管相容性的研究具有国内先进水平。采用钝化及添加剂的方法，实现了控制氢气量在1%～3%；通过分析和试验首次得出了确定氢气量的回归方程；预测了热管寿命，具有独到之处，居国内领先地位。

3. 用研究的碳钢——水热管元件安装的四合换热器，经半年到10个月的现场应用证明是成功的，为节能及环保作出了新贡献。该元件的研制成功，为延长热管寿命、降低成本及其应用创造了条件。

（二）希望

1. 进一步深入探讨碳钢——水相容性问题。

2. 不断提高、扩大应用，并在长期应用中验证、考核。

三、组织鉴定单位审查结论

同意鉴定意见。

四、主要技术文件及提供单位

1. 研制工作总结报告：

××省环境保护科学研究所；

××市和平区环境保护设备厂。

2. 技术报告：

××省环境保护科学研究所；

××市和平区环境保护设备厂。

3. 技术报告（副本）：

××省环境保护科学研究所。

4. 碳钢——水热管换热器的设计值、实测值及用户使用意见：

××省环境保护科学研究所；

××市和平区环境保护设备厂；

××灯泡材料厂；

××市球墨铸铁厂；

××铁路局机务段等。

五、主管上级单位审查意见（略）

《碳钢——水热管元件研制及扩大应用》技术鉴定会签（33位与会人员签字省略）。

第五章　产品推广与宣传文案

一、软文

（一）软文的含义

软文是相对于硬性广告而言，由企业的市场策划人员或广告公司的文案人员来负责撰写的“文字广告”。与硬广告相比，软文之所以叫做软文，精妙之处就在于一个“软”字，好似绵里藏针，藏而不露，克敌于无形。等到你发现这是一篇软文的时候，你已经冷不丁地掉入了被精心设计过的“软文广告”陷阱。软文追求的是一种春风化雨、润物无声的传播效果。

我们所说的“软文”，是指通过特定的概念诉求、以摆事实讲道理的方式使消费者走进企业设定的“思维圈”，以强有力的针对性心理攻击迅速实现产品销售的文字（图片）模式。

软文的定义有两种，一种是狭义的，另一种是广义的。

（1）狭义的定义：是指企业花钱在报纸或杂志等宣传载体上刊登的纯文字性的广告。这种定义是早期的一种定义，也就是所谓的付费文字广告。

（2）广义的定义：是指企业通过策划在报纸、杂志或网络等宣传载体上刊登的可以提升企业品牌形象和知名度，或可以促进企业销售的一些宣传性、阐释性文章，包括特定的新闻报道、深度文章、付费短文广告、案例分析等。

（二）软文的写作要求

（1）写软文首先要选切入点，你希望传播的内容是既定的。但根据所选择的传播渠道的不同，需要以不同的视角、不同的立场、不同的语言风格、不同的标题来写适合这个传播渠道的软文。如选新闻渠道来发布，那么就要用到媒体视角、专家观点、大众声音。也可以找专业软文营销机构帮忙写软文，如你选择BBS来传播，那么这个论坛版块的风格是什么，这里的人群关心什么，喜欢什么，怎么样引起他们的关注和兴趣。

（2）不要急着把所有亮点和想说的话在一个软文里说完，而是要把不同的亮点和内容用最有说服力的那一方的视角来表达，由此也选择从不同的渠道，甚至不同的角度来撰写。可以用一系列软文来推广一个东西，当特别有效时，一篇软文即可达到轰动吸引人的效果。

（3）软文从业者应具备一定的见识面，语言驾驭能力以及与进步中的时代语言相贴近。从集中度比较高的佰依软文写手中调查来看，目前，很多软文写手都是草根写手，他们基本有自己固定的职业，软文写作对他们来说是一种爱好。而由于草根写手的增多，也给软文提供了十分精彩的内容，毕竟这是个多元化的社会。软文，不仅要求的是语言驾驭能力，还要求有一定的社会阅历。

（4）文章和标题要简单直接吸引人关注。

（5）内容框架：目标事物本身是什么？观众关心的是什么，所选渠道最有说服力的人群都有谁？用他们的视角一一展现。

（6）创新角度：其实大部分软文的基本框架是大同小异的，能不能发挥更大的作用，完全在于角度是否够创新，是否能吸引人关注。

（7）注意不同传播渠道的特点与用语风格。

（三）软文的几种形式

1. 悬念式

也可以叫作设问式。核心是提出一个问题，然后围绕这个问题自问自答。例如，“人类可以长生不老”、“什么使她重获新生”、“牛皮癣，真的可以治愈吗”等，通过设问引起话题和关注是这种方式的优势。但是必须掌握火候，首先提出的问题要有吸引力，答案要符合常识，不能作茧自缚、漏洞百出。

2. 故事式

通过讲一个完整的故事带出产品，使产品的“光环效应”和“神秘性”给消费者心理造成强暗示，使销售成为必然。例如，“1.2 亿买不走的秘方”、“神奇的植物胰岛素”、“印第安人的秘密”等。讲故事不是目的，故事背后的产品线索是文章的关键。听故事是人类最古老的知识接受方式，所以故事的知识性、趣味性、合理性是软文成功的关键。

3. 情感式

情感一直是广告的一个重要媒介，软文的情感表达由于信息传达量大、针对性强，当然更可以叫人心灵相通。“老公，烟戒不了，洗洗肺吧”、“女人，你的名字是天使”等，情感最大的特色就是容易打动人，容易走进消费者的内心，所以“情感营销”一直是营销百试不爽的灵丹妙药。

4. 恐吓式

恐吓式软文属于反情感式诉求，情感诉说美好，恐吓直击软肋——“高血脂，瘫痪的前兆！”“天啊，骨质增生害死人！”“洗血洗出一桶油”。实际上恐吓形成的效果要比赞美和爱更具备记忆力，但是也往往会遭人诟病，所以一定要把握度，不要过火。

5. 促销式

促销式软文常常跟进在上述几种软文见效时——“北京人抢购××”、“××，在香港卖疯了”、“一天断货三次，西单某厂家告急”……这样的软文或者是直接配合促销使用，或者就是使用“买托”造成产品的供不应求，通过“攀比心理”、“影响力效应”多种因素来促使顾客产生购买欲。

6. 新闻式

所谓事件新闻体，就是为宣传寻找一个由头，以新闻事件的手法去写，让读者认为就仿佛是昨天刚刚发生的事件。这样的文体可以体现企业本身的技术力量，同时，告诫文案要结合企业的自身条件，多与策划沟通，不要天马行空地写，否则，多数会造成负面影响。

上述六类软文绝对不是孤立使用的，是企业根据战略整体推进过程的重要战略，如何使用就是布局的问题了。

（四）软文写作的注意事项

1. 软文应具备一定的新颖性

软文需要具备一定的新颖性，这样才能引起别人的关注。在写软文时，可能涉及新闻、故事以及专业知识的普及，需要软文写作者事先对软文主题进行深入的研究，有了这个前提，软文的主题才能得以全面的体现。

2. 软文更注重实用性

不少软文都是以介绍产品为主，应客户们的要求，写软文的作者们常常联系日常生活来充分说明产品的实用性，借此来刺激读者的购买欲。因此，在日常生活中，多收集一些生活常识，对写作的切入点也会明确许多。

3. 软文也能华丽上演

朴实的文字已经不能打动顾客挑剔的心，深厚的文学功底逐渐将软文的艺术升华。华丽的词藻营造出一种典雅的氛围，偶有动人的句子跃然纸上，深入人心。软文并不是一味地鼓吹什么产品好、企业口碑好之类的，恰如其分的修饰会给原本平淡无彩的软文五彩缤纷般的“外衣”。

4. 软文也需头尾兼顾，内容紧密

不少人写了一个华丽的开头，在结尾却匆匆带过，给人虎头蛇尾的感觉。开头是引子，结尾可以穿插一些点睛之笔，这才是凸显自己文字功底的最佳时机。写软文，很大程度上也是在推销自己。还有些人喜欢在软文中增加一些主观的感受，常以体验者的角度来行文，这样更贴近读者。但是，一个观点的提出需要多种事实的论证，这才符合逻辑行文的基本准则，可信度也更高、效果也更好。

（五）范例

房地产软文

峰景C座：倡导都市主流生活

烈日炎炎，我的朋友小玲的心情也比较焦躁。小玲的丈夫是某单位的中层干部，小玲则打理着一家小店，两个人年收入10万元左右。这个收入在临河，属于不多不少的“小康”水平。可是，她家的住房却还是多年前购置的60平方米的旧楼房。买一套新楼房，改善居住条件，成了她家迫在眉睫的事情。

其实，小玲和丈夫从去年春天就开始看房了。那时候，小玲的理想是120平方米左右的楼房。小玲和丈夫在各个新开的楼盘间寻寻觅觅：A楼盘，房间户型不合理，窗户太小，空间浪费大；B楼盘，没有100平方米以上的户型；C楼盘，位置不好；D楼盘，社区规模太小……小玲和丈夫有个一致的意见：自家现在就有房住，买房子是为了改善居住环境。买房不是小事，所以，一定要买一套称心如意的楼房。没有称心的，宁可不买。就因为“称心”二字，两人看了一年多房。眼看着房价隔一段时涨一次，小玲越看房越心浮气躁。

去年，小玲和丈夫去峻峰华庭看过一次房。回来后，小玲说：峻峰华庭的房好是好，可是户型面积都在160平方米以上。自己家一共三口人，女儿还经常不在家，160平方米太大了。

前几天，小玲终于看好房了！户型面积120多平方米，位置在市中心，这回，小玲和丈夫终于称心如意了。他们看的房在峻峰华庭新推出的一幢高层电梯楼：峰景C座。把房选在峻峰华庭，小玲特别开心。

110~130平方米户型成稀缺资源

其实仔细想一想，小玲买房买了那么长时间，一个原因是她和丈夫对房子的要求确实比较高，比较挑剔，另一个原因是临河目前符合他们的要求房子确实不多。位置、户型暂且不说，单说面积。因为经济相对宽裕，他们最喜欢的户型面积在110~130平方米。这个面积的房子居住舒适，又避免了空间的浪费。可是，这个面积的房子在临河本来就不多，以后，还可能更少。

今春，市区两级房管局领导在2007年住房工作会议上明确宣布：今年要认真落实全市住房建设“十一五”规划，进一步加强房地产市场宏观调控，必须按照国务院通知要求认真做好住房供应结构的调整，实现两个70%：即套型建筑面积90平方米以下的商品房户型占所开发建设总面积70%上，普通商品住房和经济适用住房建设面积占所开发建设总面积的70%以上。

7月份，我市新建住房项目审批结果显示，90平方米以下的户型已占据主导地位。这表明，大面积的新建住宅已经成为我市房地产市场的稀缺资源。

虽然，国家政策还为90平方米以上的房子留了30%的发展空间，可是，许多房地产商都瞄准有钱的“富人”，将不多的大面积房子多数盖成了150平方米以上的大房。这个面积的房子，让年收入10万元左右的三口之家来买，也有不愿意买的。

多亏了峻峰华庭峰景C座！

峰景C座　120~130平方米户型的住房应运而生

城市中心位置、高层电梯楼、合理的户型设计、优美的小区环境、完善的物业管理，华裕房地产公司已经成功地将峻峰华庭打造成临河一流的住宅小区。以至于在许多人的印象中，在峻峰华庭买房的都是我市的成功人士。也难怪，前两年，峻峰华庭推出的，都是160平方米以上的大房子。

据峻峰华庭售楼部工作人员介绍，很多前去峻峰华庭看房的人，都是去看120~130平方米的楼房。但是，由于峻峰华庭前几年没有这个面积区间的楼房，于是，希望买120~130平方米楼房的客户，一部分买了超出他们预期消费的160平方米以上的大面积楼房，另一部分客户就遗憾地走了。

客户的遗憾其实也是华裕房地产公司的遗憾。峻峰华庭户型好、位置好、环境好、物业管理好，是众所周知的。这么多客户想住进峻峰华庭，却只因为户型面积不合适而不能如愿，华裕房地产公司的负责人开始考虑：建设一栋至两栋120~130平方米面积区间的住宅，满足这部分客户的需求，让想住进峻峰华庭的客户大部分都能如愿。

于是，就有了峻峰华庭峰景C座的诞生！可以说，户型面积区间在120~130的峰景C座是应运而生！

峰景C座　精致尊贵

“会当凌绝顶，一览众山小”，居住在高层的好处自不必赘述。峻峰华庭的户型，是请北京的设计师设计的。我们先就峰景C座户型的亮点，在这里向大家介绍。

a. 全景户型、四明设计。峰景C座的每一套住宅，都设计有270度观景窗，再加上各个房间的落地窗、飘窗，使得客户在每套住宅里，都能看到东、南、西、北四个方向的景观；峰景C座的户型全部采用四明设计——明厅、明卧、明厨、明卫，即客厅、卧室、厨房、卫生间都能得到采光。传统的板式住宅多是短开间、长进深，通风采光性差，大部分的卫生间为黑房，有的甚至连客厅也得不到直接采光。

b. 分区合理。传统的板式住宅由于是几个单元连在一起，设计受到局限，户型分区不明确。高层住宅由于结构的改变使得户型更加合理舒适。峰景C座户型分区也做得相当好，动静分区、干湿分离、洁污分开，这使得居住在里面的业主，生活更加安逸、舒适。

c. 空中花园，将绿草红花搬回家。居住在都市中的你，是不是也和我一样，远离了大自然的绿草红花，心中便时时滋生着亲近大自然的渴望，于是便时时想着将花园搬进家里？峰景C座为每一户业主设计了独特的空中花园。这是属于每一户业主的私有领地，在这里，你可以随意经营属于你的花园，让自己的心灵在与大自然的亲密接触中放松。午后，你可以邀三五知己在这里赏花、品茶、谈心。

d. 不小于40平方米的客厅。在120~130平方米的住宅中，不小于40平方米的客厅是很少见到的。最难得的是，峰景C座的每种户型的客厅都基本是方正的，而不是我们平常所见的窄窄的长方形。方正简约的大客厅，充分体现主人的大气风范，高贵的感觉也油然而生。每一个客厅里，都有超长落地窗，也就是超长观景线。全天候丰富的光景变化，从这里进入室内：日升时的阳光房、夕阳下的金色大厅、夜幕下的家庭晚餐，将生活装点得其乐融融。

e. 主卧室套房设计。在每个户型的主卧室中，都有单独的卫生间、空中花园，多数户型主卧室还有单独的衣帽间，主卧、次卧不同朝向，保证了主人生活的私密性。主卧的270度观景窗，可双面采光，延长日照2小时以上。同时，也可让主人饱览窗外美景，蓝天、白云、四季风光，心情自然惬意。

f. 入户玄关。峰景C座的每一套住宅都设计有入户玄关。入户玄关让访客刚一进门的时候，看不到主人生活的全景，从而保证了主人生活的私密性。玄关同时兼有衣帽间的功能。步入玄关，让你的心情瞬时放松。

120~130平方米的户型，每套住宅都是三室、两厅、两卫设计，有空中花园、270度观景窗、飘窗、落地窗……峰景C座的每一种户型，都充分体现了人性化设计，既不过分奢华，又典雅、精致、适用。

特别值得一提的是，峰景C座的北面是在临河独一无二的10000平方米的中心景观花园。景观花园巧妙运用了对景、借景等园林手法，通过蜿蜒的小径和主体广场的组合，长长的廊架与郁郁葱葱的绿色植物的结合，小径两侧起伏错落的坡地景观，形成高低错落的视觉美感，俨然一个生态屏障，充分体现了观赏性与实用性结合、环境与人性化结合的原则。

漫步其中，亭台楼阁掩映姹紫芳菲，鸟语花香萦绕步道，诗情画意油然而生，东方文化荡然于胸，也展现了与众不同的高尚品位。当你倚立窗前，颀赏花园中的景观时，此刻的你，也将成为邻人眼中一道美丽的风景线。

峰景C座　为主流消费群体量身制作

一座城市的主流消费群体是哪些人呢？既不是家庭收入低于平均水平的低收入群体，也不是拥有很多财富的高收入群体，应该是这座城市的小康家庭。在临河，应该包括企业白领、公务员、个体户……他们，是建设一座城市的中坚力量，是个数量庞大的群体，也是一座城市的主流消费群体。

峰景C座就是为这个群体量身制作的。

三室两厅的户型设计精致实用，功能分布合理，户型亮点多，窗前更有10000平方米的中心景观花园，再加上峰景C座本身是节能建筑，既节能又隔音，又配有酒店式会所、图书阅览室、健身房、桑拿中心、棋牌室……

峰景C座，让城市主流群体尊享精致生活！

二、综述

（一）综述的含义

综述是指就某一时间内，作者针对某一专题，对大量原始研究论文中的数据、资料和主要观点进行归纳整理、分析提炼而写成的论文。综述属三次文献，专题性强，涉及范围较小，具有一定的深度和时间性，能反映出这一专题的历史背景、研究现状和发展趋势，具有较高的情报学价值。

（二）综述的特点

1. 综合性

2. 评述性

3. 先进性

（三）综述的写法

综述一般都包括题名、著者、摘要、关键词、正文、参考文献几部分。其中正文部分又由前言、主体和总结组成。

1. 前言

用200~300字的篇幅，提出问题，包括写作的目的、意义和作用，综述问题的历史、资料来源、现状和发展动态，有关概念和定义，选择这一专题的目的和动机、应用价值和实践意义，如果属于争论性课题，要指明争论的焦点所在。

2. 主体

主要包括论据和论证。通过提出问题、分析问题和解决问题，比较各种观点的异同点及其理论根据，从而反映作者的见解。为把问题说得明白透彻，可分为若干个小标题分述。这部分应包括历史发展、现状分析和趋向预测几个方面的内容。

3. 总结

是对综述正文部分做扼要的总结，作者应对各种观点进行综合评价，提出自己的看法，指出存在的问题及今后发展的方向和展望。内容单纯的综述也可不写小结。

（四）注意事项

撰写综述论文的几个注意事项：

（1）题目不宜过大。

（2）参考文献不宜太旧。

（3）引用文献不过多。

（4）综述篇幅不宜太长。

（五）范例

水泥类上市公司综述

一、2000 年总体情况

目前，我国水泥类上市公司有23 家，其中 A 股上市公司 22 家，H 股上市公司 1 家（海螺水泥）。而 A 股上市公司中，沪市16 家，深市6 家。按业务范围可分为两类：一类是单纯从事水泥制造和销售的公司，共 15 家，包括牡丹江、秦岭水泥、西水股份、四川金顶、祁连山、华新水泥、福建水泥、天鹅股份、冀东水泥、大同水泥、江西水泥、天山股份、四川双马、天水股份、巢东股份；另一类是除经营水泥制造和销售外还涉足其他行业的公司，共 7 家，包括尖峰集团、新疆屯河、ST 金荔、葛洲坝、鲁北化工、云南马龙、富邦科技。

主营业务主要为水泥制造的有 17 家，平均流通股本 9586 万股，2001 年 4 月 27 日平均收市价为 14.06 元，平均市盈率 81 倍，市盈率比较低的是福建水泥（51 倍）和天山股份（47 倍）。

从年报情况看，2000 年水泥类上市公司业绩非常普通，16 家以水泥生产为主营业务的 A 股上市公司平均每股收益为 0.21 元，平均净资产收益率为 7.88%，甚至还要低于该板块 1999 年每股收益 0.222 元和净资产收益率 9.96% 的平均水平。由此可见，前期二级市场上水泥板块的表现是对过去低估了的价值的发掘，而更多的则体现为对未来预期的炒作和对某些概念的炒作。

二、水泥板块分析

水泥板块从投资价值角度分析可分为以下四个梯队（略）。

三、重点上市公司介绍（略）

附表（略）

三、新闻

（一）新闻的含义

新闻是一种传递迅速，文字简明的事实信息，是新近发生的、有价值的事实报道，新闻的特点可简单概括为四个字：快、实、新、短。具体表现为材料要新，要把人物、新事迹、新经验、新创举等新鲜事物报道给人们，扩大人们的视野，认识要新，新闻所反映的思想、说明的问题，要富有新意。

（二）新闻的写法

新闻的结构一般由以下五种基本要素组合而成，即灵活鲜明的标题；引人入胜的导语；深化题旨的文体；有的放矢的背景；恰到好处的结尾。

1. 精心拟制标题

新闻的标题是其“眼睛”，也是其内容的主题，也是全文的精华。标题是否精彩，直接关系到能否激发读者的阅读欲望。

2. 倾神写出导语

万事开头难。导语是新闻的开头部分，其作用是以最简洁的语言把最重要的事实表述出来，可以紧紧地抓住读者。导语是新闻的精华、灵魂，是新闻最重要的开场白，导语在新闻中具有十分重要的作用，担负着统领全文的任务。

3. 全力写好文体

文体是新闻的主干和中心，是一则新闻的主要内容所在。它承接导语自然而具体地展开新闻的事实和内容，围绕主题，展开新闻事实的叙述。写作新闻文体时，首先，须同导语前后呼应，协调一致，不能转向生发，横生枝节。具体说来，导语中提出的问题，在文体中要有具体事实来回答，导语中概要列出的主要事实，在文体部分要予以具体展开，导语所作的论断在文体部分要用事实予以说明。其次，用事实说话，写出充分的事实材料。

4. 详细交代背景

新闻背景是指新闻事实的历史状况、周边环境、其他事物的关系以及内外联系。

5. 水到渠成的结尾

结尾就是新闻的结束，是新闻的最后一句话或一段话，它阐明新闻事实的意义，揭示事件发展的趋势，加深读者的理解和引起读者的思考。

（三）范例

好啊！诚实永存

一位年轻的女售货员昨天来到本报，要求登一则广告，寻找她接待过的一位外国顾客。因她在卖给他酸奶时，少找了钱。

她叫张××，26岁，是北京市东单大街×××食品店的售货员。20××年11月3日，她错把一张50元外汇券当成了5元。

“那位顾客看上去是欧美留学生。星期一下午6点左右，他来买酸奶。走后没多久，我就发现钱找错了。”小张说。

“我马上追出去找他，但他已经不见了。我一连两个晚上没睡好，担心我的过失会带来很坏的影响。最后，我决定在《中国日报》上登广告找人。”小张说。

“当时还有许多其他顾客，而且这也是我头一回见到外汇券。”她解释说。

虽然她每月的工资只有51元（约合13.8美元），但对于高于她工资两倍的广告费，这位妇女似乎并没有被吓倒。

广告部工作人员问她为什么不找她自己的单位报销广告费，她说：“因为这是我自己的过错。”

《中国日报》给她的广告（见本报今天第八版）费以特殊优惠。商店领导得知此事后，决定给她经济补助。

四、社论

（一）社论的含义

社论也称社评、社说。一种代表报社、杂志社的重要指导性言论。它往往就当前国内外发生的经济事件或问题，或针对党和国家的经济工作，发表意见，表明看法。它的任务可用16个字加以概括：表明态度，解释政策，提出任务，指引方向。它具有时效性、政策性、针对性等特点。

（二）社论的分类

社论通常可以分成两大类：

一是全局性的综合社论，针对一个时期的一系列重大问题进行全面概述，阐述党的经济政策，提出指导思想，指明今后的任务和奋斗方向。它通常在年初或重要节日、召开重要会议时发表。

二是局部性和专题社论，就当前某一事件、典型、问题作专题性论述。这类社论往往是大量的。社论的写作要坚持“代圣立言”和高度的党性原则，面向广大读者，观点鲜明，强调政策性、针对性和指导性，具有一定的思想水平和理论色彩，文字简练、通俗、生动。

（三）社论的写法

1. 开头部分

概述提出问题的背景。在什么样的形势下提出问题，这是必不可少的内容。

2. 主体部分

要分析问题产生的原因、解决问题的重大现实意义及如何解决问题，讲措施、讲方法。

3. 尾部

表示坚定的信念和决心。充满自信心，给读者以巨大教育和鼓舞。

（四）范例

调整，开始了

全球金融市场上周度过惊心动魄的一周，因为反映第三季经济表现的指标一一出炉，有些大好，如美国经济终于恢复成长，并且优于预期；有些不佳，如美国9月消费支出出现5个月来首次下滑；反复的指标让美股暴涨暴跌，也让亚洲市场心乱如麻，反映华尔街预期心理的恐慌指数（VI×）上周五更一举飙升24%。这些现象反映的是，市场的不确定性提高了。

金融海啸一年过后，第三季经济表现成为各方检视政府刺激方案效益及景气复原稳定度的前期指标，更是政府研判刺激方案退场步调的评量表。因此，目前全球经济处于转折的拐点上；不只经济表现与刺激政策间相互影响，政策的决断力与正确性，也考验着政府决策者；另外，指标讯息与相应的政策解读间也存在着矛盾。亦即景气指标报喜，固令人安慰，但可能代表一年来支撑经济的氧气筒快要撤了，市场不免担心少了政府活力的经济体系能否持续复苏；反之，若指标表现还是无力或能继续保有政府政策的护持，却也令市场担忧经济自我疗育功能的弱化。于是，市场预期及其带来的波动，又反过头来影响经济及政策，并因彼此间无一致共识，调整就这么开始了。

经济决策者犹如舵手，当然不该随波逐流，而应依其政策初衷，为所当为。因此，随着经济情势的调整，货币政策的调整也已展开，但程度因各自需求而不同。像处于这波金融风暴核心的美、英等国，就对货币政策的退场还心存忌惮，担心信贷元气未复就退场，经济可能陷入二次衰退，因而以微幅缩减刺激规模或不再扩大的方式测试景气抵抗力，预期本周四的利率决策会议仍将按兵不动，但将以会后声明释放些许退场讯息；相对的，属于金融危机外围或未高度依赖欧美市场的印度、挪威及澳洲等国，就以直接的升息或启动退场之举，非常有自信地宣告衰退结束。

比较特别的是亚洲各国，靠着区域内贸易深化及中国大陆的崛起，渡过金融海啸后欧美市场萎缩的冲击，虽然复苏脚步相对较快，却因尚无法完全摆脱对欧美出口的依赖，而未能自主地启动升息按钮，以保持与欧美间一定的利率差距，避免因此吸引热钱涌入而带来本币升值的压力，限制了出口带动的经济成长。

不过，亚洲的复苏及宽松货币政策的持续，让此区域面临资产价格上涨，甚至可能过热、通货膨胀蠢动的现象，也促使暂不想升息的亚洲央行，以选择性信贷管制的方式进行宏观调控。上周中央银行总裁彭淮南邀集三大行库，提示房贷授信风险，已在宣示他的新政策方向；中国香港、新加坡、韩国及中国大陆也高调提出抑制房价的作为，例如提高放款门槛及取消优惠房贷等。中共国务院更直言，因为经济向好的趋势已得到巩固，将把控制通货膨胀风险纳入决策时的考虑因素；这是金融危机爆发以来，中共官方首次做出这种表述。因此，尽管没有太多国家升息，但货币政策的调整也已经开始了。

经济调整期的特质之一，是个体各自依凭所知的讯息，依自利原则，做出判断、采取行动；但因讯息纷乱、自利导向、资源重置，就会步调不一，进而可能带来政策分歧、经济调整的落差，甚而导致市场的剧烈波动。因此，去年底全球一致抢救经济大作战的局面不再，现在已到各国各显本事的时候了。尤其，去年第四季到今年第一季，是金融海啸后全球经济跳水大调整的时期，在低基期下，经济指标到明年第一季前会有段好光景，但如何正确解读、抓紧趋势，这更是政策判断力最严厉的考验期。

五、启事

（一）概念

启事是公开的简便文告。“启”是陈述、告诉人的意思，“事”就是事情。“启事”就是把事情陈述出来、告诉大家的意思。凡是机关团体、企事业单位，或是个人有什么事要提请公众注意，希望大家在帮助的时候，就把它写成文字张贴出来或登在报纸杂志上，或让电视台、广播电台播出，这种公开发表的文字，都是“启事”。

（二）种类

启事的种类很多，根据事情的不同内容，可分成好多种类。常见的启示有招

聘启事、招生启事、招考启事、开业启事、征文启事、寻物启事、结婚启事、贺婚启事，等等。

（三）写作格式

1. 标题

首行的正中写标题，要用大字醒目地写出，如“招聘启事”、“寻人启事”等；有时在“启事”之前加上“重要”等字样；有时将“启事”两字省去，只写“招聘”、“寻人”。

2. 正文

标题下一行空两格开始写正文。正文的内容一般包括目的、意义、原因、要求、特征、待遇、条件等。正文是主体，它决定了启事的效果。因此，这部分要写得具体、明白、详细，连细节也要写得清楚，不能含混。

3. 署名

落款处要署名，署全名，如果是单位，最好盖上公章。在署名之后，要写上启事的年月日，并附上联系地址和电话号码等，有时还要把乘车路线写明。

4. 启事的语言

首先要明确、准确，千万不能用模糊、含混、模棱两可或可能产生歧义的语言。还要简练、通俗，要让人一看就知道。

（四）范例

××商城招商启事

由国家技术监督局中国技术监督情报协会与北京××工贸公司联办的北京××商城，位于××繁华的商业黄金地段——×××大街43号。

××商城，是全国唯一经国家工商行政管理部门批准以“××商城”注册命名，并在整个经营管理过程中贯穿“××进货、××销售、××服务”三位一体的新型商业企业。首批招商将挑选30余家生产金银珠宝、化妆品、真皮制品、羊绒制品、羊毛制品、真丝制品及烟酒食品、家用电器的企业，欢迎联络。

地址之一：××市×××街××号　　邮编：××××××

联络电话：×××××××

联络人：胡××

地址之二：××市××区××路×号

邮编：××××××　　联络电话：××××××××

联络人：金××

六、广播稿

（一）广播稿的含义

广播稿就是为了广播需要而准备的稿件。

（二）广播稿的种类

广播稿的种类有：录音讲话（包括录音座谈会）、录音报道（包括文字解说、音响和配乐、人物谈话）、录音新闻、口头报道、录音通讯、录音特写、录音访问、配乐广播、广播对话、广播评论、广播大会、重大集会的实况广播、重要文艺、体育表演活动的实况转播。

（三）广播稿的写作要求

1. 通俗口语化

广播稿是用耳朵听，要求语言明白易懂口语化，口语化要求写“话”而不是写“文”。

（1）多用短句，少用或不用长句。

（2）少用方言、土语，尽量不用群众不熟悉的简化词或简称。

（3）少用书面词汇、文言词汇和单音词。把单音词改成双音词；书面语改成口头语；文言词改用白话；音同字不同的词要改换。

（4）不宜用小括号、破折号、省略号，因为其中的内容不便读出来；那些表示否定含义的引号也尽量不用，改用“所谓的”。

2. 结构简洁明了

广播稿由于受到时间的限制，更要注意干脆利落。

（1）突出句子的主干，不滥用不必要的附加成分。

（2）用准确的词贴切地表达要说的意思，不说空话、套话。

（3）不用倒装句，不用倒叙和插叙。广播稿的叙事一般按事物过程的发展顺序，因为这样顺乎人们听的思路和习惯。

3. 生动活泼

（1）采用多种写作方法，避免单调乏味。

（2）句式富于变化，运用设问、排比、对偶等句式，使文章有文采；适当选择主动句、被动句、肯定句、否定句等句式使文章有感染力。

（3）具体的事例比抽象的议论更能吸引听众的注意力。

（4）主题单一集中。开头要吸引观众，主体要设计悬念，结尾要不落俗套。

（5）音调和谐。广播稿要避免连续出现仄声字，平仄声要互相交错、配合得当，读起来就会抑扬顿挫，悦耳动听。

（四）范例

广播稿

Hello！大家好，欢迎收听我们今天的广播。今天的主题是“精彩运动，精彩生活”。20××年10月18日，我校的又一次盛会——校运动会，在卢湾体育场顺利举办。我们看见的，是青春花朵的绚丽绽放，是精彩生活的华丽展现！在接下来的时间里，就让我们来回顾一下运动会上的精彩内容吧！

首先映入眼帘的，是那一个巨大的方阵。谁说棱角整齐的形状就不能富有动感？谁说简单的体操动作就不能展现出我们最具活力的一面？简洁、有力、精神抖擞的学生在这明媚的阳光下，对于这时代的召唤给出了整齐回应！如果说广播操是富有动感的方阵的话，那接下来的健美操就是“型人”们的天下了。当充满活力的音乐响起，舞姿华美、步伐矫健的舞者们都开始展现自己的魅力，在团队的协力合作下，将会场的气氛一次次推向顶峰！

助跑、踏条、腾空、落地，一条美丽的弧线，一个轻捷的身影，从眼前掠过，如同展开双翼，在呼啸的风中抛开与起跑线的距离；纵身一跃，在蔚蓝的天空下，留下一条美丽的彩虹，那是一条完美的抛物线，如同精工构造的桥梁，轻松越过高位的水流。跳高、跳远，刚拉开战幕，激烈的竞争就已经开始！

终于，高潮开始向我们袭来。是百米跑和长跑！红色跑道上飞奔而过的运动员们，仿佛是飞翔的鹰、奔跑的鹿、凶猛的豹，如飞扬的火焰一般，百米的距离在短短几秒内瞬间燃过。那看台的助威声此起彼伏，震耳欲聋，在风驰电掣的速度下更显气势！冲过终点线的那一刻，白线被甩在身后，胜利，已经属于所有参赛的人！在千米竞赛中，那长长的行程又被一批批力量充沛的运动员们征服。也许有的运动员倒下了，但温暖的双手会及时向他们伸出，他们收获了更美好的成功！

时间过得真是快，不知不觉中已经到了结束的时候。不知大家是否仍旧在回味着运动会上的精彩点滴呢？好了，今天就到这里了，希望大家继续关注我们的广播，下周同一时间再见！

七、企业简介

（一）企业简介的含义

企业简介是企业向外界简要宣传、介绍自身和产品情况的具有传播作用的公关文书。它通过介绍企业的历史沿革、业务范围、经营方针、生产状况、发展远景、未来展望等情况，宣传企业的风貌、观念，促进企业与公众间的传播沟通，让更多的公众了解企业的情况，树立企业形象，提高企业的知名度。

（二）企业简介的写法

1. 标题

写法1：只标示文种名称，即直接以“企业简介”、“公司简介”等作为标题。

写法2：只标示企业名称，如“中国石油大港油田公司”。

写法3：企业名称+文种名称，如“××公司简介”。

写法4：正标题+副标题，正标题一般标示企业名称，副标题一般使用带有凸显企业特色等的宣传性的概括语句，如“宝鸡石油机械有限责任公司——以至诚之心为人，用唯美标准做事”。

2. 正文

一般由前言、主体和结尾三部分内容构成。

（1）前言。对本企业作概括性的介绍，一般简要介绍企业的性质、特点等，引出有关的具体情况的说明。

（2）主体。重点对企业的经营方针、策略、范围、场地、产品、业绩等作全面的介绍，通常对于企业的经营和主要产品作重点介绍，目的在于促使公众了解和认同该企业的经营项目和产品，并根据简介的联络方法和企业建立联系或购买企业的产品。写作者要注重展示亮点。企业简介的写作目的是向社会公众推介自身形象，所以要展示企业最能够吸引公众、唤起公众的需要和兴趣的信息内容，要有闪光点，如企业骄人的业绩等。

（3）结尾。一般以祈盼、呼唤性的语句，表达广交朋友、为顾客真诚服务的愿望，以唤起潜在顾客、合作者的信心和希望，并达成与市场建立紧密联系的目的。

企业简介的内容必须是客观准确、真实可信的，切忌为了吸引顾客而弄虚作假、浮夸吹嘘，唯有做到客观真实，才能使公众按照简介指示的内容与企业交往和合作。企业简介在语言表达上要做到简洁、生动、流畅、上口，同时还可以附上企业景观、拳头产品、获奖证书等相关照片，配合文字说明，更具说服力。

（三）范例

阳光保险

阳光保险成立于2005年，是国内七大保险集团之一，中国500强企业，集团注册资本金67.1059亿元人民币。集团目前拥有阳光财产保险股份有限公司、阳光人寿保险股份有限公司、阳光资产管理股份有限公司等多家专业子公司。

依托集团优势，以人文、科技为驱动，阳光保险有效整合旗下保险和投资资

源，持续研发满足客户需求的产品，不断升级以“闪赔”、“直赔”为特色的服务，着力打造强大的市场拓展能力、卓越的客户服务能力、杰出的风险管控能力和专业的资产管理能力，实现了健康、持续、快速的发展——成立3年跻身国内七大保险集团，5年跻身中国企业500强，7年成为集产、寿险和资产管理于一身的保险金融集团。

阳光财产保险成立于2005年7月，是主要经营财产保险业务的全国性保险公司，注册资本金26.5亿元人民币。阳光产险成立以来，连续多年刷新国内新设保险公司年度保费规模的历史纪录，实现了又好又快的发展。目前阳光产险已有36家分公司开业运营，三四级分支机构1000余家，服务网络实现全国覆盖。累计为3300多万名客户提供了保险保障，累计赔款近250亿元。

阳光人寿保险成立于2007年12月，是主要经营人寿保险、健康保险和意外伤害保险等一切人身险业务的全国性专业寿险公司，注册资本金73.37亿元人民币。阳光人寿成立以来发展势头良好，公司价值不断提升。目前阳光人寿已有30家二级机构开业运营，三四级分支机构600余家。公司竭诚为广大客户提供人身、养老、医疗、健康、意外等保险保障。

阳光资产管理公司成立于2012年12月，前身是阳光保险集团资产管理中心，凭借专业的投资团队和“稳健、规范、专业”的投资理念，阳光保险投资收益连续多年居行业前列。2010年阳光保险就凭借良好的资产管理能力和风险控制能力，成为业内除保险资产管理公司之外首家同时具有股票直接投资资格和无担保债投资资格的保险公司。

与不断壮大的企业实力相匹配的是阳光保险的责任与担当。阳光保险成立以来，在一系列重大事件中发挥了金融保险企业的社会责任。7年来，累计承担社会风险超过44万亿元，累计支付各类赔款超过256亿元，创造就业机会超过10万个，上缴税收突破88亿元，累计为7500多万个客户提供保险保障，在各项公益慈善事业中累计投入近5000万元，“5·12”汶川地震，捐款捐物超过300多万元；青海玉树“4·14”地震，向地震灾区捐款1000万元；2010年海南洪涝灾害，捐款200万元；2012年“7·21”北京暴雨，向重灾区捐款200万元。此外，阳光保险先后开展了赞助我国第22次南极科考、与团中央合作“全国青春建功新农村”暨促进农村青年转移就业创业、陆续在湖南、贵州、四川、山东、福建、西藏、云南、广西等地捐建18所阳光保险博爱学校等一系列有影响的公益活动。为促进公益活动机制化、常态化，2009年3月阳光保险率先在行业内成立了全国性青年志愿者组织“阳光保险青年志愿者协会”，注资成立了“北京市阳光保险爱心基金会”。自2010年起，阳光保险启动员工父母赡养津贴计划，截至2012年底，已为1万多位员工父母发放父母赡养津贴。

创新的管理模式、优秀的企业文化和持之以恒的社会责任与担当，得到了社会的高度认可，阳光保险相继获得：中国公益50强、中国红十字勋章、最具社会责任保险公司、中国最佳商业模式、最佳管理创新奖、金融行业首家“全国企业文化示范基地”、最佳雇主企业、最佳企业文化奖、最佳理赔保险公司、最具竞争力保险公司、最具幸福感企业等多项荣誉，成立5年进入并蝉联中国企业500强与中国服务业企业百强，公司品牌形象和影响力不断提升。

阳光保险秉承“打造最具品质和实力的保险公司”的企业愿景，践行“共同成长”的使命和“诚信、关爱”、“创造价值”的核心价值观，以“战胜自我”的企业精神，致力于成为国际领先的保险金融集团。

八、商业广告

（一）商业广告的概念和种类

商业广告是企业为了推销商品、推广服务，提倡的一种观念。在付费的基础上通过传播媒介向确定的对象进行信息传播活动而形成的文书材料。

（二）商业广告的特点

商业广告具有以下特点：

1. 内容的真实性

真实性是广告的生命，广告宣传应遵循实事求是的原则，符合客观事实。广告所反映的事实应当是真实事实，不夸大、不缩小，不能采用文学虚构、夸张来代替事实。广告中所宣传推广的东西要有科学依据。尤其是像药品、食品、饮料、补品等商品的广告更是如此。优秀的商业广告是一件可以欣赏的艺术品，但它与文学、绘画等艺术品不同的地方就在于它的真实性。

2. 对象的针对性

不同的商品有不同的消费群体，不同的消费群体有不同的消费心理、消费习惯和消费行为。在拟制广告词时就应针对不同的对象，有的放矢地设计和表达广告内容。只有制作针对性很强的广告，才能吸引公众的注意，最终实现广告的目的。

3. 功能的时效性

功能的时效性是指广告功能作用只在一定时期内有效，过了这一时期或某一时间，其功能便自然失效，现代社会产品更新更快，消费者的消费水平也在不断变化，这使得广告时效的周期在不断缩短。作为广告制作者必须考虑到这种变化，注重时效性。

4. 表达的艺术性

一份广告要想给公众留下深刻的印象，仅仅靠科学客观的阐述或描述是不够的，而是要巧妙地调动和运用各种艺术手法，准确、贴切而又生动形象地揭示广告的主题，体现广告的创意，表达广告的内容。

5. 文面的简洁性

广告写作要力求文字简短、言简意赅、精练隽永、回味深长。简短，一是使消费者易读易记；二是可以节省广告版面或播放时间，从而降低广告费用。

（三）格式与写作方式

1. 格式

商业广告的种类繁多，其格式也是各种各样的，有的图文并茂，简洁明了（如街上挂图广告）；有的生动活泼，集艺术性、趣味性于一身（如电视广告）；有的长短不一，短的只有几个字，长的亦有千字以上，其格式难以统一。总的来说，商业广告是集文学、图画、艺术等内容于一体的广告，没有固定的格式。而文字广告尽管内容不同，归纳起来，基本格式如下：

（1）标题。商业广告的标题随广告文体的变化而变化。主要有直接标明制定广告单位和广告内容的标题，也有的直接以广告内容为标题。

（2）正文。正文是对广告标题的介绍。如简介体广告突出对商品的性能、质量、服务、价格方面的简介；说明体广告突出产品的性能、结构、形态、规格、使用保管等方面的说明；论说体广告主要是介绍商品的性能，提出论点，用众多的事实、数据、道理，论证商品的特点、功效、作用等，得出该商品确实可行的结论；证明体广告主要是介绍产品情况，列举典型事例，如声誉、鉴定、专家评价、用户反映来证明产品的优良；等等。文体不同其正文内容也不同。

（3）结尾。商业广告结尾形式不一，总的来说，经济性的广告结尾要写明单位名称、地址、电报、电挂、电传、电话、邮政编码、联系人姓名，有的广告为了方便消费者，还标明行车图，提出忠告形式作为结尾。

2. 制作方法

制作广告也称广告设计，艺术体广告要聘请专业制作单位设计。广告内容有的可以自己设计，也有的向社会公众征集。广告内容是一项专业性很强的业务，如设计不合理，内容不合法，不仅误导消费者，或给其他厂商利益带来损害，而且还会砸自己的牌子，使企业失去信誉。所以在广告制作过程中，要严肃认真、精心设计、精心制作，既符合产品的特征，又符合消费者的心理，起到宣传、推广的作用。

（四）注意事项

制作广告应注意如下事项：

（1）依法制定。依法制定就是指制作广告要遵循我国颁布的广告法律、法规规定。既不要制定盲目夸大，产生误导消费者，侵犯其他厂商权利的广告，又不要使广告内容失真，欺骗消费者，失去制作广告的真正目的。

（2）要注重对广告词的设计，符合短、快、广的特征，达到加深印象易于接受的效果。

（五）范例

嘉陵的特色

××

在中国摩托车行业，嘉陵是执牛耳者，多年以来一直身居“大哥大”地位。

1995年8月22日，对嘉陵人来说又是一个辉煌而难忘的日子，在北京第50届世界统计大会上，国家统计局、中国技术进步评价中心，授予中国嘉陵工业股份有限公司（集团）“中国摩托车之王”称号，授予公司总裁郝振芒“中国经营管理大师”称号。行业之王的荣誉这次只有8家获得，他们在产量、质量、利税和综合效益指标均居同行业首位，嘉陵集团是全国摩托车行业、机械行业、兵器行业和四川省唯一获此殊荣的企业。

不断提高企业的管理水平，向管理要效益，这是嘉陵集团公司的长期战略，也是嘉陵集团公司15年来能保持持续、高速发展势头，雄踞我国摩托车行业排头兵的法宝。

特色之一：不满足现状，两眼向内找差距，在不断进取创新上做文章、下功夫。管理是永恒的主题，围绕这一主题嘉陵人早在转行之初就制定了“六五打基础、七五上水平、八五上台阶”的企业管理发展目标，以企业升级为契机，狠抓基础管理、专业管理和综合管理，1994年荣获全国企业管理最高水平的——全国优秀企业“金马奖”。可以说嘉陵的企业管理水平已居国内的领先地位。

特色之二：不断强化管理手段，大力推行现代化管理。他们借鉴日本管理方法，推动“一个流”生产方式，实现了从原材料的投入到成车装配、包装、发运一条龙生产，不仅优化了生产工艺，改善了作业环境，而且大大提高了生产效率和产品质量，获得了显著的经济效益。总裁郝振芒在生产经营实践中创造的“三元动态平衡法”新型管理模式，荣获第二届全国管理现代化创新成果二等奖。公司党委书记张祖渝创造的“TS”工作法，是着眼于发挥人的主观能动性，最大限度地开发人力资源，以创造企业最佳经济效益和社会效益为目标的一种新的管理思想和管理方法，荣获四川省企业管理优秀成果三等奖。这两种新的管理方法的运用可谓珠联璧合，指导企业不仅在经济效益上而且在精神文明建设方面都取得了显著的成果。

特色之三：突出一个严字，严格管理，严格奖惩。这个严字体现在企业生

产、管理的全过程，并且干部和工人一视同仁。有一次，4 名领导迟到近 1 分钟，被公司劳动纪律检查执法队录下录像，公司作出了在全公司曝光和扣发当月效益工资的处理决定。

特色之四：科学、灵活的营销策略。嘉陵称得上是较为完全的市场型企业。它自 1979 年开发摩托车以来，曾经历 1983 年、1986 年、1989 年三次大的市场疲软，今年以来又面临市场疲软的考验。他们都是靠自己的顽强劲儿和科学灵活的营销策略立于不败之地。最近，他们又在企业形象上导入 CI，进一步提高嘉陵的知名度，夺取市场制高点。

九、商务消息

（一）概念及特点

商务消息是以叙述为主要表现手法，反映新近发生的重要商业事务的简短的新闻报道。商务消息是商务新闻文体中使用量最大的一种基本体裁，它和商务通讯在某种意义上可以被视为“软广告”。

商务消息具有这样几个特点：

（1）真。以事实说话，通过新鲜、具体的事实来表现主题。

（2）新。一般是新近发生的，同时也要求在内容上求新。

（3）活。写作生动活泼、引人入胜，内容上要抓住最精彩的事实，形式上要用最精彩的语言。

（4）短。篇幅大多简短，行文讲究简洁、精练，以利于快捷传播。

（5）快。讲究传播速度的及时。

（二）结构

1. 标题

以明确的语言概括全文的内容，开篇明旨，点明思想意义，要求准确、鲜明、生动。

2. 导语

要求用最简洁的文字概括最新鲜、最重要的商务事实或全文的主题，以引起读者的注意，留下深刻的印象。语言要求凝练、醒目。常见的导语写法有直叙式、描写式、引语式、提问式、评论式和对比式等。

3. 主体

用充实、典型的材料，印证导语中的提示或回答导语中提出的问题，对导语中已披露的新闻要素做进一步的解释、补充和扩展。主体的结构安排可以依照时间顺序或逻辑顺序；选取的材料必须客观真实，具有说服力：要求观点鲜明，内容充实，层次分明，一定要具备“何时、何地、何人、何事、何故”这五要素。

4. 背景

即商务消息涉及的有关历史、环境与客观条件的材料，简明的消息可以不要背景。

5. 结尾

一般篇幅较长的商务消息都有结尾，常见的结尾方式有小结式、展望式、号召式等。

商务消息越来越多地出现在各种媒体上，您可以根据新闻写作本身允许的多样性进行写作。

（三）范例

“靓妆”化妆品系列
让您换一层年轻的皮肤

不知您是否注意到，最近的化妆品市场新杀出一匹“黑马”，它就是“靓妆”化妆品。

由广州莫薇化妆品有限公司研制成功的第二代化妆品——“靓妆”活细胞化妆品系列，是高科技生物技术与传统化妆品相结合的产物。在国内是首创，在国际上也是名列前茅。这种化妆品的最大特点，是突破了第一代的局限，变被动地预防为主动地参与。

“靓妆”化妆品不仅具有加速皮肤和黏膜创伤的愈合、消炎止痛、防止溃疡的功能，而且能抑制粉刺、老年色斑的增长。

“靓妆”活细胞化妆品系列共有近20个品种：活细胞超级抗皱霜、活细胞丝素膏和蜜、活细胞增白霜、活细胞丝素洗面奶、活细胞丝素洗发精及护发素、沐浴剂、香水等。价格仅为进口同类商品的1/5。

您在本市友谊商场、惠普商厦等各大商店均可以购买到“靓妆”化妆品。

十、商务通讯

（一）概念

商务通讯是一种细致、形象地报道商务活动中人物、事件的商务写作体裁。它通常要比商务消息更为详细。

（二）结构

商务通讯的结构组成大致与商务消息类似，也可以根据内容的需要采取灵活的布局。

1. 标题

要求与商务消息相同，多使用副标题。

2. 正文

商务通讯的材料要翔实具体，可以以事务发展的先后顺序为主线，也可以采取纵横兼备的线索，精心剪裁，写作中要特别突出精彩的细节。

3. 结尾

结尾可以提出号召，引起读者共鸣；也可以给读者留有回味的余地；或者以精辟的议论结尾，深化主题。

写作商务通讯，可以综合运用叙述、描写、抒情、议论等多种手法，使您的通讯更具文采。

（三）注意事项

撰写商务通讯时需要注意：

（1）商务通讯比商务消息更为详细；

（2）商务通讯的写作应突出精彩细节。

（四）范例

“卧龙”何以腾飞

——××部××厂成功之探秘

××年代建在××省伏牛山深处的××部××厂，今天神奇般屹立在××市的卧龙岗下，成为我国印刷感光器材生产的基地、××省利税百强企业。在社会主义市场经济的大潮中，他们越战越强的秘诀是什么呢？

企业要有一种精神

我们在这个厂采访时，干部职工介绍了他们如何适应市场需求调整产品结构；如何狠抓产品质量促进销售；如何狠抓科技进步……但更令人振奋的是，职工们高昂的精神面貌和他们经常提到的企业精神——艰苦奋斗，团结进取。

企业精神从何而来

××厂的成功与职工们的精神面貌有重要关系，他们的企业精神又是从何而来的呢？

××厂的多数职工都有一段在艰苦环境下创业的历史，他们对工厂有很深的感情，这是很重要的一条。而且从干部职工的谈话中，他们十分信赖自己的企业领导，对他们充满信心，也是一条重要原因。

在从计划经济走向市场经济的转化中，企业领导人正确的决策是十分重要的，厂长×××对行业状况、发展、竞争对手的情况都很了解，因而有很强的市场驾驭能力。××厂的产品转向、技术改造、狠抓质量、开拓市场都渗透着他的领导班子的心血。一个能带领职工沿着正确的航向在市场经济的大潮中拼搏的厂长，自然会得到群众的信赖。当职工看到企业的美好前景及个人生活不断得到改善时，谁还会不努力工作呢？

十一、产品推介函

（一）产品推介函概述

产品推介函是向客户介绍产品及推销意图而使用的一种商务信函，它具有目的明确、说明具体的特点。

（二）产品推介函格式与内容

产品推介函的格式包括标题、正文和落款三部分。

1. 标题

如“推销××（产品）函”。

2. 正文

正文部分包括以下几方面内容：

（1）开端语。主要说明发函目的，要求简明扼要并有独创性。

（2）产品介绍。这方面内容写作时文字力求生动活泼，重点突出产品的特色。

（3）提供证据。使用具体详尽的语言继续强调产品的突出特色。

（4）提出保用期和免费试用。

（5）价格。产品的价格要在概括产品的优点时提出。

（6）结尾语。信函的结尾要有充满信心的呼吁，激发消费者购买欲望。

3. 落款

（1）写明发函公司。

（2）标明年、月、日。

（三）范例

介绍并推销工艺品函

××公司：

从我驻×国使馆商务处来信中获悉，贵公司希望与我国经营工艺品的外贸出口公司建立业务联系，我们高兴地通知贵公司，我们愿意在开展这类商品的贸易方面与贵公司合作。

我公司经营的工艺品有绣品、草竹编、灯具、涤纶花、珠宝首饰以及仿古器物和书画等，这些品种均制作精美，质量上乘。特别是涤纶花，式样新颖，色彩鲜艳，形态逼真，可与鲜花媲美，目前在欧、美、亚等洲许多国家极为畅销，深受消费者的喜爱。现寄上涤纶花样照一套，供参考。欢迎来信联系。

××进出口公司

20××年××月××日

十二、广告计划书

（一）概念

广告计划是对整个广告活动所作的规划，包括广告目标以及为实现广告目标而采取的方法和步骤。广告计划按时间来分，可分为长期、中期及短期计划。广告计划按广告媒体来分，可分为媒体组合计划和单一媒体计划。广告计划包括广告调查、广告任务、广告策略、广告预算和广告工作活动计划等。

（二）写作方法与结构

1. 前言

2. 市场（前景）分析

3. 广告目标

4. 广告时间

5. 广告的目标市场

6. 广告的诉求对象

7. 广告的诉求重点

8. 广告表现

9. 广告发布计划

10. 其他活动计划

11. 广告费用预算

要根据广告策略的内容，详细列出媒体选用情况及所需费用、每次刊播的价格最好能制成表格，列出调研、设计、制作等费用，也有人将这部分内容列入广告预算书中专门介绍。

12. 广告效果预测

主要说明经广告主认可，按照广告计划实施广告活动预计可达到的目标。这一目标应该和前言部分规定的目标任务相呼应。

（三）注意事项

写广告计划书一般要求简短，避免冗长。要简要、概述、分类，删除一切多余的文字，尽量避免再三再四地重复相同概念，力求简练、易读、易懂。

（四）范例

NIKE 广告计划书

NIKE 是希腊女神的名字，其商标象征着希腊女神翅膀的 SWOOSH（羽毛），代表着“速度+动感”。NIKE 公司自成立至今，不断探索、创新，以其雄厚的实力领先于同类品牌，很大程度地占据着世界运动品牌市场，公司更于 1999 年推出了专为从事专项运动的顶级专业运动员而设计的最具创新性的 Alpha 系列产品，五个圆点标志着“调查、探索、创新、验证、竞争”五大步骤。作为世界著名品牌，NIKE 仍在不断努力着，除其精湛的制鞋技术以外，NIKE 更在媒体宣传上做到胜人一筹，更是不惜重金请来了从事不同运动的世界顶级运动员作为其品牌代言人，如迈克尔·乔丹（篮球）、罗纳尔多（足球）、迈克尔·约翰逊（田径）等，其中更为 Micheal · Jordan 推出了其单独品牌“AIRJORDAN”。目前，NIKE 几乎已经成为家喻户晓，人人喜爱的运动品牌，但 NIKE 仍会不断探索、不断出新，努力成为世界的第一品牌。

一、企业公司的概况（略）

二、产品分析

1. 品牌类型：NIKE 生产有服装、鞋、包和各种体育用品，这里将着重介绍“NIKE”的运动鞋。NIKE 公司拥有较高的制鞋技术，鞋面采用真皮、人造揉皮和人造织物作为材料，能够提供支持性、保护性、透气性，并确保脚放置于正确的位置。外底采用碳素橡胶、硬质橡胶、耐磨橡胶、天然橡胶、环保橡胶、充气橡胶和黏性橡胶作为材料，提供摩擦力及耐磨性，是外部冲击的第一道防线。中底能够提供缓震性、稳定性和弯曲性，是鞋子中最为重要的部分。

2. 主要目标：为运动员创造一流的鞋，占领整个世界的运动界市场。

3. 口号：JUST DO IT。

三、市场分析

（一）目标市场（略）

（二）竞争对手调查

目前，世界上有许多运动品牌，其中有相当一部分有着雄厚的实力。因此，运动鞋市场的竞争是十分激烈的。

四、消费者分析

（一）消费者总体态势

NIKE 是消费者选择的第一品牌。ADIDAS 的市场占有率是 27.7%，RE-

BOOK 的市场占有率是 20.5%，CONVERSE 的市场占有率是 13.6%，其他品牌相对比较少。

（二）消费者购买因素

首先是为了运动的需要，其次是为了跟上时尚和满足自己对世界知名名牌的满足感，再者就是看中“NIKE”品牌的品质优良、设计经典。另外，大牌明星为其代言也起了不小的作用。

五、广告策略

1. 广告目标策划。

通过各种媒体进行对 NIKE 的宣传和报道，以及各种活动的开展，在 1 年内将市场占有率提高 10% ~ 15%，使 NIKE 依然保持在世界运动市场上的领先地位。

2. 消费市场策略。

（1）看准市场，大力着手于广大运动员和青少年。

随着现代运动的发展，运动员对自己的运动装备的要求是越来越高，各体育部门对加强运动员的实力也越来越重视。NIKE 作为世界第一运动品牌，运动员是其第一大市场，因此要大力向广大运动员推广。其次，青少年也是一个很大的市场，他们不少为了追求时尚和感受名牌的刺激，不惜重金来买 NIKE。我们要抓住这个心态，把名牌打得更响，把款式做得更新。

（2）把产品价位更加清晰化。

产品价格是人们购买时最先考虑的问题，因此应该首先把价位调整好。对于不同的消费层次应该有不同的价位让其选择，让产品更加群众化。

（3）操持良好的品牌形象。

NIKE 在普通消费者心中的印象都是很满意的。除了精湛的设计和良好的质量外，还有不错的售后服务，这几点都是消费者比较重视的。建议企业在保持良好的品牌形象的同时，把成本压缩，降低价位，增加竞争力度。

（4）因地制宜地采取营销策略。

虽然 NIKE 公司在中国代理只有三家（北京、上海、广东），但是在各个大中型城市都有其专卖店。我们要充分利用各地区的人力和资源，把它们全都联系起来，多开展和消费者的联谊活动，开展和运动潮流有关的活动，让大家都爱运动。可以适当开展展销活动，并通过有奖销售、赠送礼品、发放宣传品等手段来吸引顾客增加销量，让中下等消费水平的顾客也能感受到 NIKE 的关爱。

六、广告设计

1. 平面招贴和特大霓虹灯广告。

（1）平面招贴选用 NIKE 平时一贯的风格——简单、朴素、时尚。招贴选用白底黑字，增加对比度，突出的表现 NIKE 标志，再加上简单的线条作为装饰，增加时代感和运动的速度感，使观赏者过目不忘。

（2）特大霓虹灯广告安放在旅游区和中心广场最醒目的地方。画面采用生动幽默的动画来体现 NIKE 精神以及详细介绍 NIKE 鞋的各种强大功能，让人觉得物有所值。

2. 网络广告和宣传册。

（1）现在是网络的天下，上网的人越来越普遍，而网络交易是现在交易市场的潮流。因此，在全国各大网页上都刊登“NIKE”的广告，对广告进行链接，以方便读者在网上直接购买。

（2）在各专卖店增加对各种鞋的宣传册，详细、直观地对鞋进行介绍，让消费者更进一步地去了解 NIKE。

3. CM 广告。

广告主题：NIKE——JUST DO IT

广告时间：25 秒

广告构思：主要以富于速度感和冲击力的画面来衬托主题

镜头一：（训练馆）Micheal Jordan 手拿篮球，仰望前方近 10 米高的巨型篮球架。（音乐：安静的训练馆传来一声 Jordan 的叹息）

镜头二：Jordan 运球，起跑，加速（镜头换至脚下）。（音乐：运球声和脚步声逐渐急促）

镜头三：Jordan 起跳，借那双 AIR JORDAN 提供的超强弹力，他征服了那座 10 米的篮筐，篮球应声入筐，Jordan 双手抓着篮筐，不敢着陆（镜头特写其面部表情）。（音乐：篮球入筐巨响和由于篮球落地的轻响，还有 Jordan 由于离地很高胆怯不敢着陆而发出的叹息）

镜头四：镜头随着 Jordan 的目光往下走，最后落到篮球鞋上。给篮球鞋一个特写。（旁白：JUST DO IT 并伴有字幕和产品形象以及 NIKE 标志）

七、广告实施计划

1. 时间：

2002 年 6 月 1 日 ~2003 年 1 月 1 日

2. 媒体组合：

充分利用报纸、杂志、电视和网络以及街头广告等宣传媒体。以电视（CM）为主，网络、报纸、杂志为辅，街头广告次之。

3. 选用媒介：

报纸：《体坛周刊》、《人民日报》

理由：上述报纸属权威性，发行量大。

杂志：《当代体育》、《体育画报》、《NBA 时空》

电视台：中央一台、中央三台、中央五台等收视率高且覆盖面广的电视台；CF 广告主要安排在“新闻联播”、“体育新闻”、“同一首歌”等焦点节目前后的黄金时间播出。

网站：雅虎中国、搜狐、新浪、网易等浏览率较高的大网站（电子广告尽量争取做在网站的首页）。

八、广告费用预算（略）

十三、广告宣传活动策划方案

（一）概念

广告宣传活动策划方案是企业在某一时期进行某项具体广告宣传活动时对活动的内容及实施步骤等整体规划的书面材料。商务人员要做好一个广告宣传活动策划，需整合各方面的资源，尽量做到花小钱办大事，并做到心中有数，防患于未然。

（二）写作方法与结构

1. 客户名称
2. 承办单位
3. 活动时间、地点、目标
4. 公众对象
5. 广告定位
6. 广告效果分析
7. 经费预算

（三）范例

某品牌整合即广告宣传策划方案（节选）

一、营销调整

1. 2003 年 8 月展会发布了新的营销政策。

2. 为了探索新的营销模式，2004 年公司在广东片区设立直营店。

3. 改变以前的一座城市只有一个专卖经销商的模式，变为每种系列产品在同一城市给不同的经销商经营，既扩大了公司品牌对消费者的影响力，有利于在消费群体建立品牌，又有利于公司减少对单个经销商的依赖。

4. 公司采取“大富豪（富之岛）百城让利大酬宾”促销活动和“元旦促销

活动”和设立直营部对恶性库存进行处理，但效果不是很明显，建议公司下一步应下定决心对那些产品进行甩卖或在展会期间，公司把那些产品在公司或工厂摆出，现场进行拍卖。

5. 为了推广沙发系列，公司于2004年2月成立了营销三部，专门负责沙发系列的推广与销售。

6. 在家具销售淡季，每年在固定时期设立一个促销活动周，联合各地经销商定期在各地专卖店中进行促销活动。

7. 外部整合。

二、媒体宣传

2004年广告大体计划：

本次广告宣传将全方位地对公司品牌进行宣传，着重于在消费群体中对公司品牌的建立。形式包括：电视广告、铁路广告、杂志广告、区域广告、地方性广告（与经销商合作）。

电视广告：拍摄一个经典的广告宣传片（10~15秒），7月后在中央电视台持续播出。计划播出月份为8、9、10、11、12五个月，1个月的费用估计为30万元，即总费用为150万元。

铁路广告：在全国比较好的长途路线上的火车墙壁上进行平面广告宣传。计划挑出5~6条路线，从“五·一”劳动节前开始做。每列火车1年的费用为7万元，即费用为40万元左右。

杂志广告：航空杂志和公司自办的《富之岛》杂志，费用为50万元左右。

区域广告：计划在北京、上海、广州（深圳）三地进行区域广告，包括当地电视台、电台、报纸、杂志和户外广告，费用暂估为80万元。

地方性的广告：与经销商联合，根据各地实际情况分别进行，费用暂估为50万元。

以上广告费用总计370万元左右，约占公司年度销售额的5%。

具体操作过程如下：

（一）广告前期的市场调研

2004年2~8月对广告市场进行必要的调研。

主要内容有：

1. 公司品牌的市场调研。

2. 广告媒体调研。

3. 广告诉求方向调研。

4. 公司品牌总体形象设计调研。

5. 广告预算。

（二）广告制作、投放期

1. 广告宣传的总体策略。

2. 广告片和平面宣传广告的总体创意。

3. 广告片和平面宣传广告的制作。

4. 2004 年 6～12 月进行投放。

5. 广告投放中期（10 月左右），公司对广告中期效果进行评估，并给予即时更正。

（三）广告结束后

1. 广告结束后对广告效果的评估。

2. 广告投放结束后 3 个月对广告效果的第二次评估。

3. 本次广告活动的总结备案，为公司以后长期的广告策略积累经验。

三、广告创意策划方案

电视广告的效果很大部分来自广告本身的创意，因此本次广告计划中，广告创意十分重要。

1. 电视广告创意。

2. 东方“禅”意篇。

创意来源：利用现代都市人对繁华的不满，充分体现出大富豪核心产品——白榉的东方禅意。

诉求目的：①产品诉求：向观众介绍白榉产品。②品牌诉求：向观众介绍品牌。

广告场景：

在一家大富豪家具装饰的卧室里（周围环境体现出宁静、安详、和谐，体现出“禅”的写意），一个年轻的女郎盘腿端坐在富之岛的床上（床在卧室中央）冥思（禅的背影字横穿过画面）。最后镜头出现大富豪的 CI。

背景音：“富之岛”家具。自我点评：充分体现出了白榉的东方禅意和大富豪家具的简洁，即美的概念，引起观众内心的响应。缺点：在广告泛滥的时代，没有太多的亮点引起观众的注意。

3. 战争—和平篇。

创意来源：利用现代人对战争的关注，对和平的渴望来宣传品牌。

诉求目的：品牌诉求

广告场景：

利用以巴冲突的镜头，突出战争民不聊生，家园受到破坏。在街头冲突中，两军对垒时，一对有着富之岛家具的标志车在中间穿过且停下，冲突双方先茫然（前段黑白片拍摄），而后明白过来似的，都欢天喜地地排队领家具重建家园

（特写：一对冲突双方的人员高兴地在一起的局部特写）。出现背景声音：富之岛家具让人珍惜家。

自我点评：广告有一定的故事情节，较易引起关注，容易给观众留下记忆。缺点：不能很好地反映出富之岛家具的特色。

4. 婚姻篇。

创意来源：绝大部分人结婚时都要买家具（结婚即“家”的感觉），利用此广告把“富之岛”家具跟婚姻扯上关系。

诉求目的：品牌诉求

广告场景：

（1）一片黑暗中，男声“你到底爱不爱我？”

沉寂片刻！又问“你到底爱不爱我？”

沉寂！男声紧张的声调，“你到底是爱不爱我？”

亮灯（床头灯），一张床上躺着一对夫妻，丈夫在熟睡，妻子醒来，听到丈夫的梦话，一副幸福的样子。

熟睡中的丈夫翻身，嘴中又喃喃道：你到底爱不爱我！富之岛。

“啊！”女音高叫。

“富之岛”家具让男人更爱家（天外来音）及CI，穿插出：妻子“哼！”脸部表情：委屈吃醋。

（2）从小我就：（镜头）小女孩搭积木，搭出房子，指着说：这是我的家。

终于，有了自己的家，（镜头）结婚时夫妻进新家的镜头，才发现家原来就是：题外音——富之岛。（镜头）富之岛字样及CI。

5. 家、春、秋篇。

创意来源：家具首先给人“家”的感觉。本案就利用家的感觉做广告，利用一家三口对“家”的感受演绎“富之岛”。

诉求目的：品牌诉求

广告场景：

父亲篇：一个男人在下班的路上说：作为一个现代都市人，压力很大，每天下班后我都渴望回到自己的家，因为家里有：想象一家人在富之岛家具里的和谐镜头。嘴上说：因为家里有了它，它让我爱家。

母亲篇：一位妇女从厨房端菜到餐厅说：同事们都羡慕我是个幸福的女人，因为我有了富之岛家具。

儿子（5~6岁）篇：我爱爸爸，我爱妈妈，我爱富之岛！

最后一家三口在沙发和睦的镜头。

出现富之岛CI及“富之岛”家具字样。

6. “芝麻开门”篇。

创意来源：“芝麻开门”让你想到了什么？首先在我们的脑中出现的是财富。所以在中国人的潜意识中：芝麻开门财富。再加上“芝麻开门”这个典故在中国家喻户晓，广告较易接受。

诉求目的：品牌诉求，富之岛就是财富的象征。

广告场景：在十三大盗的宝藏洞前，阿里巴巴和他的驴子在门口看着大门，阿里巴巴一脸的兴奋，说（清嗓）：芝麻开门。大门打开，里面是富之岛的家具。阿里巴巴很是兴奋，他的驴子也感染似的“喔、喔”地叫（可全为动画或驴子为动画制作，开门动画可参见“传奇”的大门开门镜头）。

十四、市场推广方案

（一）概念

市场推广方案是企业营销部门在某一特定时期内向某些或某个特定消费市场推广服务或产品的一种计划类的文书。

（二）格式与写法

1. 标题

标题通常是项目名称加“推广方案”，如写成“农村市场推广方案”。

2. 正文

正文通常包括以下内容：

（1）消费群体分析；

（2）营销策略；

（3）现场促销等。

（三）范例

农村市场推广方案

一、消费群分析

1. 目标消费群体的构成（略）。

2. 农村市场消费群体的心理分析（略）。

3. 对摩托车的需求特征（略）。

4. 问题点（略）。

5. 营销状况分析（略）。

二、营销策略

1. 营销模式：消费者购买的心理过程有一个信息获取、理解、比较、判断的过程，据调查，目前至少有70%的农村消费者对××（品牌名称）不甚了解，××（品牌名称）在农村消费者心目中没有一个固定的、鲜明的、良好的形象，所以很难产生联想、记忆。找到一种简单易行、花钱少、见效快的让农民直接获取信息的营销策略，已成为第一个需要解决的重要问题。通过调查了解到，70%以上的农民购车是通过熟人介绍的。由此推论，如果这个熟人是一位有一定声望、较有影响力的人，由这个人进行信息传播，将会对购车者产生极大的影响。初步设定营销传播步骤如下：××（品牌名称）产品——村长——村民——××（品牌名称）产品。

2. 实战经验：20××年1月某业务部实现销售回款640万元，2月份480万元，该业务部刚成立时回款不足100万元。经验在于“拉网式宣传，地毯式销售”。

3. 具体方法（略）。

三、具体操作

1. 设定范围：以全国72万个村计算，除去以下地区：

（1）西藏、云南、贵州、四川、广西等山高路远、不适合摩托车骑乘及不懂汉语的少数民族地区；

（2）内蒙古、新疆、远离经销点的地区；

（3）甘肃、陕西、宁夏、青海等没有能力购买的穷困地区；

（4）广东、浙江、江苏等不宜采用这种营销方式推广的经济发达地区。选择所在的县和邻近地方有××经销点或专卖店的20万个村，通过邮局，给这些村的村长（书记）寄关于××的资料。

2. 资料内容（略）。

3. 资料形式（略）。

4. 为了使更多的农村消费者对邮寄的宣传资料感兴趣，增加对信息的接受量，采用了有奖问答形式，具体办法（略）。

5. 奖项设置（略）。

四、网点建设

网点建设的关键是重点捕捞，树立典型，制造热点。根据每个地区的销售情况建立××（品牌名称）村、××（品牌名称）乡、××（品牌名称）县。

1. 目前情况：已有业务部60个；专卖店621个，118个在县镇。2003年准备建立200多个××（品牌名称）县，上半年建成100个，第三季度建成100个，第四季度建成100个。销售网点增加至4500余个，服务网点增加至2800

余个。

2. 成为××（品牌名称）县的必要条件：

（1）市场占有率在30%以上，并且逐年增加。

（2）市场占有率在20%以上，但通过一系列促销，使该县××年的认知率明显提高，且增长率在10%/年以上。

3.（略）。

4. 实施方法。

（1）选择重点开发的农村市场，如山东、江苏等，由业务部选择有市场潜力、重点开发的县镇，集中兵力，重点攻破。

（2）销售总部和代理广告公司组织促销服务人员分成7组，同业务部工作人员到重点开发建设的××（品牌名称）村开展全方位的宣传促销活动，方法有：（略）

五、现场促销

1. 联合所有的××品牌专卖店开展“百城千店赞××（品牌名称）”活动，具体做法如下：

（1）悬挂统一的“百城千店赞××（品牌名称）”的彩色横幅2~3条（店外1条，店内1~2条）。

（2）店内张贴“传播摩托知识，推荐国优名牌，服务千家万户”的海报2~3张。

2. 其他宣传方法。

（1）增加刷墙广告。2003年要再刷写1000条。必须统一形式，提高档次，统一宣传口号，在一些国道、省道由总公司统一组织人员刷写。

（2）通过在各乡镇的中巴车体上做车体广告，车内派发××（品牌名称）的宣传资料。

3. 资金预算（略）。

4. 效果评估。

销售收入同以前比增长30%以上，市场占有率提高3%~5%；××（品牌名称）的知名度提高一倍以上；全面提升了品牌形象。

十五、宣传单页文案

（一）宣传单页文案的含义

宣传单页是企业在报刊、电视、户外等媒体宣传形式之外使用的一种灵活便捷的印制宣传媒介，是对报刊、电视、户外等媒体宣传形式的重要补充和延伸，常用于企业产品销售及大型促销活动。宣传单页一般分为产品宣传单页和活动宣传单页，它作为一种特定的传播手段，也是企业形象、企业特征、企业信誉和企业文化的结合与浓缩，既能促进产品销售，也能树立企业形象。

（二）宣传单页文案的写法

1. 内容

宣传单页文案的内容主要包括企业的经营理念、发展规划、产品信息、市场服务等方面。其中，产品宣传单页可以介绍产品的基本性能、技术参数、使用方法、售后服务信息等，强化消费者对商家的信任感；活动宣传单页可以介绍企业商务活动的提示和细则，包括活动日程、注意事项、举办方有关信息等，使得消费者顺利地找到自己所需要的商品。

宣传单页文案写作没有固定的结构和模式，一般都应当包括标题、正文、图片三部分，有的还印刷企业（产品）名称、标志、广告语等。文案内容必须真实可靠，做到不夸大、不虚假、不隐瞒、不恶性竞争。商务活动的宣传单页上相关信息要完整，如活动时间、范围、电话等。

2. 形式

宣传单页的设计形式常见的有：

（1）单片式。以32开、16开为多，携带方便，但保存期不长，适应于快速和短期的宣传。

（2）书刊式。一般设计成16开、多页装订成册的形式，常常把商品拍成照片向消费者展示，产品内容介绍比较详尽。

（3）风琴式。一般设计成6开6折、8开2折或4折、16开2折或3折的折页形式，折完拉开后形如风琴。

（4）插袋式。为了放置多种产品样本而设计成内袋式的一种样本形式，便于查阅和携带。

（三）范例

吉利街宣传单页文案

一、P1 封面

二、P2～P5 商业街效果图

1. 吉利街财富门户、传世商街

超5万平方米沈阳唯一观光、餐饮、购物、休闲、娱乐一体化民俗主题消费街区，一条传承百年民俗商业的文化之街、一条所有人为之向往的消费之街、一条会聚无限机遇的财富之街……

2. 吉利源起

吉利街所打造的民俗商业文化宗旨就是挖掘和吸收沈阳乃至全国的优秀民俗文化。吉利街的民俗商业凝聚了流传千百年的国家民间艺术，是属于全人类的珍贵文化遗产。吉利街的民俗商业有自己独特的文化内涵、保存自己独特的风俗，具有浓郁的民族历史和传统的人文气息，原汁原味的独特民俗文化理念将为街区提供一种先天的、怀旧的、新颖的竞争优势，这必是一种可持续性的、可以流传百年的商业优势！

3. 吉利风情

民国建筑在中国近代建筑史上有独特的地位，是城市宝贵的历史资源和文化遗产，吉利新城整体以民国建筑为规划蓝本，将北方的端庄浑厚、南方的灵巧细腻、西方的恢弘高贵、东方的实用典雅恰到好处地融合在一起，以民俗商街、复式公寓、精品住宅三种复合建筑形态吸引周边区域乃至全市人民的目光，前所未见的民国风情建筑群落、古色古香的老字号店铺、新潮时尚的各色主题消费区域都会成为人们逛不够、买不完的消费天堂。

4. 吉利区位

买铺和买房的第一选择都是要看地段，项目位于沈阳市于洪新城吉利湖街北、汪河路两侧三块楔形地块，近邻沈城盛景浑河晚渡，以位踞新城生活核心、财富门户之上风上水之位，尽享四通八达之交通格局，极其便利的出入条件为未来的商业街区和住宅提供了绝佳的便利条件和广阔的升值空间。

5. 吉利人气

北邻配套设施完善的铁西新区、东倚都市新兴生态住区——长白岛生、西接张士经济技术开发区，紫郡城、阳光100、水调歌城、滑翔小区等大型高尚社区近邻环绕，极具超前消费意识的主力消费人群密布街区周围，以得天独厚的巨大人气支持，成就本项目无与伦比的商业配套服务区域龙头优势。

6. 吉利布局

在于洪新城核心区与周边项目均以住宅开发为主的大环境下，本文案将高品质公寓、住宅与民俗商业步行街两种建筑形式进行统一、整合，在完善自身综合型社区要求的同时，为于洪新区乃至整个城市的特色配套建设提供完美的解决方案，让特色民俗商业与自身及周边居住区和谐共生、互补互利。

三、P6 公寓的内部效果图

1. 民俗商街/财富之街

吉利街，将国外现代商业与国内民俗文化进行有机融合、在传承百年民俗商业的基础上将街区分片进行餐饮、娱乐、休闲、购物、便民服务、民俗博物馆等各种主题划分，以 20 世纪 20 年代交融多元的唯美流派建筑风格和新老结合的商业形态，编织一条极具魅力、吸引周边、全市乃至各地游人关注目光的著名商街，商业机遇无限扩大，以可以传世典藏、传富三代的财富商街开创属于您的新投资、经营时代！

2. 复式公寓/好室成双

复式住宅打破原有普通单元式住宅单调的平面形式，把室内居住环境空间化、层次化，使功能分区更为合理，动静有别，公私分明，格调高雅，是介于普通单元式住宅与别墅之间的一种理想的高档住宅形式。复式住宅不具备完整的两层空间，而是利用不同层高的两部分结合成一套住宅，不仅通过地面的高差进行了功能分区，还分别赋予不同空间不同的比例尺寸，它的高度的变化实际上是平面功能分区的延伸。

吉利新城推出的复式公寓最大优点就是付出一层价格可以获得双层享受，具有空间宽裕、总价低廉、装修随意、潜力巨大等特点，无论单身贵族，还是二人世界，抑或三口之家；也无论您是普通住家，还是时尚商用，或者稳健投资，在于洪新城核心地带选择吉利新城的创新复式公寓，都能满足您多种生活方式需求，开创一个家、两种生活的新居住时代！

四、P7 住宅的外立面效果图

精品住宅/精品人生

究竟什么是精品住宅？究竟什么样的家能够满足我们对房子质量、对后代学习、对便利交通、对齐全配套的完美梦想？如果以上这些购房要求在中油·吉利新城都能够实现，那么这里就是您心目中的精品住宅。因为，经过了严格的考察与验证，这里已经有数百套住宅已被享誉国际的著名企业中油集团签约团购，与国际名企员工居住在同一屋檐下，共同拥有吉利新城为您提供的优尚生活，这已不再是遥不可及的梦想！

五、P8 地图加电话地址等必要信息（略）

十六、专题活动策划

（一）概念

就企业而言，专题活动主要是指对外接待、参观、举办展览、庆典、记者招待会、竞赛、赞助等大型活动。而专题策划就是对上述这些活动所制订的行动计划。

（二）基本步骤

1. 选定主题

主题是对活动内容的高度概括，是整个策划的灵魂。要为广大公众接受，就必须首先选好主题。

2. 确定日期

日期的选择一般较为灵活（固定的纪念日除外），但策划人员首先要将日期和时间确定下来，以便作具体的时间安排，并将其列入组织计划中去。

3. 选择地点

策划人员在选择活动地点时必须考虑公众分布情况、活动性质、活动经费以及可行性等因素。

4. 通知参加者

具体日程安排：

（1）设计日程计划表，明确起止日期。只有明确起止时间，计划才算完整，在日期栏中明确每一天的活动项目。

（2）公众宣传日程。除节目内容和日期的安排外，许多公司同时也进行公众宣传方面的日程安排。

5. 费用预算

无论在举办什么活动，都要考虑成本问题。策划人应计划如何用有限的资金支付各项费用；估计可能发生的各种支出，以呈报上级批准。一切可能的费用都应估计到。

专题活动虽然自身就是一种媒介，但为了进一步扩大活动的知名度和影响力，发挥专题活动的辐射功能，还需要借助各种大众传播工具，使之配合专题本身，创造专题活动的最大效益。

（三）范例

"让消费者满意"专题活动

[策划目标]

××××年，××集团公司在江苏服装市场上取得了骄人的业绩，××衬衫国内销售额为8000万元，其中省内销售额高达4000万元。××××年初，××公司把目光投放到邻近的浙江市场，决定主攻浙江市场，以杭州为突破口，以此带动周边中小城市市场，使××衬衫在浙江的销售额突破2000万元。

为此，我们策划了"让消费者满意"杭州系列公关活动。目的是扩大"××"品牌知名度并树立良好的品牌形象。

[背景分析]

通过对浙江服装市场的调查，我们认为：根据××衬衫的品质、价格及消费对象，浙江市场应以浙南市场为主、兼顾浙北市场，尤其应以杭州及邻近城市的消费市场为主攻目标。

××衬衫的主要销售对象是18岁以上的男子，购买对象则包括中青年妇女。

[行动方案]

公关活动的目的，除了使目标群体直接受益外，更主要的是争取传媒尽可能广泛地报道，以使更多的人了解企业或品牌。我们选择了3月15日国际消费者权益日，推出“让消费者满意”系列公关活动。具体内容包括：

1. 公司派技术人员，分赴杭州四大主要商场，为消费者“量体裁衣”。

2. 公司总经理在杭州最大的百货商场举行坐堂服务，征集消费者对××衬衫的意见。

3. 给3月15日出生的杭州市所有消费者发放“幸运消费者生日礼物”，并赠送幸运卡及××衬衫产品质量跟踪卡。

第一项内容的思路是体现对消费者的“个别关怀”；第二项内容是传达公司真切关怀消费者权益的心意；第三项内容是为了增加这次活动的趣味性，并给大范围的消费者带来实惠，激发他们对于品牌的亲近感。

为了使××企业形象和商标品牌在杭州深入人心，××集团还在广告和公关活动中投入了大量资金。

具体的广告和公关活动（略）

[效果评估]

××这一系列构思巧妙、贴近消费者的活动，很快引起当地众多传媒的关注。在杭州几大商场，××衬衫的日销量急剧上升。据统计，×月份“××”衬衫在杭州的销售额已比上年同期增长四成。

十七、对外宣传册文案

（一）对外宣传册文案的含义

对外宣传册是社会组织对外全面推介自己、弘扬自身形象的传播载体，是组织对外宣传和展示不可缺少的资料，是组织与目标受众沟通的重要桥梁。组织可在领导和嘉宾来考察或参观时奉上一本宣传册，也可以在公关关系活动中分发给参与的公众和记者，具有不可忽视的“名片”效应。对外宣传册的篇幅可以根据社会组织的不同情况、不同需要而定，但一般来讲应当全面介绍组织的有关情况，让读者对这一社会组织有一个全貌式的了解，形成比较完整的印象。

（二）对外宣传册文案的写法

1. 构成要素

对外宣传册的构成要素一般包括色彩、文案、图片、表述、视觉符号等，册页可分为封面、目录、正文、封底等。

2. 基本内容

一本较为规范的宣传册的内页，在文案内容的编排上一般包括：

（1）组织理念识别系统（MIS）。这是组织的灵魂，也是整个组织形象识别系统（CIS）的核心和依据。一般将这部分内容置于宣传册内页的卷首，如扉页或最前面的一页至二页。这部分内容通常尽可能用简明确切，并能被组织内外乐于接受的易懂易记的语句来表达。

（2）领导人致辞。紧接着组织理念识别系统之后，用 1～2 页篇幅安排组织最高领导人如董事长、总经理的致辞。一般是配置一幅能够体现当事人精神风貌的半身照或工作照，在图片下方或侧旁配上简短精辟的致辞文字，体现领导人的战略眼光和管理睿智，表达对组织发展的战略期待。致辞文字下面，应当有领导人的亲笔签名。

（3）组织的基本情况。一般包括组织的成立时间和历史沿革、员工人数和层次结构、资产规模和主营业务等，要着眼于简明扼要的概括，不必展开叙述，一般只用一页篇幅即可。

（4）组织的机构设置。一般是放置一幅让人一目了然的组织结构设置图，介绍组织现有机构框架如决策层、管理层、职能部门、业务部门等，并且清楚揭示彼此关系。这部分内容往往能引起外部公众的兴趣，因为一个组织结构的设置往往能展示其运作模式和办事风格。

（5）组织的业务领域。一般包括主营业务、兼营业务、产品或服务的行业特征和销售对象、客户的分布范围、经营的主要业绩和增长趋势等。表述时要做到主次分明，多而不乱，显示组织的运作实力和对社会的贡献。

（6）组织的技术开发。这项内容不是每一个社会组织都涉及，但对于高新技术企业则至关重要，要突出技术研发的迁延性、实用性等，借此体现其核心竞争力。这部分在表述上要做到尽可能通俗易懂，避免深奥晦涩，因为目标公众不是技术专家。

（7）组织的经营管理。一般包括组织的管理理念、用人制度、员工培训、奖惩机制等。组织在经营管理上的特色也是组织对外形象的重要内容，不可忽视。

（8）组织的文化建设。一般包括组织在文化建设方面的投入和所采取的措施、员工日常文化活动的开展等。这部分内容的表述要突出自身的特色，不可用一些放之四海而皆准的活动内容来凑数。

(9) 组织的既得荣誉。主要展示组织历年来获得的表彰和荣誉，可用文字形式列表，也可用照片、图表等来反映。还可包括上级领导的视察、参观及领导人和知名人士的题词等。需要注意的是要有所选择地列举既得荣誉。

(10) 组织的远景规划。在宣传手册的最后部分，可略加介绍组织的中、长期发展战略规划，显示组织的长远追求，让人有所期待。

3. 文字处理

(1) 说明为主。对外宣传册的文字表达应当以说明为主，记叙为辅，慎用抒情文字。切忌不要让华而不实的辞藻淹没真正要传播的信息。

(2) 力求简练。对外宣传册的文字表达以把情况交代清楚为尺度，不作铺陈，避免冗长，力求简练。一些图片如果需要配文字说明也要点到即可。

(三) 范例

公司宣传册文案

公司宣传册文案

(一) 栏目

1. 封面——新标识为主角
2. 封底——广告（吉祥物）
3. 董事长寄语
4. 企业简介
5. 公司荣誉
6. 产品介绍
7. 天伦海参文化
8. 未来展望（天伦海洋生物科技园效果图）

(二) 文案

1. 董事长寄语

大连天伦水产有限公司经过20年的艰苦创业，企业不断发展壮大，在产业上已形成三大养殖基地、一个育苗场、一家大酒店，营销网络已初具规模，目前，公司实现跨越式发展的条件已经具备，为此公司提出在养殖产业稳固发展的基础上积极开发海产品深加工项目，“天伦海洋生物科技园”是我公司正在兴建的东北地区一流规模和高科技含量的海产品精加工基地。企业的发展和基地的建设都离不开社会各界的支持，唐朝大诗人李白有诗云：“会桃花之芳园，序天伦之乐事。”我们真诚希望与社会各界朋友携手共创美好明天，共享天伦之乐。

2. 企业简介

大连天伦水产有限公司是一家集海珍品育苗、海底底播养殖、捕捞及冷藏加工、出口贸易和酒店服务为一体的综合型企业集团。主要生产"天伦牌"刺参、鲍鱼、海胆、虾夷贝等系列海珍品；现有职工300多人；其中专业技术人员20多名，底播增殖海珍品海域面积7000多亩，育苗场水体5000立方米。建筑面积10000余平方米，固定资产总值5000多万元。在产业布局上形成了长海县小长山岛、普兰店市皮口镇和庄河明阳镇三大海底底播养殖场。

《天伦牌》海参常以"补品之王"而著称。这是因为天伦海参生长在中外闻名的大连长山岛海洋之中，海况良好，无任何污染。近年来与国内著名的海洋科研专家合作，自主研制出海参杂交新品种，不仅保留了原有的海参品质，而且抗病能力强、生长迅速，两年就可以生长为成品参。

2003年公司在海产品主业的基础上开始探索企业的多元化经营战略，投资1000多万元在大连长海与内陆连接处的皮口港黄金口岸地购建了一座三星级酒店——海港大酒店，酒店建筑面积4500平方米。

辛勤的劳动换来了丰硕成果，《天伦牌》商标先后被大连市、辽宁省评为著名商标，公司先后获得《辽宁省十佳信誉知名企业》、《2004年中国市场信赖产品》、《大连市企业信誉评级3a级信用企业》、《辽宁无公害海珍品产地》和《中国无公害农产品产品认证》等。

3. 产品介绍

本产品精选大连长海国家无公害海域野生刺参，采用高科技低温缩水保鲜技术，完整保留海参特有的优质蛋白质、18种氨基酸、刺参粘多糖、海参皂甙、硫酸软骨素、牛黄酸、总黄酮、sod、锌、硒、钒、钙、铁、碘、磷、锗、锰等矿物质及维生素b1、b2等50多种营养成分和活性物质。

海参独有8种人体不能合成的必需氨基酸。其中精氨酸含量丰富，号称"大富翁"，是构成男性精细胞的主要成分，又是合成人体胶原蛋白的主要成分，可以促进机体细胞的再生和机体受损后的修复，还可以提高人体的免疫功能，消除疲劳，延年益寿；酸性粘多糖和软骨素具有延缓衰老的特效，它可以明显地降低心脏组织中脂褐素和皮肤羟脯氨酸的数量，有延缓衰老的作用。另外，锰、牛磺酸等都对人体延缓衰老有独特的功能，因此，海参又被称为"长寿之神"。

4. 天伦海参文化

海参属棘皮动物，位海八珍之首，因其外观很像带刺黄瓜，古人形象地把刺海参叫海黄瓜，海参名字的来历是因为它的药用价值和人参相似。明朝谢肇的《五杂俎》云："海参在辽东海滨有之，其性温补、足敌人参，故名海参。"天伦公司位于辽东大连，天伦海参产于辽东海滨——长海，我们习惯上叫它《天伦牌》大连长海野刺参。天伦海参的功能作用非常明显，古代医学名著《本草从新》称其“补肾益精、壮阳疗痿”；《本草遗拾》谓其有“补肾精、益精髓、消痿涎、壮阳、生百脉”等作用。我国古代民间也有海参“养血润燥、调经养胎、助产催奶、可治疗经血亏损、伤口不愈等症”之说法。现代医学把它作为降压和延缓衰老的食品之一。天伦刺参品质好名声大，与产地较低的水温有直接关系。科学证明，食用水生经济动物，常常是越往北品质越好，天伦海参品质好与它的生长环境和野生品质有关。

天伦海参情也深、意也真，天伦海参款款情深。

天伦公司祝天下有情人尽享天伦之乐！

5. 未来展望

“天伦海洋生物科技园”位于大连普兰店市皮口镇工业园区，占地近50亩，该科技园是大连天伦水产有限公司规划拟建的东北地区一流规模和高科技含量的海产品精加工基地。科技园计划投资3000万元，引进国际先进设备和国家专利技术，首期推出两大系列产品——《天伦牌》双参宝（海参、人参）海参产品和《邵老三》牌干海鲜火锅底料，预计2年收回投资，年实现利税2000万元。

十八、公司业务推广书

（一）公司业务推广书的含义

公司业务推广书是指公司向外推广其业务的书面材料。

（二）公司业务推广书的要求

无具体格式要求。但为了吸引客户，应简单明了地向客户介绍公司的业务业绩和水平，突出重点即可。

（三）范例

深圳市××实业有限公司室内（外）射箭场工程介绍

近年来，随着文化物质生活水平的不断丰富和提高，以及“全民健身计划”的蓬勃发展，室内（外）射箭运动作为一种素有高雅美称而全新的娱乐方式，在我国各地迅速崛起。在娱乐方式匮乏的今天，室内（外）射箭运动已成为娱乐业的新宠，群众性的射箭热潮方兴未艾，各省市要求投资开设射箭场馆的热情高涨，发展前景广阔、潜力巨大。

本公司是一家集科技开发、经销时尚娱乐休闲体育器材的专业公司；公司拥有一批高素质及专业技术的开发队伍和工程队伍，同时还聘请了国家射箭队和深圳射箭队的教练担任本公司的常年顾问。公司利用自身的优势和强大的技术力量，成功开发了全国唯一自动化室内射箭系统，受到体育界、娱乐界等方面人士的高度关注和认可。

本公司还代理韩国、法国、美国、日本名牌专业射箭器材及配件。

我公司集设计、建造、维修服务、管理于一身，可适应和满足用户的各种不同需要。几年来，我公司在各地承接的射箭馆工程已达60多个，其代表工程有：深圳市××室外射箭馆（6条道）、深圳市××自动化室内射箭馆（7条道）、深圳市规模最大的自动化室内射箭馆——××射箭俱乐部（23条道）、深圳市××室外射箭馆（12条道）、天津××室内射箭俱乐部（50条道）、昆明××射箭俱乐部（18条道）、上海××射箭俱乐部（17条道），以及湖南、浙江、河北等射箭馆。

我们愿与各地客户精诚合作，我们将以一流的管理、一流的品质、一流的服务赢得您的信任和满意！

深圳市××实业有限公司

200×年×月×日

第六章　产品质量与控制文案

一、企业质量管理计划

（一）概念

企业质量管理计划是企业职能部门根据自身实际情况，在科学安排的基础上制定的用来规范产品生产者及相关部门人员的管理措施。

（二）格式与写法

1. 格式

（1）标题。说明质量管理计划实施对象，如××厂质量管理计划书。

（2）正文。包括引言，总体质量目标，各部门、岗位具体的质量管理目标，有效实施质量管理计划的措施等。

（3）落款。质量管理计划的编制单位或部门名称、盖章，计划书完成期。有时也可以将“落款”部分省略。

如范例《××羊毛衫染织厂产品质量管理计划》的写作，先写制定计划的原因、目的；然后是计划的内容，共计三点。表述全面、准确，很有逻辑性，是个很好的范文。

2. 写法

质量管理计划书必须明确以下各要点：

（1）质量目标；

（2）具体指标；

（3）质量管理；

（4）完好率；

（5）合格率；

（6）指标率；

（7）准确率。

（三）范例

××羊毛衫染织厂产品质量管理计划

为适应现代化工业生产和国内外市场的需要，企业必须以产品质量求生存，以品种多、花式新求发展。我厂产品质量和质量管理现状是不能满足对外出口的要求的。因此，为在企业内部打好基础，开展全面的质量管理，瞄准国际市场的产品的特点及产品质量，不断吸取先进技术，学习先进的管理方法，将其应用到生产中去，以逐步使产品质量达到国际市场的标准和国家部颁标准，努力生产出价廉物美、质量信得过的适销对路的产品，使用户满意，并在国内外市场上立于不败之地。特制定本计划。

一、质量目标。

1. 产品质量。

成品：一等品率98.5%，出厂出口合格率97%，商检一次抽验测验率4%，厂检抽验测验率3%，成品返修率18%，封样标准合格率99.5%。行业质量抽查评比96分，索赔事故0，半成品满验率3.5%，各车间工序返工返修率9%。

2. 产品生产设备质量。

样机设备完好率92%，机构缝合设备完好率98.5%，后处理设备96%。煤、水、电供应99%。

计量测试设备完好正确率99.3%。

二、按全面质量管理要求，全厂直接参加生产人员和间接生产人员、管理人员必须按各自的分工要求，负责各自岗位责任制，具体指标如下：

1. 技术股：外销产品成交率85%，工艺正确率99.4%，工艺上车率91%，测试复检数据正确率98%。

2. 原辅料仓库：原辅料使用保管发放正确率98.5%。

3. 供销股：各种原料、辅料供应正确准时率99%，交通运输安全率96%。

4. 计划股：各品种计划安排执行、调度的完成率96%以上，履约率100%，各种统计报表准时正确率99%，各品种定额正确性97%。

5. 质量股：每品种半成品、成品抽验率达到指标率99%，每品种抽验扣分记录和基层班组扣分记录汇总完好率98.5%以上。定期和不定期地召开质量碰头会议和质量专题会议。指标完好率97%。各种质量问题分析表和质量信息反馈处理完好率99%，对生产操作工人质量教育和考核指标完成率92%。

6. 厂检：抽验产品的规定指标完成率99.8%以上，出厂合格品指标率100%，商检一次抽验率指标完好率98.5%以上，产品质量鉴定报告完好率

100%，产品无索赔事故和无客商反映质量问题，指标完好率100%。

7. 设备股：各种生产设备完好率、运转率，规定指标完好率96%。各种生产设备的维修、保养计划实施完好率98%，各种生产设备更新、改进计划实施完好率92%，生产设备上车率指标完好率96%，各种测试设备、计量工具的保管和校验工作档案资料保管按规定完好率99%。

8. 前道车间：（略）

9. 后道车间：（略）

10. 厂长：深入生产第一线；掌握第一手质量资料，经常检查质量目标管理工作，对分解后的质量管理不断分析、研究。定期召开和参加质量专题会议，听取合理化建议，支持质检人员工作，使全面质量管理工作顺利展开，工作完好率达97%。

三、加强对技术基础工作的领导，强化职能部门的质量意识，根据生产设备的现状，抓设备完好率。同时，更新、改造一些陈旧设备、培训操作工人，以保证产品质量的进一步提高。

建立全面质量管理工作制度，在全厂范围内设立质量小组四个，组织厂内各部门和每个员工都参加质量管理，要求制定出自己部门的检查计划，保证一环紧扣一环，使产品质量、工作质量逐步稳定提高。

二、企业质量管理制度

（一）概念

企业质量管理制度是明确如何做好企业质量管理工作的规范。质量管理制度渗透到企业质量管理的各个方面。

（二）主要内容

该规章的内容很多，根据企业的特点，对质量管理的要求也不同。一般来说，该规章的主要内容包括总则、仪器管理、原物料质量管理、制造前质量条件复查、制程质量管理等内容。

（三）制作要求

制作本制度的基本要求是尽可能详细地规范质量管理的全过程，要求细致具体，便于操作。根据企业的具体情况，分解各个工种和环节所应遵守的质量义务。

如范例《企业质量管理制度》的写作：先写总则；然后是仪器管理、原物料质量管理、制造前质量条件复查、制程质量管理、成品质量管理、质异常反应及处理、成品出厂前的质量管理、产品质量确认、质量异常分析改善；最后是附则。内容全面，表述具体，很有代表性。

（四）范例

企业质量管理制度

总则

第一条　目的。

为保证本公司质量管理制度的推行，并能提前发现异常、迅速处理改过，借以确保及提高产品质量符合管理及市场需要，特制定本细则。

第二条　范围。

本细则包括：

1. 组织机能与工作职责。
2. 各项质量标准及检验规范。
3. 仪器管理。
4. 质量检验的执行。
5. 质量异常反应及处理。
6. 客诉处理。
7. 样品确认。
8. 质量检查与改善。

第三条　组织机能与工作职责。

本公司质量管理组织机能与工作职责为各项质量标准及检验规范的设订。

第四条　质量标准及检验规范的范围规范包括：

1. 原物料质量标准及检验规范。
2. 在制品质量标准及检验规范。
3. 成品质量标准及检验规范的设订。

第五条　质量标准及检验规范的设订。

1. 各项质量标准。

总经理室生产管理组会同质量管理部、制造部、营业部、研发部及有关人员依据“操作规范”，并参考：①国家标准；②同业水准；③国外水准；④客户需求；⑤本身制造能力；⑥原物料供应商水准，分原物料、在制品、成品填制“质量标准及检验规范设（修）订表”一式两份，至总经理批准后，送质量管理部一份，并交有关单位凭此执行。

2. 质量检验规范。

总经理室生产管理组召集质量管理部、制造部、营业部、研发部及有关人员分原物料、在制品、成品并将：①检查项目；②料号（规格）；③质量标准；④检验频率（取样规定）；⑤检验方法及使用仪器设备；⑥允收规定等填注于“质量标准及检验规范设（修）订表”内，交有关部门主管核签且经总经理核准后分发有关部门凭此执行。

第六条 质量标准及检验规范的修订。

1. 各项质量标准、检验规范包括：①机械设备更新；②技术改进；③制程改善；④市场需要；⑤加工条件变更等因素变化，可以予以修订。

2. 总经理室生产管理组每年年底前至少重新校正一次，并参照以往质量实绩会同有关单位检查各料号（规格）各项标准及规范的合理性，酌予修订。

3. 质量标准及检验规范修订时，总经理室生产管理组应填立“质量标准及检验规范设（修）订表”，说明修订原因，并交有关部门会签意见，呈总经理批示后，始可凭此执行。

仪器管理

第七条 仪器校正、维护计划。

1. 周期设定。

仪器使用部门应依据仪器购入时的设备资料、操作说明书等资料，填制“仪器校正、维护基准表”设定定期校正维护周期，作为仪器年度校正、维护计划的拟订及执行的依据。

2. 年度校正计划及维护计划。

仪器使用部门应于每年年底依据所设定的校正、维护周期，填制“仪器校正计划实施表”、“仪器维护计划实施表”作为年度校正及维护计划实施的依据。

第八条 校正计划的实施。

1. 仪器校正人员应依据“年度校正计划”执行正常校正，精度校正作业，并将校正结果记录于“仪器校正卡”内，一式两份存于使用部门。

2. 仪器外协校正：有关精密仪器每年应定期由使用单位通过质量管理部或研发部申请委托校正，并填立“外协请修单”以确保仪器的精确度。

第九条 仪器使用与保养。

1. 仪器使用人进行各项检验时，应依据“检验规范”内的操作步骤操作，使用后应妥善保管与保养。

2. 特殊精密仪器使用部门主管应指定专人操作与负责管理，非指定操作人员不得任意使用（经主管核准者例外）。

3. 使用部门主管应负责检核各使用者操作正确性、日常保养与维护，如有不当的使用与操作应予以纠正并列入作业检验扣罚。

4. 各生产单位使用的仪器设备（如量规）由使用部门自行校正与保养，由质量管理部门不定期抽检。

5. 仪器保养。

（1）仪器保养人员应依据“年度维护计划”执行保养作业并将结果记录于“仪器维护卡”内。

（2）仪器外协修造：仪器保养人员基于设备、技术能力不足时，应填立“外表请修申请单”并呈主管核准后送采购办理外协修造。

原物料质量管理

第十条 原物料质量检验。

1. 原物料进入厂区时，库管单位应依据“资材管理办法”的规定办理收料，对需用仪器检验的原物料，开立“材料验收单（基板）”、“材料验收单（钻头）”及“材料验收单（一般）”，通知质量管理工程人员检验且质量管理工程人员于接获单据3日内，依原物料质量标准及检验规范的规定完成检验。

2. “材料验收单”（一般）、（基板）、（钻头）各一式五联检验完成后，第一联送购，核对无误后送会计整理付款，第二联会计存，第三联材料库存，第四联质量管理存，第五联送保税。且每次把检验结果记录于“供应厂商质量记录卡”，并每月根据原物料品名、规格、类别的结果统计于“供应商质量统计表”。

制造前质量条件复查

第十一条 制造通知单的审核（新客户、新流程、特殊产品）。

质量管理部主管收到“制造通知单”后，在1日内完成审核。

1. “制造通知单”的审核。

（1）定制料号——PC板类别的特殊要求是否符合公司制造规范。

（2）种类——客户提供的油墨颜色。

（3）底板——底板规格是否符合公司制造规范，使用于特殊要求者是否有特别注明。

（4）质量要求——各项质量要求是否明确，并符合本公司的质量规范，如有特殊质量要求是否可接受，是否需要先确认再确定产量。

（5）包装方式——是否符合本公司的包装规范，客户要求的特殊包装方式可否接受，外销订单的Shipping Mark及Side Mark是否明确表示。

（6）是否使用特殊的原物料。

2. 制造通知单审核后的处理。

（1）新开发产品、“试制通知单”及特殊物理、化学性质或尺寸外观要求的通知单应转交研发部提示有关制造条件等并签认，若确认其质量要求超出制造能力时应述明原因后，将“制造通知单”送回制造部办理退单，由营业部向客户说明。

（2）新开发产品若质量标准尚未制定时，应将“制造通知单”交研发部拟定加工条件及暂定质量标准，由研发部记录于“制造规范”上，作为制造部门生产及质量管理的依据。

第十二条　产前制造及质量标准复核。

1. 制造部门接到研发部送来的“制造规范”后，须由科长或组长先查核确认下列事项后始可进行生产：

（1）该制品是否订有“成品质量标准及检验规范”作为质量标准判定的依据。

（2）是否订有“标准操作规范”及“加工方法”。

2. 制造部门确认无误后于“制造规范”上签认，作为生产的依据。

制程质量管理

第十三条　制程质量检验。

1. 质检部门对各制程在制品均应依“在制品质量标准及检验规范”的规定实施质量检验，以提早发现异常，迅速处理，确保在制品质量。

2. 在制品质量检验依制程区分，由质量管理部 IPQC 负责检验：

（1）钻孔——IPQC 钻孔科日报表。

（2）修一——针对线路印刷检修后分 15 条以下及 15 条以上分别检验记录于 IPQC 修一日报表。

（3）修二——针对镀铜（Cu）锡（Sn/Pb）后 15 条以上分别检验记录于 IPQC 修二日报表。

（4）镀金——IPQC 镀金日报表。

（5）底片制造完成，正式钻孔前由质量管理工程科检验并记录于“底片检查要项”。

（6）其他如“喷锡板制程抽验管理日报表”、“QAI 进料抽验报告”、“S/M 抽验日报表”。

3. 质量管理工程科于制程中配合在制品的加工程序，负责加工条件的测试：

（1）钻头研磨后“规范检验”并记录于“钻头研磨检验报告”上。

（2）切片检验分 PIH、一次铜、二次铜及喷锡蚀铜。分别依检验规范检验并记录于（QAE Microsection Report）、（AQE Solderability Tes Report）等检验报告。

4. 各部门在制造过程中发现异常时，组长应立即追查原因，并加以处理后将异常原因、处理过程及改善对策等开立“异常处理单”至经理（副）指示后送质量管理部责任判定后送有关部门会签再送总经理室复核。

5. 质检人员于抽验中发现异常时，应反应单位主管处理并开立“异常处理单”且经理（副）核签后送有关部门处理改善。

6. 各生产部门依次检查及顺次点检发生质量异常时，如属其他部门所发生者以“异常处理单”反应处理。

7. 制程间半成品移转，如发现异常时以“异常处理单”反应处理。

第十四条　制程自主检查。

1. 制程中每一位作业人员均应对所生产的制品实施自主检查，遇质量异常时应即予挑出，如系重大或特殊异常应立即报告科长或组长，并开立“异常处理单”式四联，填列异常说明、原因分析及处理对策、送质量管理部门判定异常原因及责任发生部门后，依实际需要交有关部门会签。再送总经理室拟定责任归属及奖惩，如果有跨部门或责任不明确时送总经理批示。第一联总经理室存，第二联质量管理部门（生产管理），第三联合签部门，第四联经办部门。

2. 现场各级主管均有督促所属确实实施自主检查的责任，随时抽验所属各制程质量，一旦发现有不良或质量异常时应立即处理外，并追究相关人员疏忽的责任，以确保产品质量水准，降低异常重复发生。

3. 制程自主检查规定依据“制程自主检查实施办法”实施。

成品质量管理

第十五条　成品质量检验。

成品检验人员应依据“成品质量标准及检验规范”的规定实施质量检验，以提早发现，迅速处理以确保成品质量。

第十六条　出货检验。

每批产品出货前，品检单位应依据出货检验标示的规定进行检验，并将质量与包装检验结果填报“出货检验记录表”呈主管批示后依综合判定执行。

质异常反应及处理

第十七条　原物料质量异常反应。

1. 原物料进厂检验，在各项检验项目中，只要有一项以上异常时，无论其检验结果被判定为“合格”或“不合格”，检验部门的主管均须于说明栏内加以说明，并依据“资材管理办法”的规定呈核与处理。

2. 对于检验异常的原物料经核决主管核决使用时，质量管理部应依异常项目开立“异常处理单”送制造部经理室生产管理人员，安排生产时通知现场注意使用并由现场主管填报使用状况、成本影响及意见，经经理核签呈总经理批示后送采购单位与提供厂商交涉。

第十八条 在制品与成品质量异常反应及处理。

1. 在制品与成品在各项质量检验的执行过程中或生产过程中有异常时，应提报“异常处理单”，并应立即向有关人员反应质量异常情况，迅速采取措施处理解决，以确保质量。

2. 制造部门在制程中发现不良品时，除应依据正常程序追踪原因外，不良品当即剔除。以杜绝不良品流入下制程（以“废品报告单”提报，并经质量管理部复核才可报废）。

第十九条 制程间质量异常反应。

收料部门组长在制程自主检查中发现供料部门供应在制品质量不合格时，应填写“异常处理单”详述异常原因，连同样品，经报告科长后送经理室绩效组登记（列入追踪）后。送经理室品保组人员召集收料部门及供料部门人员共同检查料品异常项目、数量并拟定处理对策及追查责任归属部门（或个人）并呈经理批示后，第一联送总经理室催办及督促料品处理及异常改善结果，第二联送生产管理组（质量管理部）做生产安排及调度，第三联送收料部门（会签部门）依批示办理，第四联送回供料部门。制造科召集机班人员检查改善并依批示办理后，送经理室品保组存，绩效组重新核算生产绩效及督促异常改善结果。

成品出厂前的质量管理

第二十条 成品缴库管理。

1. 质量管理部门主管对预定缴库的批号，应逐项依“制造流程卡”、“QAI进料抽验报告”及有关资料审核确认后始可办理缴库作业。

2. 质量管理部门人员对于缴库前的成品应抽检，若有质量不合格的批号，超过管理范围时，应填写“异常处理单”详述异常情况及附样并拟定料品处理方式，呈经理批示后，交有关部门处理及改善。

3. 质量管理人员对复检不合格的批号，如经理无法裁决时，把“异常处理单”呈总经理批示。

第二十一条 检验报告申请作业。

1. 客户要求提供产品检验报告者，营业人员应填报“检验报告申请单”一式一联说明理由、检验项目理由，检验项目及质量要求后送总经理室产销组。

2. 总经理室产销组人员接获“检验报告申请单”时，应转经理室生产管理人员（质量要求超出公司成品质量标准者，须交研发部）研判是否出具“检验报告”，呈经理核签后把“检验报告申请单”送总经理，转送质量管理部。

3. 质量管理部接获“检验报告申请单”后，于制造后取样做成品物性实验，并依据要求检验项目后将检验结果填入“检验报告表”一式二联，经主管核签后，第一联连同“检验报告申请单”送总经理产销组，第二联自存凭以签认成品缴库。

4. 特殊物、物性的检验。质量管理部接获“检验报告申请单”后，会同研发部于制造后取样检验，质量管理部人员将检验结果转填于“检验报告表”一式二联，经主管核签，第一联连同“检验报告申请表”送产销组。第二联自存。

5. 产销组人员在接获质量管理部人员送来的“检验报告表”第一联及“检验报告申请单”后，应依“检验报告表”资料及参酌“检验报告申请单”的客户要求。复印一份呈主管核签，并盖上“产品检验专用章”后送营业部门转客户。

产品质量确认

第二十二条　质量确认时机。

经理室生产管理人员于安排“生产进度表”或“制作规范”生产中遇有下列情况时，应将“制作规范”或经理批示送确认的“异常处理单”由质量管理部门人员取样确认并将供确认项目及内容填立于“质量确认表”，连同确认样品送营业部门转交客户确认。

1. 批量生产前的质量确认。

2. 客户要求质量确认。

3. 客户附样与制品材质不同者。

4. 客户附样的印刷线路非本公司或要求不同者。

5. 生产或质量异常致产品发生规格、物性或其他差异者。

6. 经经理或总经理指示送确认者。

第二十三条　确认样品的生产、取样与制作。

1. 确认样品的生产。

(1) 若客户要求确认底片者由研发部制作供确认。

(2) 若客户要求确认印刷线路、传送效果者，经理室生产管理组应制作供确认。

2. 确认样品的取样。

质量管理部人员应取样二份，一份存质量管理部，另一份连同“质量确认表”交由业务部送客户确认。

第二十四条　质量确认书的开立作业。

1. 质量确认书的开立。

质量管理部人员在取样后应印填“质量确认表”一式二份，编号连同样品呈经理核签并于“质量确认表”上加盖“质量确认专用章”转交研发部及生产管理人员，且在“生产进度表”上注明“确认日期”后转交业务部门。

2. 客户进厂确认的作业方式。

客户进厂确认需开立“质量确认表”，质量管理人员并要求客户于确认，并且经理核签后通知生产管理人员排制，客户确认不合格拒收时，由质量管理部人员填报“异常处理单”呈经理批示，并依据批示办理。

第二十五条 质量确认处理期限及追踪。

1. 处理期限。

营业部门接获质量管理部或研发部送来确认的样品应于2日内转送客户。质量确认日数规定国内客户5日，国外客户10日，但客户如需装配试验始可确认者，其确认日数为50日，设定日数以出厂日为基准。

2. 质量确认追踪。

质量管理部人员对于未如期完成确认者，且已逾2天以上者时，应以便函反映给营业部门，以掌握确认动态及订单生产。

3. 质量确认的结案。

质量管理部人员于接获营业部门送回经客户确认的“质量确认表”后，应即在经理室生产管理人员于“生产进度表”上注明确认完成并以安排生产，如客户不合格时应检查是否补（试）制。

质量异常分析改善

第二十六条 制程质量异常改善。

“异常处理单”经经理列入改善者，由经理室品保组登记，交由改善执行部门依“异常处理单”所拟的改善对策确实执行，并定期提出报告，会同有关部门检查改善结果。

第二十七条 质量异常统计分析。

1. 质量管理部每日依IPQc抽查记录统计异常料号、项目及数量汇总编制“各机班、料号不良分析日报表”送经理核实后，送制造部一份以了解每日质量异常情况，以拟改善措施。

2. 质量管理部每周依据每日抽检编制的“各机班、料号不良分析日报表”将异常项目汇总编制“抽检异常周报”送总经理室、制造部品保组并由制造科召集各机班针对主要异常项目、发生原因及措施检查。

3. 各科生产中发生异常时拟报废的PC板，应填报“成品报废单”会质量管理部MPB确认后始可报废，且每月5日前由质量管理部汇部填报“制程料号别报废原因统计表”送有关部门检查改善。

第二十八条 质量管理圈活动。

为培养基层干部的领导统御及领导能力以促进自我启发提高人员的工作士气及质量意识，以团队精神共谋产品质量的改善，公司内各部门得组成质量管理圈，以推动改善工作。

附则

第二十九条 实施与修订。

本细则呈总经理核准后实施，增补修改亦同。

三、企业质量管理办法

（一）概念

产品质量是企业发展的生命，没有优秀的产品质量，就不可能有足够的竞争力，就不能占领市场、赢得市场。国家从保护消费者的合法权益角度出发，也特别强调产品质量管理，制定了大量的有关产品质量的标准、法规和规章制度。同时大力推行ISO9000系列的质量达标活动，目的就是在生产环节抓好产品质量。

企业的产品质量管理重在制度建设。不仅要有一套完善的制度，也要有保证这些制度顺利执行的手段。因而，制定相应的管理办法是质量管理的一项基础性工作。

（二）主要内容

该办法的主要内容包括：

（1）质量管理组织体系，明确公司产品质量管理机构的设置、人员的配备、人员素质的要求等。

（2）产品质量标准，有国家标准的应当适用国家标准；没有国家标准的，适用行业标准；没有国家标准和行业标准的，企业应当有自己的生产标准。

（3）产品检验，明确产品检验的程序、检验的责任等。

（4）产品质量责任。如范例《××公司产品质量管理办法》的写作，首先是总则；其次是主管部门、质检员、质检员的职责、质检程序；再次是产品质量的要求、对不合格产品的处理、责任、制度、质量认证；最后是附则。内容全面具体，表述准确，很有参考性。

（三）制作要求

制定该办法应当注意的问题有：

（1）要考虑企业的产品质量体系，合理确定产品质量管理规章的适用范围。要从完善企业质量管理规章体系的角度出发，针对本企业的不同产品、不同流程，做出符合公司实际需要的规定，便于遵守和执行。

（2）产品质量管理规章要与国家的产品质量管理法律法规配套协调，不得违反国家法律法规的强制性规定，规章的要求可以高于法律法规，但不能低于法律法规规定的标准。

（3）责任要明确，特别是质检人员的产品质量检验更要贯彻严格执法的原则，不得有丝毫的马虎。对于质检员的过错造成产品质量问题的，要追究其相应的法律责任。

（4）要考虑在此规章之下的配套规章的制定。允许各部门根据该办法制定相应的细则，对生产过程中的每个细节都做出要求，防止出现质量管理漏洞。

（四）范例

××公司产品质量管理办法

20××年×月×日发布（××）财字第××

一、总则

1. 为加强对本公司的产品质量管理，根据国家有关法律法规的规定，制定本办法。

2. 本办法适用于全公司的各个生产环节。各车间根据本办法可以制定相应的管理细则。

二、主管部门

公司产品质量检验部（以下简称质检部）为产品质量综合归口管理部门。

三、质检员

1. 生产部、调度部、市场部设专职质检员1名。

2. 各车间班组根据工作需要可以设立专兼职质量管理员，负责本单位的产品质量管理。

3. 专兼职质检员名单报产品质检部备案。未经质检部同意，不得随意变更质检员。

4. 质检员职务津贴由财务部另行规定。

四、上岗证

1. 为提高质检员业务素质，质检员实行上岗证制度。未取得上岗证的，不得担任从事质检工作。

2. 质检员取得上岗证的条件是：

（1）热爱质检工作，身体健康；

（2）具有中专以上学历，具有一定的质量管理知识和经验。

3. 经所在单位推荐并经考试合格后，发给上岗证。

五、业务培训

1. 为保证质量检验工作的顺利开展，质检部应当定期对质检员进行业务培训。

2. 质检员业务学习每年不得少于24个学时。经过培训并考试合格的，方可继续担任质检员。

六、质检员的职责

1. 质检员负责本部门的产品质量监督检查工作。质检员应当坚持原则，杜绝不合格产品流向社会。

2. 质检员基本权利是：

（1）有权对产品质量提出异议；

（2）有权拒绝对不合格产品签发合格证；

（3）有权调取与产品质量相关的资料，任何人不得阻拦。

3. 质检员的基本义务是：

（1）坚持原则，不弄虚作假。

（2）严格执行法律法规的规定，把好质量关。

七、质检程序

1. 本公司产品实行三级检验制度：初级检验、中级检验和最终检验。

（1）对产品各独立部件进行检验属于初级检验，由生产部的质检员负责检验；

（2）对未出厂的成品进行的检验属于中级检验，由装配部的质检员负责检验；

（3）在出厂装箱时的检验为最终检验，由市场部的质检员负责检验。

2. 未经检验的产品，不得销售。

八、检验标准

1. 国家标准（写明名称、发布时间、适用范围）。

2. 行业标准（写明名称、发布时间、适用范围）。

3. 本公司标准（写明名称、发布时间、适用范围）。

九、产品质量的基本要求

1. 不存在危及人身、财产安全的不合理的危险，有保障人体健康和人身、财产安全的国家标准、行业标准的，应当符合该标准。

2. 具备产品应当具备的使用性能，但是，对产品存在使用性能的瑕疵做出说明的除外。

3. 符合在产品或者其包装上注明采用的产品标准，符合以产品说明、实物样品等方式表明的质量状况。

4. 产品或者其包装上的标识必须真实，并符合下列要求：

（1）有产品质量检验合格证明。

（2）有中文标明的产品名称、生产厂厂名和厂址。

（3）根据产品的特点和使用要求，需要标明产品规格、等级、所含主要成分的名称和含量的，用中文相应予以标明；需要事先让消费者知晓的，应当在外包装上标明或者预先向消费者提供有关资料。

（4）限期使用的产品，应当在显著位置清晰地标明生产日期和安全使用期或者失效日期。

5. 使用不当容易造成产品本身损坏或者可能危及人身、财产安全的产品，应当有警示标志或者中文警示说明。

6. 裸装的食品和其他根据产品的特点难以附加标识的裸装产品，可以不附加产品标识。

7. 易碎、易燃、易爆、有毒、有腐蚀性、有放射性等危险物品以及储运中不能倒置和其他有特殊要求的产品，其包装质量必须符合相应要求，依照国家有关规定做出警示标志或者中文警示说明，标明储运注意事项。

十、对不合格产品的处理

1. 质检员检验不合格之产品，要统一登记编号，记录生产单位、工员、时间、不合格的原因、处理建议等。

2. 处理意见分为以下三种：

（1）返修；

（2）更换零部件；

（3）报废。

十一、责任

1. 当班产品合格率低于98%的，扣当班负责人和责任人当月奖金；低于95%，直接责任人停工待岗。

2. 因质检员的责任未能检验出不合格产品而造成消费者损害的，质检员除了停止质检工作外，并扣当月奖金。

十二、制度

质检部要完善产品质量管理制度，明确职责，加强管理，提高产品合格率。

（说明：具体制度根据不同产品应有不同的规定）

十三、质量认证

质检部要积极做好质量认证工作。

十四、附则

1. 本办法经董事会讨论通过后，由总经理颁布实施。

2. 本办法自20××年×月×日起施行。

四、质量记录

（一）概念

质量记录是为已完成的活动或达到的结果提供客观证据的规范性文件。它是为证明满足质量要求的程序或质量体系要素运行的有效性提供客观证据，其目的是证实可追溯性、预防措施和纠正措施，此种文案可以以书面形式表现，也可以储存在任何媒体上。

（二）内容与写法

质量记录内容的编制可分为以下几个阶段：

1. 准备阶段
2. 表卡设计阶段
3. 汇编校审阶段等

从信息管理角度来看，质量记录在编制时必须达到以下要求：

1. 系统完整性
2. 规范标准化
3. 经济适用性
4. 可追溯性

（三）范例

××××机床成品检验记录

机床名称　　　　××××

出厂号××××

机床号××××

总装工作者	检验员	检验日期
随机附件、工具工作者	检验员	检验日期
随机技术文件工作者	检验员	检验日期
包装工作者	检验员	检验日期

主要部件装配：

床身编号	工作者	检验员	检验日期
工作台编号	工作者	检验员	检验日期
升降台编号	工作者	检验员	检验日期

主轴编号　　　　工作者　　　　检验员　　　　检验日期

注：检验项目略。

五、质量分析报告

（一）概念

质量分析报告是分析产品质量优劣的成因，并提出改进意见的书面材料。它可以使企业质量管理部门及时发现产品现有或潜在的质量问题，从而促使他们尽早采取有效的针对措施，防止经济纠纷，提高效益。同时，质量分析报告还是制作经济处罚文书的重要依据之一。

（二）结构与写法

质量分析报告的结构一般来说由标题、导语、主体等构成。

（1）标题。一般由被分析对象、分析期和文种名称三部分组成。

（2）导语。主要任务在于介绍质量分析的起因或目的。

（3）主体。一般包括介绍情况、剖析原因和提出建议三部分组成。介绍情况部分包括对介绍产品是否有安全隐患、是否有使用性能、包装是否有瑕疵等。剖析原因部分，主要针对部分成绩或问题科学地分析其原因。在提供建议部分中，必须针对产品质量优劣形成的原因提出相应的建议，这是写作质量分析报告的归宿和目的。

（三）范例

××产品质量分析报告

××省纺织科学研究所和××市色织厂共同研制的新产品××，已试生产出3600个。主要质量指标达到了纺织工业部标准。下面就试制中的质量问题作如下分析：

一、质量管理体系

××色织厂是一个老厂，现有在职职工××人，生产系统有纺纱、染纱、准备、织造、整理的功能主要车间。从纺纱到成品形成了一条较完整的生产线，多年来以外贸出口产品为主，今年为百分之百出口。20××年出口合格率为××%，20××年1~6月份出口合格率为××%，比20××年同期增长××%。多年来从生产和质量管理上积累了较丰富的经验。厂里有一个与生产相适应的质量管理体系，全厂有专职质量管理和检验人员××人，占全厂在职人数的××%。由厂长和工程师主抓质量工作。质量检查科具体负责各车间的产品质量，各生产车间的关键环节均设有质量检查网点，同时由质量检查科派出人员专职监督和抽查，实行三级检验，并在原传统的管理基础上吸取了先进的全面质量管理方法，把质量工作同经济责任制结合起来，同时开展了创建“双文明活动”，建立了百分考核制，在试制新产品过程中，又增加了质量管理人员，并在中层科室和车间干部中举办了全面质量管理学习班。对全厂职工进行了考试和考核，从而在质量管理体系上确保了新产品的质量。

二、质量保证措施

为了严格控制和保证产品质量，我们从预防着手，制定了《××××新产品质量管理规定》，从原料、原纱一进厂就进行化验、测试，为以后的试产提供依据。在新产品试制中，我们充分发挥车间和职能科室的配合作用和各检测网点的把关作用，同时广泛宣传防静电新产品的意义，启发工人的主人翁责任感。每周定期召开一次质量分析会，预测分析和处理生产中发生的问题。例如，开始上机试织时，由于防静电纱线和涤粘纱线色彩差异较小，挡车工不易分辨，我们马上进行现场分析，采用了防静电纱线加染浅色，避免和防止了错纬现象，同时产品每生产一批均送交××省纺织科学研究所杨树元副总工程师亲访用户，及时把质量信息反馈给色织厂。

三、质量水平分析

（一）下机质量及入库质量（略）

（二）物理指标（略）

（三）染色牢度（略）

（四）防静电性能指标（略）

上述情况说明，××××的主要指标达到了纺织工业部的标准，防静电性能指标明显优于日本同类产品的性能指标，具有良好的防静电性能。因此，××××的生产工艺是可行的，试制是成功的，水平是先进的，填补了我省工业用布生产的一项空白。

四、问题和方向

××××的试制虽取得了较好的效果，但也还存在一些问题，例如：初试时由于批量较小，受后整理厂加工条件和经验的限制，在后整理加工中出现了一些色差，使织物成品美中不足，目前，此问题已找到解决的办法。

今后，我们决定进一步加强全面质量管理，严把质量关。同时对产品的结构、性能进行进一步的研究，根据市场的变化情况，由单一功能向多功能方向发展，满足国内和国际市场的各种不同需要。

××省××厂
××××年××月

六、质量管理咨询报告

（一）概念

质量管理咨询活动是质量管理中的一项重要内容，它是企业组织或邀请专家小组围绕企业的质量方针、目标、体系、组织进行现状调查，然后分析、评价，找出问题的症结，从而提出改进措施或建议的一种活动。质量管理咨询报告就是专家组的书面意见，它为企业进一步深化质量管理、制定整改方案和实施计划提供了文字依据。

依照咨询的主体关系划分，可分为自我咨询报告和外部咨询报告两种。

按照咨询的范围划分，可分为综合咨询报告和专题咨询报告。

（二）写作方法

质量管理咨询报告根据不同的分类，其格式构成也不相同：

1. 综合咨询报告

（1）序言。序言部分主要说明咨询的背景、咨询机构的组成及分工情况，咨询的主要内容和性质，以及咨询的方法和步骤。

（2）企业概况。企业概况部分主要介绍工厂的基本面貌。着重分析企业在推行全面质量管理中取得的经验和成效。

（3）专题咨询报告。专题咨询报告一般为附件放在综合咨询报告的后面。

（4）综合分析和改善建议。综合分析和改善建议是报告的主体，要突出重点地指出企业在质量管理工作中存在的问题，深入分析产生问题的原因，针对性地提出改进的建议和意见。这些建议和意见应当具体、实用、便于实施。

（5）结语。结语是对整个咨询过程提出结论性意见并表示自己的态度。

（6）落款。落款，即署上咨询机构的名称，列出咨询专家小组名单，写明咨询报告成文的日期。

2. 专题咨询报告

专题咨询报告主要由以下部分组成：

（1）引言。引言部分主要是说明某一个专题的质量管理要求。

（2）现状与问题点。现状与问题点则要详细地介绍和分析质量管理工作在这个部门或环节中存在的问题。找出的问题要准确，分析要中肯，要靠事实和数据说话。

（3）改善建议。改善建议部分是针对问题点而提出的具体可行的办法和措施。

质量管理咨询报告直接关系到质量管理工作的顺利进行。并对质量管理的结果产生直接的影响。因而质量管理咨询报告必须严格依照以下写作要求进行正确书写制作：

（1）质量挂历咨询报告要符合咨询的程序和步骤。

（2）掌握咨询的方法是撰写咨询报告的必要条件。正确地掌握和运用咨询的方法，能使咨询的准确性和成功率高得多。

（3）咨询报告要写得充实、深刻、有说服力。特别注意的是，现状评价要以事实为依据、用数据说话；措施办法应切合企业实际；咨询建议不应强加于人。

（4）撰写咨询报告在收集有关资料时应注意全面、具体、准确。

（三）范例

关于××锻压机床厂质量管理咨询报告

一、序言

由锻压机床厂 8 月份向中国机械质量管理协会提出邀请，要求对该厂质量管理工作进行咨询活动。中国机械质量管理协会根据锻压机床厂的要求，组织咨询小组于20××年 12 月 13 日至19 日进行了为期7 天的咨询服务活动。

锻压机床厂要求我们进行以下几方面的咨询：

（1）寻求适合该厂生产特点行之有效的制造过程中质量控制方法，确保产品制造质量稳定。

（2）寻求落实质量职能、质量责任的有效方法，提高“八大质量职能”的有效性。

（3）质量职能活动在经济责任内如何进行考核，并能体现质量否决权。

（4）企业如何进行质量成本管理、质量审核、质量信息管理，从而保证质量改进手段正确开展。

（5）寻求适合该企业的质量管理模式，建立完整的质量管理体系。使该厂的质量管理水平在明年内达到部质量管理奖评审条件的要求。

咨询小组根据企业要求的咨询内容，认为属于综合性咨询。

咨询小组由济南铸锻机械研究所钟××（组长）、上海电表厂赵××、成都量具厂黄××、哈尔滨第一工具厂马××、湖北省机械厅范××等同志组成。湖北省机械质量管理协会还委派了沙市第一机床厂徐××、沙市第二机床厂陈××、黄石机械行业办公室吴××等同志参加了咨询活动。

咨询小组按综合咨询的要求和人员情况分成三个专题咨询小组。第一个专题小组由马××同志负责，徐××同志参加，负责质量管理手段的咨询活动；第二个专题咨询小组由赵××同志负责，陈××同志参加，负责市场研究、设计开发、销售、服务四个质量职能以及质量奖惩、质量否决权等方面的咨询活动；第三个专题咨询小组由黄××同志负责，吴××同志参加负责生产技术准备、采购、制造、检验等质量职能的咨询活动。

咨询组对××锻压机床厂分五个阶段进行工作：

(1) 咨询准备阶段：在这个阶段内听取了企业对咨询企业对咨询内容的要求和企业推行全面质量管理的情况介绍并观看了全厂，对产品生产过程和组织生产的状况进行了解。

各专题咨询小组制订了咨询提纲。

(2) 现状调查阶段：各专题咨询小组按各自的咨询提纲，采取查看有关资料和制度、找当事人咨询、现场测定等方法，与企业有关人员一起确认质量职能活动及质量管理手段应用中存在的问题点和好的经验。

(3) 分析评价阶段：在确认问题点的基础上进行分析评价，对主要的问题点提出专题咨询报告。

(4) 综合评价阶段：在各专题咨询小组的评价和改进建议的基础上进行了综合评价和提出改善方案。

(5) 辅导实施阶段：为了使企业各级人员能更方便地弄清概念，制订好整改措施计划，咨询小组开展了开发设计质量职能、质量成本管理、质量否决权、质量改进、质量审核、质量信息管理、进货检验、工序质量控制、质量组织、质量职能分配与落实等专题讲解活动。咨询人员结合工厂实际情况在咨询过程中向有关人员讲述了一些开展、改进质量管理活动实施方法和建议，深受他们的欢迎。

在这五个阶段中，我们共查阅了制度、质量控制文件、原始凭证等资料96份，走访企业有关领导和职工46人，查看现场46处，确认的问题点、质量职能活动方面共65个，质量管理手段方面48个，提出专题咨询报告16份。并就质量组织与质量职能的落实问题单独与厂长交换了意见，取得了良好的效果。

二、企业概况

1. 基本整体概况（略）

2. 推行全面质量管理取得的经验和成效（略）

三、专题咨询报告

(1) 市场研究、设计开发、销售、服务、质量奖惩、质量否决专题咨询报告；

(2) 质量管理手段专题咨询报告；

(3) 生产技术、采购、制造、检验专题咨询报告。

四、咨询活动综合分析

1. 质量管理体制要进一步完善。

2. 企业的“八大”质量职能要分配落实好，为此必须依据以下要求，进行合理分工。

3. 加强质量职能活动的组织和协调工作。

4. 正确采用质量管理手段，把企业质量管理引向深化、科学化。

五、针对问题点的改进意见

1. 工厂方针目标管理。

2. 质量信息管理。

3. 质量成本管理。

4. 质量审核、质量改进。

5. 关于质量管理体系。

综上所述咨询服务小组总的认为，××锻压机床厂的质量管理推行工作有一定基础，积累不少经验，况且职工队伍素质好，企业领导质量意识、管理意识较强，虽然目前质量管理工作还存在一些问题，但只要认真按咨询报告的要求制订整改方案措施，实施和计划进行整改，会大大提高质量管理水平，从而达到企业质量管理奖评审条件的要求。

附：（略）

七、质量监督检查报告

（一）概念

质量监督检查报告是企业或质量管理监督部门根据生产计划和产品标准化的要求，对产品的形式、发展、使用等各个环节的质量活动进行监督、检查、分析、研究后写出的文字资料。

（二）内容与写法

质量监督检查报告的内容及写法：

（1）介绍被检查者的自然情况；

（2）检查内容及程序；

（3）检查结果；

（4）找出影响质量的原因；

（5）提出具体可行的解决办法及建议。

写作质量监督检查报告时，必须把握以下写作要求：

（1）实事求是，客观反映情况；

（2）科学地进行比较；

（3）坚持质量第一、用户第一、预防第一的原则，分析原因，并提出建议。

（三）范例

电视机质量检测分析报告

2个月以来，我们对北京、河北、天津、上海等10省市的29个生产企业和32种型号的电视机进行了抽检。被抽查的有生产名牌产品的企业，也有生产电视机的骨干企业，还有电视机产量不大的一般企业。

抽查的项目有：开箱检查、常温性测量、安全试验、机械试验等。检查的样机是企业在生产线或仓库里随机抽取，并将抽检的样机就地进行开箱检查。开箱检查的内容为：外观、功能、安全3项。这次抽样要求产品开箱质量合格水平Q大于或等于90。开箱结果表明，大多数电视机开箱合格水平Q达到要求，仅×××无线电厂的××牌35H—2型电视机开箱不合格。

电视机常温性能共有44项基本参数。这次抽查中选测重点项目有：伴音灵敏度、扫描及电源、电路在伴音通道中产生的噪声、图像有限噪声灵敏度、选择性、中频抑制比、假像抑制比、自动增益控制作用、图像分辨力、亮度鉴别等级、伴音通道最大有用电输出功率、电源消耗功率12项基本参数。每一种型号测量3台样机，每台样机分别选设1、12、25三个频道，共计69个数据。在抽查产品的96.90%，只有××电视机厂的××牌35BD－6B型不合格。

安全试验是抽查电视机质量的一个主要项目，它的试验内容多而复杂。这次重点抽查标记防触电、搞电强度试验、电源线及安装、放火试验4项的主要指标。考虑到产品安全对用户的重要性，特规定在防触电检查、搞电强度试验、防火试验3项的主要指标。考虑到产品安全对用户的重要性，特规定在防触电检查、搞电强度试验、防火试验3项中只要有1项达不到安全标准要求，即判该产品不合格。抽查的32种型号的电视机中，有30种型号安全试验合格，合格率占被检查产品的93.80%。安全实验不合格的产品是：×××无线电厂的××牌JD35－25V型和××电视机厂的××牌35BD－6B型。

机械试验分为机械振动试验和跌落实验2项。试验用机3台，先将样机不带包装置于扫频振动台上做振动试验，振动试验完毕后，检查样机是否出现缺陷，然后恢复包装，根据样机毛重，确定跌落高度，进行三面体的自由落体跌落试验，试验完毕后，检查样机是否出现缺陷。在检查的32种型号的电视机中，有30种型号机械试验合格，不合格的产品是××无线电厂的××牌35D2－U－H型和××电视机厂的××牌C－441U型。

广播电视工业产品质量检测中心
200×年×月×日

八、项目质量手册

（一）概念

项目质量手册是为了阐明一个组织的质量方针并描述其质量体系而编制的文件。它是项目管理过程中质量管理的依据，是建立项目完整的质量体系的必备文件。

（二）内容与写法

一般而言，质量手册由封面、目录、概述、正文以及补充等部分组成，各部分内容如下：

（1）封面。它包括手册标题、版本号、组织名称、文件编号、手册编号五方面的内容。

（2）目录。一般由章号、章名、页次组成。

（3）概述。此部分一般包括批准页、前言、组织概况、质量方针政策、引用文件、术语及编号以及手册管理说明。

（4）正文。它包括组织结构、质量职责和其他要素。

（5）补充。由附录和附加说明两部分组成。

（三）范例

××公司质量手册

一、目录（略）

二、修改记录（略）

三、公司概要（略）

四、公司质量体系（概要）

1. 管理职责

（1）质量方针。

（2）组织。

2. 质量体系

3. 合同评审

必须依据 ISO9001“合同评审”的要求实施下列各项内容。

（1）订货咨询。

（2）新产品订货的确认。

（3）现有产品的追加规则。

4. 设计控制

5. 采购

关于采购必须包括如下内容要点：

（1）总则。

供应科长负有使采购品适合标准要求事项的责任。

（2）分供方的评定。

（3）采购文件。

（4）采购物资的验证。

6. 文件控制

公司发布的所有质量文件均作为标准文件来管理。

（1）文件批准和发布。

（2）文件更改。

7. 需方提供的物资

关于对需方提供的物资进行管理的要点。

（1）顾客提供的物资，由仓库科长负责保管，并不断流转。

（2）这些物资不作为公司的接收检验对象。

（3）提供物资，都用特定字母、文字规定其编号。

（4）需方提供的物资，通常作为接收物资在仓库中分别保管。

（5）有关需方提供的物资管理的详细说明，在仓库保管程序里有规定。

8. 工序控制

（1）总则。

（2）特殊工序。

9. 产品标识和可追溯性

简述关于产品标识和可追溯性。

（1）所有的装配件均应有特殊的标记或颜色，据此来加以识别，这些标记或颜色应依据用户的要求或公司规程来制定。

（2）根据合同书的要求来决定可追溯性的程度。以便按顺序号、批号、日期等实施追溯。

关于产品的标识和可追溯体系记载在质量计划书里。

（3）记录并保存每个产品的标识，以便追溯。

10. 检验和试验

关于检验和实验的要点，叙述如下：

（1）进货检验和试验。

（2）工序检验和试验。

（3）最终检验和试验。

（4）检验和试验记录。

把按标准接受检查、试验的合格证据，制成记录加以保管。

11. 检验、测量和试验设备

12. 检验和试验状态

13. 不合格品的控制

叙述关于不合格品的标识、记录、评价、隔离和处置的具体方法，每个部门的程序中都要详细制定进货、制造成品、退货中不合格品的管理办法。

14. 纠正措施

叙述公司对于纠正措施的考虑方法，内容必须包括以下几点：

（1）调查产生不合格品的原因，并研究防止再发生所需要的十分有效并切实可行的纠正措施。

（2）为查明和消除不合格品的潜在原因，对全部过程、操作、特别采用、质量记录服务报告和顾客投诉进行分析。

（3）更改有关规程并加以记录。

15. 搬运、包装、储存和交付

16. 内部质量审核

叙述作为质量体系评估审核前提的内部质量审核要点。

（1）管理者定期对公司内的质量体系实施审核，以确认质量体系是否在有效地运行。

（2）根据各项活动的实际情况和重要性来安排审核的顺序。

17. 质量记录

18. 培训

19. 售后服务

××公司虽然是OEM生产厂，但合同对售后服务没有特别的要求，此项在质量手册中无记载。

20. 统计技术

把公司中运用的主要统计方法叙述如下，主要有以下内容：

（1）总则。

在适当的情况下，为验证工序能力和产品特性是否能接受，而采用必要的统计方法。

（2）进货检验。

用BS6001中技术的抽样方法进行，由质量科长负责实施。

（3）工序控制。

运用在质量计划书中规定的QC工序表，由制造科长负责实施。

（4）成品检验。

由质量科长按照在产品质量计划中规定的BS6001成品抽样计划实施成品检验。

九、项目质量计划

（一）概念

项目质量计划是指为确定项目应该达到的质量标准和如何达到这些项目质量标准而做的项目质量的计划与安排。项目质量计划是质量策划的结果之一。它规定与项目相关的质量标准，如何满足这些标准，由谁及何时应使用哪些程序和相关资源。

项目质量计划工作的成果：项目质量计划、项目质量工作说明、质量核检清单、可用于其他管理的信息。

（二）内容与写法

质量计划的内容应以系列标准的要求或组织的质量体系文件为依据，通常包括下列内容：

1. 质量计划的目的

质量计划的目的主要是指：

（1）质量计划的有效期。

（2）质量目标。计划中所规定的质量目标应尽可能便于检查和评价。

（3）所适用的产品、项目或合同。

2. 领导的职责

在质量计划中应对组织中主要人员的职责作出明确的规定，包括下列内容：

（1）保证特定的质量体系或合同所要求的活动均有计划地实施和控制，并且使活动的进程处于监控之下。

（2）将特定产品、项目或合同的有关要求传递给有关职能部门、分供方和顾客，明确这些接口之间的联络要求并及时解决所产生的问题。

（3）及时处理有关质量体系要素的让步请求。

（4）对审核结果进行评定。

（5）采取实施纠正与预防措施。

3. 合同评审

质量计划应规定何时、何人以何种方式对产品、项目或合同的特定要求进行评审，以及具体规定如何将评审结果编写成文件，如何解决相抵触的条文或模糊不清的要求。

4. 文件控制

在文件控制方面，质量计划应包括以下规定：

（1）提供和控制何种文件。

（2）标识文件的方法，以便能及时迅速地确定文件和质量计划的关系。

（3）何人、何时、以何种方式确认和验证设计输出的符合性，如何对这些活动进行控制并将其形成文件。必要时，质量计划还应对顾客介入设计活动的程度作出规定。并且，质量计划还应引用相应法规、标准和规范进行设计控制。

5. 采购

在采购方面，质量计划应包括如下内容：

（1）从分供方面采购的重要产品以及相应的质量保证要求。

（2）对分供方的质量计划要求。

（3）选择、评价和控制分供方的方法。

（4）满足采购产品法规要求的方法。

6. 产品标识和可追溯性

当有可追溯性要求时，质量计划对以下事项应作出规定：

（1）追溯性的范围和程度，以及如何标识有关的产品。

（2）如何确定合同法规所需的追溯性要求，以及如何将这些要求形成文件。

（3）为满足追溯性要求，需产成哪些记录，以及如何分发并控制这些记录。

7. 需方提供的产品

在质量计划中，对需方提供的产品应对以下事项作出规定：

（1）如何标识并控制需方提供的产品（如材料、工具、软件程序、资料或服务）。

（2）验证需方提供的产品满足规定要求的方法。

（3）处置不合格品的方法。

8. 过程控制

在过程控制方面，质量计划至少应对以下事项作出规定：

（1）引用的有关质量体系程序文件和作业指导书。

（2）对过程和产品特性进行监控的方法。

（3）工艺准则。

（4）需采用的特殊过程及鉴定合格的过程和有关人员。

（5）为达到特定要求所用的工具、技术和方法。

9. 安装

当有安装要求时，质量计划应规定如何安装产品及需要验证哪些特性。

10. 搬运、储存、包装和防护

在搬运、储存、包装和防护方面，质量计划应规定以下内容：

（1）怎样满足搬运、储存、包装和防护要求。

（2）在确保不减低产品特性的情况下，怎样将产品交付到指定地点。

11. 检验、测量和试验设备

质量计划应对产品、项目或合同中所用的检验、测量和试验设备的控制系统作出规定，主要包括：①设备标识。②校正方法。③标明和记录校准状态的方法。④需保存哪些设备使用记录，以便一旦发现设备失准，能及时确定以前测试结果的有效性。

12. 检验和试验

在检验和试验方面，质量计划应对以下各项有所规定：

（1）如何验证分供方的产品是否符合规定要求。

（2）各检验和试验点在工序中的位置。

（3）在每个检验和试验点需检验和试验的特性、采用的程序、验收准则及必需的专用工具、技术和人员资格。

（4）需方对产品或过程所选定的亲自见证点或验证点。

（5）法律部门要求进行或亲临的试验或检验点。即规定在何处、何时、按何种方式根据供方、需方或法规要求，由第三方进行以下各项试验、验证或认可：①型式试验；②见证试验；③产品验证；④原材料、产品、过程或人员认可。

13. 不合格品

质量计划应对不合格品作出具体规定，应包括以下内容：

（1）如何对不合格品进行标识或隔离，以防误用。

（2）具体规定对允许返工的类型或程度。

（3）在何种情况下，以何种方式就不合格品提出让步要求。当有这种要求时，质量计划对有关问题应明确指出，主要包括：①谁有权提出让步要求；②以何种方式提出让步要求；③需提供何种资料，以何种方式提供；④由谁负责接受或拒绝这些让步要求。

14. 服务

质量计划应规定供方如何保证满足需方相应的服务要求，主要包括：①法律和法规要求；②行业规范和惯例要求；③服务协议要求；④需方人员的培训要求等。

15. 培训

质量计划应阐明过程操作人员、服务人员的培训要求以及如何满足这些要求，如何记录培训情况。培训内容主要包括：①新职员培训；②按新的或修订的操作方法对现有员工进行培训。

16. 质量记录和统计技术

质量计划应规定如何控制产品、项目或合同相应的记录和统计，主要包括以下内容：

（1）由何人在何处在多长时间内保存何种记录。

（2）法律或法规有何种要求，如何满足这些要求。

（3）记录采用何种媒介形式。

（4）记录的清晰度、储存、检索、处置和保密的要求，以及如何满足这些要求。

（5）采用何种方法确保需要时能得到这些记录。

（6）何时、用何种方式向需方提供何种记录。

（7）记录所采用的语言。

（8）采用何种统计技术。

17. 质量审核

质量计划应规定需实施的质量审核的范围和性质，以及如何利用审核结果来对影响产品项目或合同的不足之处采取纠正措施，以防止其再发生。这类审核主要包括：①供方内部审核；②需方对供方的审核；③第三方或指定机构对供方和分供方的审核。

（三）范例

广州市某大厦工程质量计划

本工程位于××市天河东路与黄埔大道交汇点北东侧，东面为住宅小区，西面为天河东路，南面为黄埔大道，北面为大型停车场。该大楼由地下室一层和地上三十一层（其中裙楼五层，南塔楼高为三十一层、北塔楼高为二十三层）组成。建筑物占地面积5400平方米，地下室建筑面积约2700平方米，总建筑面积为65300平方米。从±0.00起计，南塔楼总建筑高度为130米，北塔楼高100米（未含地下室）；地下室层高5.05米，首层层高7米（其中夹层层高3.4米），2~5层层高4.5米，标准层层高3.4米。结构采用R·C框剪结构；本工程结构施工已经完毕，外立面玻璃幕墙及铝板幕墙（首层除外）亦已完成安装，外排栅除井架平台及极小部分排栅以外都已全部拆卸，本工程已停工多时，现在复工，继续施工主要工程为室内装饰和安装工程等。

一、目录

（一）工程概况

（二）质量目标

（三）质量计划修改记录表

1. 目的与适用范围
2. 引用标准及文件
3. 术语和定义
4. 质量管理体系
5. 管理职责
6. 资源管理
7. 产品的实现
8. 测量、分析和改进

（四）附加说明

二、内容（略）

十、项目质量监督报告

（一）概念

项目质量监督报告是指项目质量管理者为了监控整个项目建设质量而制定的一种指导质量管理的计划书。

（二）内容与写法

项目质量监督计划的内容包括总则、工程划分及工程主要内容、工程质量监督计划表和监督要求四个部分。

封面要列清工程名称、建设单位、监理单位、施工单位和监督机构。

总则中应列清工程施工执行的标准和规范。

工程划分及工程主要内容不仅仅要进行符合标准划分（依据标准规定和施工组织设计），还应将建设单位、监理单位、施工单位和监督单位的质量负责人、现场的质量检查员、监督员及其联系电话号码等项目填写清楚，以便在施工检查过程中发现问题及时联系。

工程质量监督计划表要列清监督部位及控制点。所有的影响结构安全和使用功能的部位均应列入，不得遗漏。

（三）范例

××市水利工程质量监督工作调研报告

为认真贯彻落实市委《关于进一步加强水利工作和“515”防洪能力建设的意见》和全市水利工作会议精神，市水利水电工程质量监督站在2005年下半年对全市水利工程质量监督工作进行了一次专题调研，以更好地了解和把握该项工作的现状，进一步推动质量监督工作再上一个新台阶。

一、质监工作开展情况

从1998年长江洪水之后，党中央国务院高度重视水利工作，水利工程的质量管理问题尤为社会所关注。市水利局根据当时的特定情况，于1999年正式组建××市水利水电工程质量监督站，经市编委核定，单位性质为全额拨款事业，核定编制5人，主要职能是负责管理本市范围内水利水电工程的质量监督工作。近7年来，先后承担了我市大部分标准海塘、城防、水电站、供水、围垦、水库、水闸、河道整治等各类工程的质量监督任务，水利工程质量监督工作取得了一定的成绩，基本确立了“项目法人负责、监理单位控制、施工单位保证和政府监督相结合”的管理体制。

1. 监督实体，确保工程质量安全。工程质量安全是监督工作的出发点和归宿点，质量监督单位按规定对每个项目每季度质监活动不少于一次，及时参与重要隐蔽工程的现场签证，质监活动以文件形式提出整改要求，限期落实并反馈结果。日常管理以掌握受监工程质量动态为主，与建设业主保持沟通联系，确保工程质量安全。

2. 监督行为，规范质量监督方式。市质监站受监工程大多为省、市重点水利项目，工程投资规模大，只有建立健全质量检查体系和质量保证体系，规范各参建方的行为，工程质量才会有保障。近年来，先后制订了《××市水利工程质量监督实施办法》、《××市水利工程质量监督档案台账》、《××市滩涂围垦工程施工质量检验评定表》等文件，进一步规范了工程各参建方质量行为。在质监活动时，对监理单位人员配置和日常工作落实情况，如平行检测开展、施工工序验收签证、主要部位、隐蔽工作有无旁站、单元工程质量评定是否及时、质量评定等内容的检查；以及施工单位“人、机、料、法、环”和“三检制”落实情况的检查；设计单位现场服务和业主单位对项目管理情况的检查成为质监工作的重要内容。

3. 推行检测，把握质量评价尺度。《浙江省水利工程质量检测实施办法》自2003年4月开始施行以来，我们严格予以推行。质量检测是水利工程质量监督的重要手段，各级水利工程质量监督机构必须具有检测单位出具的相应规定检测内容的工程质量检测报告后方可进行质量评定。通过加强质量检测，实行对在建工程尤其是重要隐蔽工程进行不定期实体质量抽检，能及时发现质量缺陷，有效控制在建工程质量，提高参建各方的质量意识，更加准确评价工程质量。

4. 督促指导，健全质量监督网络。近年来全市水利建设规模不断加大，随着2006年“515”工程的全面实施，对我们质量监督工作也提出了更高的要求。

我们适时抓住机会，把质监队伍建设的人员、编制、经费“三落实”写入市委的意见中。全市已经有平阳、乐清、苍南、瑞安和永嘉先后建立县级质监站，洞头、文成也已经在今年设站，质量监督队伍建设得到了加强。

5. 积极探索，提高质监工作水平。工程质量监督是水利行业的一支年轻队伍，近年来水利工程结构愈加先进，施工方法和工艺也在不断创新，为了适应质监工作需要，我们加强对一线工作同志的培训，一方面学习相关规程、规范和强制性条文；另一方面就是加强交流，到外地取经学习。如2005年8月份，专门组织了全市水利工程质量监督和管理培训班，邀请省厅建设处、省中心站、省检测站的专家到××授课，参加人员达100余人，就工程项目管理、质量监控、质量检测等专题进行宣讲，效果较为明显。11月份组织各县（市、区）一线从事质监人员到四川省紫坪埔水利枢纽工程考察，学习大型工程的施工和质量管理经验，以期提高质监人员的工作水准。

在看到成绩的时候，质监队伍建设和质监工作环境也还有一些薄弱环节和问题，需要我们在今后的工作中加以重视。

二、质监工作存在的问题

（一）质监队伍建设

1. 机构不健全。市质监站是独立的事业法人单位，根据国务院《建设工程质量管理条例》第43条的规定，11个县（市、区）自2001年至今已先后成立了平阳、瑞安、苍南、乐清、永嘉、文成和洞头7个质监站，占63.6%，其中有5个站属专职机构，仅占45.5%，落后于省内杭州、宁波、绍兴、嘉兴等兄弟市。泰顺县和鹿城、瓯海、龙湾三区尚未建立水利工程质量监督机构，无法履行当地水行政主管部门的质量监管职能。

2. 人员不专职。全市质监队伍总人数（不含兼职）为17人，仅占全市水利系统事业人员总人数的1.34%，其中高级职称2人，占总人数的11.7%，中级职称8人，占总人数的47.1%，其余41.2%为初级职称或非专业人员。

市质监站5人，其中高级职称2人，中级职称2人，非专业人员1人借用局办公室，且1名高级职称专业人员下派基层挂职，在岗人员仅3人，同时市质监站还负责全市招投标管理工作。7个县站中5个站有2名以上专职人员，占已建站总数的71.4%；混岗（借用）的有3个站，占已建站总数的42.9%；2个站与水利（建设）科合并办公。主要负责人中级职称的有5个，占已建站的总数71.4%。泰顺县和鹿城、瓯海、龙湾三区日常质监工作由市质监站或水利（建设）科代替监督。

3. 编制难落实。市质监站编制5人，全额事业。7个县站中有专门编制的为5个，仅占11个县（市、区）的45.4%。其中5个单设站全额事业4个，自收自支1个。未设站的泰顺县和鹿城、瓯海、龙湾三区均因编制难落实使之搁浅。

4. 经费无保障。市质监站经财政核定每年完成收费任务50万元，市财政都能落实人员经费和专项经费，经费有保障。已经成立的7个县站除平阳、苍南外，其他站均因人数不足3人而不具备独立法人资格，无法办理收费许可证，因而无法收取质监费。同时县级工程普遍规模偏小，收费的绝对值也相应较少，故目前绝大多数县级质监人员的经费由当地水行政主管部门统筹解决。

（二）工作外部环境

1. 职责不明确。质量监督是水行政执法的内容之一，按照谁主管谁负责的原则实行分级管理，由于泰顺县和鹿城、瓯海、龙湾三区质监机构尚未成立，直接影响四县（区）小型工程的质量监管。已经成立的7个质监站在职责、人员、编制、经费上不够明确，不利于队伍的良性发展。

2. 参建各方质量责任不清，意识不强。虽然我们已经初步形成了包括直接生产责任、中介鉴证审查责任、监督执法监督责任三个层次的工程质量责任体系，但是，水利工程质量安全责任主体的层次和责任追究从制度上不够清晰，对建设单位的质量行为和质量责任问题的研究和管理还不够，中介机构对于工程质量的保障作用发挥得还不充分，企业和市场还没有全面形成一种完善有效的质量信誉评价制度、优胜劣汰的竞争机制和良性循环的发展氛围，市场的清出和一些处罚难以跟上。

3. 县级监督机构的设置和监督方式未能体现政府的监督管理。县级质量监督机构与政府投资工程的建设单位往往存在同体现象，导致政府监督与业主组织建设项目管理中的质量管理或质量控制角色混淆不清，特别是一些政府补助项目，水利部门既当运动员又当裁判员，从而常常导致建设单位游离于监督范围之外，而将监督机构自身异化成为带有监理性质的机构，不符合市场经济发展的要求。

4. 市场要素不够发育，整体素质不高。近年来水利工程建设投资力度加大，设计咨询、监理、施工单位高素质人员的需求量相应加大，而由于前几年在市场要素培育方面相对滞后，自然成为卖方市场，县管规模小的工程根本请不到称职的监理工程师。施工单位一批业绩好有能力的项目经理只要从事投标活动，一旦中标后往往出现更换项目部人员，施工力量不保证，挂靠、分包现象突出，施工中有“五大员”之名，没有“五大员”之实，往往是一级企业，三级项目经理，无级农民队伍，工程质量、安全、进度无法保证。

5. 质监人员素质有待进一步的提高。目前，部分监督机构仍然存在着监督人员对质量管理法律法规、工程建设强制性条文及工程质量监督规范规定不够熟悉，不能熟练掌握业务水平的情况。县级质监机构非水利专业人员过多，降低了质量监督机构的工作能力。少数监督人员也存在着服务意识不强，工作深入不够的问题；监督范围过窄，未能充分发挥政府监管质量的作用，对具体的工序和实体质量上的问题研究得多，对宏观上的质量动态掌握不够。

三、质监工作近阶段的努力方向

1. 健全机构，明确职责。根据市委《关于进一步加强水利工作和“515”防洪能力建设的意见》，结合全市事业单位机构改革的步伐，市质监站在今年的改革中其性质会得以明确。监督机构只有不再与被监督对象直接发生经济关系，向监督管理类转变，才能确保监督力度的落实。结合省内其他市站和我市其他行业质监机构的设置情况，市质监站的编制应不少于 8 人，各县站人员不少于 3 人。我们将利用一切有利条件，重点督促瓯海区和泰顺县建站，未建站的县（区）水行政主管部门应落实机构实体（内设科室）承担该项任务。要大力健全制度建设，围绕人员、编制、经费问题抓好落实，重点促成目前岗位偏少以及人员混岗、自收自支、办公经费、事业法人登记等问题的解决。

2. 加强监管，严格执法。工程质量监督制度从大的概念上来讲，应该是合同管理制度、工程监理制度、对各方责任主体履行责任和义务的检查制度和验收评定制度等的总称，而不应简单地只理解为对施工阶段的监督，更不应理解为仅仅是在现场检查质量甚至控制质量。根据《建设工程质量管理条例》，水利部门在职责范围内负责本行政区域内的专业建设工程质量监督，质量监督管理工作由质量监督机构具体实施，并对建设、设计、施工、监理单位的各种违规行为应给予的处罚进行了明确的界定。目前我们开展这方面工作的力度还不够，这并不是反映了我们的质量形势一片大好，而是反映出目前还确实存在着执法不严的问题，如果执法不严，质量监管的权威性，或者说对责任主体的惩戒作用就大打折扣。

3. 依靠信息，强化手段。质监工作要与不良记录管理紧密结合起来，不良记录实质上就是信用，信用的约束力主要体现在广为人知，要提升质量监管的水平和工作效率，把工程建设各方责任主体的违法违规质量行为记录在案，并按规定进行公示，这样才能充分体现和有效保证质量监督的效果和权威性。

做好不良记录管理工作的同时也是建筑市场诚信制度建设的需要，通过对监督发现问题的系统整理，可以实时掌握各方责任主体和人员的技术素质、质量管理水平，全面掌握所监督工程的总体质量水平和地区总体质量发展趋势；通过对各类质量行为及工程质量存在的问题进行分类统计分析，有助于找出规律性问题，有针对性地制定下一步的监督管理工作的重点。

4. 培育中介，共同参与。水利工程作为一种社会公共产品，随着市场经济的逐步发展，监督管理工作也应适当地调整思路，市场可以调节的应该交给市场，可以依靠中介机构甚至社会监督制约的，就要充分利用，《建设工程质量管理条例》确立了建设、勘察、设计、施工、工程监理为工程建设的五方责任主体，分别承担相应的质量责任，其质量行为也是政府监管的重点内容。但是，随着形势发展，一方面应将工程质量检测机构、施工图审查也纳入责任主体范围，同时，几方责任在层次上应有所不同，在今后质量监管中更要逐步突出建设单位的第一责任。另一方面我市市场经济比较成熟，而水利系统相对滞后，应重视对施工图审查单位、监理公司、工程质量检测机构等中介机构发展的支持，充分依靠、发挥它们对质量监督工作的技术辅助作用，同时也要加强对其履行质量责任情况的监督力度，以此来达到实体质量符合强制性标准的目的。也就是说，政府工程质量监督机构不应对工程质量作任何直接的合格评价，而是通过对中介机构所作结论进行抽检核查的方式来间接达到质量调控目的。

十一、项目质量监督计划

（一）概念

项目质量监督计划是指项目质量管理者为了监控整个项目建设质量而制定的一种指导质量管理的计划书。

（二）内容与写法

项目质量监督计划的内容包括总则、工程划分及工程主要内容、工程质量监督计划表和监督要求四个部分。封面要列清工程名称、建设单位、监理单位、施工单位和监督机构。总则中应列清工程施工执行的标准和规范。工程划分及工程主要内容不仅仅要进行符合标准划分（依据标准规定和施工组织设计），还应将建设单位、监理单位、施工单位和监督单位的质量负责人、现场的质量检查员、监督员及其联系电话号码等项目填写清楚，以便在施工检查过程中发现问题及时联系。工程质量监督计划表要列清监督部位及控制点。所有的影响结构安全和使用功能的部位均应列入，不得遗漏。

（三）范例

项目工程质量监督计划

编号：NO. × ×

工程名称：________________

建设单位：________________

监理单位：________________

施工单位：______________

第一条　总则

1. 为保证建设工程质量，执行工程质量监督程序，提高工程质量监督到位率，使建设、监理、施工、监督各方共同明确检查部位及监控点、工程划分、监督检验的工作内容，而制订本监督计划。

2. 依据：

(1) 建设工程质量监督申报书编号：______________。

(2) 执行标准：______________。

(3) 基本建设工程质量监督程序。

3. 本工程质量监督计划包括在建工程及设计图纸齐全的单位工程。

第二条　工程质量监督计划表

1. 工程情况表（见表6－1）。

表6－1　工程情况表

建设单位				工程名称			
建设地点				设计图号			
工程性质							
建设目的							
开工日期				计划竣工日期			
工程内容及工程量							
序号	主要工程设备/台套	管道长度/km	线路距离/km	建筑面积/m^2	结构形式及层数	其他指标	备注
合计							
其他							

1. 建设单位基建负责人：	驻工地代表：	电话：
2. 监理单位负责人：	资质等级：	电话：
项目总监：	资质证书：	电话：
3. 工程地质勘探单位：	资质等级：	电话：
4. 工程设计单位：	资质等级：	电话：
项目负责人：	资质证书：	电话：
5. 施工单位：	资质等级：	电话：
企业负责人：	工程项目负责人：	电话：
技术质量负责人：		

2. 行为质量监督阶段控制重点（见表6-2）。

表6-2　行为质量监督阶段控制重点

阶段	检查项目	备注
设计前期管理	1.	
	2.	
	3.	
	4.	
设计评审质量控制	1.	
	2.	
	3.	
	4.	
会审交底及变更质量控制	1.	
	2.	
	3.	
	4.	
供应承包商选择	1.	
	2.	
	3.	
材料设备检验试验过程控制	1.	
	2.	
	3.	
	4.	

续表

阶段	检查项目	备注
用户或业主提供产品质量控制	1.	
	2.	
	3.	
	4.	
报验与认可记录	1.	
	2.	
	3.	
	4.	
工程招标及其管理	1.	
	2.	
	3.	
施工准备阶段质量控制	1.	
	2.	
	3.	
施工阶段质量控制	1.	
	2.	
	3.	
工程试运行	1.	
	2.	
	3.	
	4.	
工程消缺处理	1.	
	2.	
	3.	
施工技术资料整理	1.	
	2.	
竣工验收阶段质量控制	1.	
	2.	
	3.	
	4.	

第三条　监督要求

1. 监督站进行现场检验时，建设、监理及施工单位应积极配合，提供方案，保证安全。

2. 监督站检验前，施工单位必须进行自检自评，并提供相应的验评资料，包括图纸、技术资料、质证书、检验报告、自评记录等，监理单位提供相应的监理资料，否则不予检验。

3. 工程建立、业主必须在检验前1~2天向监督站申报检查时间。

4. 施工单位不按期申报检验，由此造成的损失由相应单位自负，并追究责任。

5. 施工单位应在竣工验收后合格之日起15日内把竣工验收资料交工程建立单位、业主审查合格后，交监督站核查备案。

6. 未尽事宜按有关文件、合同执行。

第四条　监督人员安排及预定监督时间

1. 本工程项目监督负责人：________________。

2. 主要监督人员和专业资质：

3. 监督时间安排：

十二、项目工程质量保修书

（一）概念

项目工程质量保修书是指建设施工单位在完成建设工程之后，在一定期限内对工程质量出现的问题保证加以维护和修缮的承诺性文书。

（二）内容与写法

项目工程质量保修书包括：

（1）施工项目概况，包括工程名称、施工单位、完工日期等。

（2）用户名称。

（3）保修范围及保修期限。

（4）保修说明事项。

（5）施工单位联系方式等。

（三）范例

建筑工程保修书

工程名称：________________

施工单位：________________

交工日期：________________

使用单位（用户）名称：____________

本工程在保修期内如发生施工质量问题，本单位将按照《建筑工程保修办法（试行）》有关规定负责保修。

保修范围及期限：

一、保修范围：

1. 屋面漏雨；

2. 烟道、排气孔道、风道不通；

3. 室内地坪空鼓、开裂、起砂、面砖松动、有防水要求的地面漏水；

4. 内外墙及顶棚抹灰、面砖、墙纸、油漆等饰面脱落，墙面浆活起碱脱皮；

5. 门窗开关不灵或缝隙超过规范规定；

6. 厕所、厨房、盥洗室地面反水倒坡积水；

7. 外墙板漏水，阳台积水；

8. 水塔、水池、有防水要求的地下室漏水；

9. 室内上下水、供热系统管道漏水、漏气、暖气不热、电器、电线漏电，照明灯具坠落；

10. 室外上下水管道漏水，堵塞，小区道路沉陷；

11. 钢、钢筋混凝土、砖石砌体结构及其他承重结构变形、裂缝超过国家规范和设计要求。

二、保修期限：

1. 民用与公共建筑、一般工业建筑、构筑物的土建工程为 1 年；

2. 建筑物的照明电气、上下水管线安装工程为 6 个月；

3. 建筑物的供热、供冷系统为 1 个采暖、供冷期；

4. 室外的上下水和小区道路为 1 年；

5. 工业建筑设备、电气、仪表、工艺管线和有特殊要求的工程，其保修内容和期限由使用单位和施工单位在合同中规定。

三、说明事项：

施工单位地址：______________________

电话：______________________

联系人姓名：______________________

公章

________年____月____日

十三、项目工程质量修理通知书

（一）概念

项目工程质量修理通知书是项目工程完工之后，使用单位在发现工程质量之

后，请求施工单位予以解决的请求文案。

（二）内容与写法

项目工程质量修理通知书一般包括以下几个方面的内容：

（1）项目工程概况，包括项目工程名称、使用单位名称、施工单位名称等。

（2）工程质量问题及部位。

（3）使用单位意见。

（4）使用单位联系方式及通知发出日期。

（三）范例

建筑工程质量修理通知书

工程名称：________________

使用单位（用户）名称：____________

施工单位名称：______________

本工程于______年____月____日发生质量问题，根据《建筑工程保修办法（试行）》有关规定，请你单位派人检查修理为盼。

质量问题及部位：______________________________

____

____

承修单位：__________________________________

使用单位（用户）对修理结果的意见，由使用单位（用户）填写。

使用单位（用户）地址：________________

电话：_______

联系人姓名：________　通知书发出日期：______年____月____日

十四、项目质量整改（隐患）通知书

（一）概念

项目质量整改（隐患）通知书是指当项目质量达不到项目管理和规划部门的要求时，项目质量管理和规划单位向项目建设单位递送的通知其对所存在的项目质量问题期限改正后的告知文书。

（二）格式与写法

项目质量整改（隐患）通知书包括以下格式及内容：

1. 标题
2. 受件单位及编号
3. 项目质量隐患及不合格要点
4. 整改意见
5. 整改期限
6. 落款及日期

（三）范例

项目质量整改（隐患）通知书

施工单位：________________ 编号：NO. ×××

你单位承担的__________工程项目经检验，发现存在如下问题：__________
____
____
____
____。

请依据如下意见：

1. ____；
2. ____；
3. ____；
4. ____。

在20____年____月____日前彻底整改，并提前____天通知____项目监督领导小组，否则不得进行下一道工作程序。

特此通知

项目监督领导小组

抄送：建设单位　　　　　　20____年____月____日

第七章　产品营销与促销文案

一、营销计划书

（一）概念

营销计划书是指企业从事营销活动的指导，是企业在市场上营销其产品与服务的年度工作计划；是企业从市场分析、产品分析、营销分析中得到的各种资料和信息，最终形成的一份说明性文件。商务人员在写作营销计划书时，要与公司各职能部门进行充分高效的沟通。

（二）营销计划书的作用

（1）书面计划迫使人们进行有条不紊的思考。它还能保证不会遗忘已取得成功或招致失败的经验教训。

（2）一份书面的市场营销计划确定了必须在预定日期之前达到目标的责任。

（3）企业各职能部门像生产部门、财务部门和销售部门等，它们对计划的顺利完成起着至关重要的作用，一份书面计划可以成为沟通它们的桥梁。

（4）当管理层发生变动时，一份书面计划可以保证企业经营的连续性，并能迅速地向新雇员介绍他的业务所面临的局势。

营销计划实际上是一个实施营销战略的路径图。通过制订营销计划，营销战略将变得切实可行，从中你将学会如何、何时、何地花钱做营销。

（三）写作方法与结构

1. 格式内容要求

可采用文字叙述式或表格式两种格式。不管采用何种格式，一般应包括环境分析、推广战略、营销目标、工作重心、传播手段、营销方案、广告、公关、营销策略、营销预算分配等内容。

下面就部分内容作介绍：

（1）环境分析。营销计划与总体环境、竞争者、顾客、供应商、经销商及其他问题相关的趋势与要点，并指出主要的问题点及对策。

（2）市场分析。市场细分、目标市场、市场研究计划。

（3）组织结构。管理及人员、团队主要组成，年度人员分析与费用，管理机构。

（4）营销目标。拟定未来年度的主要营销目标，并将之转换为可以衡量及能够达成的数量与金额。此销售配额（业绩责任额）应依业务人员的表现及地区销售潜力而制定。要制定销售渠道的销售目标。

（5）营销策略。拟定某一特定时间内用来指导营销战略的目标、政策及规则。而营销战略包括下列三个层次：①营销费用水准；②营销组合；③营销分配。

（6）营销方案。拟定产品、价格、分销、促销等营销组合的时间、空间、人员的作战方法。

（7）营销预算。拟订整个营销计划所需的经费支出及可能收入的估计数字。

2. 写作要点

编写营销计划书应遵循以下步骤，依据营销计划的规律来安排营销活动的内容。

（1）计划概要。营销计划首先要有一个内容提要，即对主要营销目标和措施进行简明概括的说明。

（2）当前营销状况。在内容提要之后，营销计划的第一个主要内容是提供该产品当前营销状况的简要而明确的分析。

（3）威胁与机会。营销计划中第二个主要内容是对市场营销中所面临的主要威胁和机会的分析。

管理者应对威胁和机会进行评估。对环境威胁可从两方面进行评估：一是潜在的重要性，重要性的大小依威胁成为事实时公司的损失多少而定；二是发生的可能性，即威胁成为事实的可能性。

对营销机会也可以从两方面进行评估：一是潜在吸引力，即获利的能力；二是成功的可能性。

（4）目标。管理部门已知道的问题，要做出与目标有关的一些基本决策。

这些目标将指导随后的策略和行动方案的拟订，这里有两类目标要确认，即财务目标和市场营销目标。

（5）市场营销策略。应列出主要的市场营销策略纲要，或者称为“精心策划的行动”。在制定市场营销策略时，还常常面对多种可能的选择。每一目标可用若干种方法去实现。通过对每一目标的深入探讨后，便可找出产品线所面临的主要策略。策略的制定则应在这些可选择的策略中做一些基本的选择。

（6）推广计划。商务人员拟订推广计划的目的，就是要协助实现销售目标。企划书必须明确地表示，为了实现整个营销企划案的销售目标，所希望达到的推

广活动的目标。

决定推广计划的目标之后，接下来要拟定实现该目标的策略。推广计划的策略包括广告表现策略、媒体运用策略、促销活动策略、公关活动策略四大项。

广告表现策略：针对产品定位与目标消费群，决定方针表现的主题。

媒体运用策略：媒体的种类很多，包括报纸、杂志、电视、广播、传单、户外广告等。要选择何种媒体？各占多少比率？广告的视听率与接触率有多少？

促销活动策略：促销的对象、促销活动的种种方式，以及采取各种促销活动所希望达成的效果是什么。

公关活动策略：公关的对象、公关活动的种种方式，以及举办各种公关活动所希望达到的目的是什么。

（7）市场调查计划。市场调查与推广计划一样，也包含了调查目标、考虑因素、方法设计、预定进度、使用人力以及预算等。

（8）销售管理计划。销售管理计划包括销售主管和职员、销售计划、推销员的挑选与训练、激励推销员、推销员的薪酬制度（工资与奖金）等。

（9）活动预算。营销计划中还要编制各项收支的预算。在收入一方，要说明预计销售量及平均单价；在支出一方，要说明生产成本、实体分配成本及营销费用。收支的差额为预计的利润（或亏损）。

（10）营销监控。营销计划书的最后一部分，要写清计划执行过程的控制。典型的情况是将计划规定的目标和预算按月份或按季度分解，以便于企业的上层管理部门进行有效的监督检查，督促未完成任务的部门改进工作，以确保营销计划的完成。

（四）范例

××饮料市场营销计划书

现代人担心大鱼大肉会造成胆固醇过高，带来高血压、中风等疾病，因此，对自然健康、方便易得的食品有迫切的需求，新鲜的罐装水果原汁就是其中之一，而目前市场上的果汁大多数浓度只有10%～30%，100%纯果汁的种类不多，是个值得介入的市场。

一、市场竞争态势

1. 市场领导者：义美小宝吉纯果汁

2. 市场挑战者：统一水果原汁

3. 市场追随者：波蜜水果园

4. 市场补缺者：本公司产品——××××

二、目标市场

外食上班族：上班族午餐绝大多数在外解决或自备盒饭，或团体订购盒饭，或吃馆子，吃水果较不方便，罐装水果原汁是他们健康又便利的选择。

第二阶段将扩及中、小学生，最后将推广至所有注重健康的家庭。

三、市场细分

1. 性别：女（大多数）、男（较少数）

2. 收入：月收入台币12000元以上

3. 消费习性：喜爱物美价廉，方便易得的物品

4. 生活心态：注重健康、养颜、美容

5. 区域：都市化程度高的地区——台北市、台中市、高雄市

四、商品定位

1. 商品：×××是果汁，但在名称上否定用“汁”，因为“露”给人的感觉比“汁”珍贵，有浓缩、精心提炼的意味。

2. 品牌：鲜吧，取Fresh Bar新鲜吧台之意，虽与“三八”谐音，但也与拉丁舞蹈“森巴”（Samba）谐音，可加深消费者印象，又有热带情调的感觉，符合“新鲜吧台”来自热带的新鲜水果原汁的诉求。

3. 包装：150cc铝箔包，饭后食量有限，150cc刚刚好，可一次喝完，而且铝箔包装重量轻，携带方便。

五、商品策略（略）

六、定价策略

1. 目的：争取市场占有率，1年内达30%

2. 其他厂牌：

（1）义美小宝吉：125cc，铝箔包10元台币。

（2）统一水果原汁：250cc，易开罐20元台币。

（3）波蜜水果园：250cc，铝箔包16元台币。

3. 定价：目标为争取义美小宝吉的市场占有率，决定价格为10元台币，150cc，铝箔包装

七、通路策略

超级市场、速食店、便利商店、平价中心、百货公司中的美食广场、西点面包店、咖啡厅、饭盒承包商、PUB、餐厅、饭店、DISCO、车站、机场、机关营区福利站、学校福利社、小吃店、路边摊、公车票亭、槟榔摊、自动售货机。

八、推广策略

（一）广告：

1. 电台：ICRT、中广流行网、青春网、音乐网

2. 电视：三台晚上6点到9点时段

3. 报纸：《中国时报》、《工商时报》、《联合报》、《经济日报》、《民生报》

4. 杂志：《依依》、《薇薇》、《黛》、《风尚》、《天下》、《卓越》

5. 车厢内、外

6. 海报、DM

7. 气球：做成水果形状

（二）促销：

1. 试饮

2. 抽奖：集盒上剪角，或买一箱附抽奖券

3. 赠奖：集盒上剪角即送赠品

4. 配合电视节目赠品：强棒出击、好彩头、百战百胜、欢乐传真、来电五十

5. 赞助公益活动

二、营销企划书

（一）概念

企业领导层都非常注重营销部门的地位，企业的战略是绝对以市场为导向，以顾客需求为核心来制定。

一份完整的营销企划书应包括许多要素，但是现实中由于信息来源不充分，以及受制于各个公司实力等一系列因素，我国目前很多企业对于营销策划所需要考虑的方面不是很周全。

（二）写作方法与结构

1. 分析营销机会

（1）管理营销信息与衡量市场需求。

①营销情报与调研。

②预测概述和需求衡量。

（2）评估营销环境。

（3）分析消费者市场和购买行为。

①总体消费态势。

A. 现有的消费时尚。

B. 各种消费者消费本类产品的特性。

②现有消费者分析。

A. 现有消费群体的构成。

现有消费者的总量、年龄、职业、收入、受教育程度、分布。

B. 现有消费者的消费行为。

购买的动机、时间、频率、数量、地点。

影响消费者购买行为的主要因素（包括文化因素、社会因素、个人因素、心理因素等）。

购买过程（包括参与购买的角色，购买行为，购买决策中的各阶段）。

C. 现有消费者的态度。

对产品的喜爱程度、偏好程度、认知程度、指名购买程度、使用后的满足程度、未满足的需求。

③潜在消费者。

A. 潜在消费者的特性，包括其总量、年龄、职业、收入、受教育程度。

B. 潜在消费者现在购买行为：

现在购买哪些品牌的产品？对这些产品的态度如何？有无新的购买计划？有无可能改变计划购买的品牌？

C. 潜在消费者被本品牌吸引的可能性：

潜在消费者对本品牌的态度如何？潜在消费者需求的满足程度如何？

④消费者分析的总结。

A. 机会与威胁。

B. 优势与劣势。

C. 重要问题：

目标消费群体的特性、共同需求，如何满足他们的需求。

（4）分析团购市场与团购购买行为（包括团购市场与消费市场的对比，团购购买过程的参与者，机构与政府市场）。

（5）分析行业与竞争者。

①行业结构、行业绩效、前景分析。

②识别公司竞争者（行业竞争观念、市场竞争观念）。

③辨别竞争对手的战略。

④判定竞争者的目标。

⑤评估竞争者的优势与劣势。

⑥选择竞争者以便进攻和回避。

⑦各竞争品牌的销售量与销售额的比较分析。

⑧各竞争品牌市场占有率的比较分析。

⑨各竞争品牌产品优缺点的比较分析。

⑩各竞争品牌市场区域与产品定位的比较分析。

⑪各竞争品牌广告费用与广告表现的比较分析。

⑫各竞争品牌促销活动的比较分析。

⑬各竞争品牌公关活动的比较分析。

⑭各竞争品牌定价策略的比较分析。

⑮各竞争品牌销售渠道的比较分析。

⑯公司过去 5 年的损益分析。

⑰在顾客导向和竞争者导向中进行平衡。

（6）确定细分市场和选择目标市场。

①确定细分市场的层次、模式、程序，细分消费者市场的基础，细分业务市场的基础，有效细分的要求。

②目标市场的选定、评估细分市场、选择细分市场。

2. 开发营销战略

（1）营销差异化与定位。

①产品差异化、服务差异化、渠道差异化、形象差异化。

②开发定位战略——推出多少差异，推出哪种差异。

③传播公司的定位。

（2）开发新产品。

①新产品开发的挑战，包括外部环境分析（机会与威胁分析）。

②有效的组织安排，架构设计。

③管理新产品开发过程，包括营销战略发展、商业分析、市场测试、商品化。

（3）管理生命周期战略。产品生命周期中的营销战略，引入阶段、成长阶段、成熟阶段、衰退阶段，产品生命周期概念的归纳和评论。

（4）自身定位——为市场领先者、挑战者、追随者和补缺者设计营销战略。

①市场领先者战略，包括扩大总市场，保护市场份额与扩大市场份额。

②市场挑战者战略，确定战略目标和竞争对手，选择特定的进攻战略。

③市场追随者战略。

④市场补缺者战略。

（5）设计和管理全球营销战略。

①关于是否进入国际市场的决策。

②关于进入哪些市场的决策。

③关于如何进入该市场的决策，包括直接出口、间接出口、许可证贸易、合资企业直接投资、国际化进程。

④关于营销方案的决策。

3. 企划书正文

营销企划书正文由九项构成，现分别说明如下：

（1）公司的主要政策。

在拟定企划案之前，营销企划人员必须与公司的最高领导层就公司未来的经营方针与策略，做深入细致的沟通，以确定公司的主要方针政策，双方需要研讨下面的细节：

①确定目标市场与产品定位。

②销售目标是扩大市场占有率还是追求利润。

③制定价格政策。

④确定销售方式。

⑤广告表现与广告预算。

⑥促销活动的重点与原则。

⑦公关活动的重点与原则。

（2）管理产品线、品牌和包装。

①产品线组合决策。

②产品线决策，包括产品线分析、产品线长度、产品线现代化、产品线特色化、产品线削减。

③品牌决策。

④包装和标签决策。

（3）设计定价策略与方案。

①制定价格包括选择定价目标，确定需求，估算成本，分析竞争者成本、价格和提供物，选择定价法，选定最终价格。

②修订价格、地理定价、价格折扣和折让、促销定价、差别定价、产品组合定价。

（4）销售目标。所谓销售目标，就是指公司的各种产品在一定期间内（通常为1年）必须实现的营业目标。

销售目标量化有下列优点：

①为检验整个营销企划案的成败提供依据。

②为评估工作绩效目标提供依据。

③为拟定下一次销售目标提供基础。

（5）选择和管理营销渠道。

①渠道设计决策。

②渠道管理决策。

③渠道动态。

④渠道的合作、冲突和竞争。

(6) 设计和管理整合营销传播（开发有效传播，包括确定目标受众，确定传播目标，设计信息，选择传播渠道，编制总促销预算，管理和协调整合营销传播）。

(7) 管理广告，销售促进和公共关系。

①开发和管理广告计划，包括确定广告目标、广告预算决策、广告信息选择、媒体决策、评价广告效果。

②销售促进。

③公共关系。

(8) 损益预估。任何营销企划案所希望实现的销售目标，实际上就是要实现利润，而损益预估就是要在事前预估该产品的税前利润。只要把该产品的预期销售总额减去销售成本、营销费用（经销费用加管理费用）、推广费用后，即可获得该产品的税前利润。

(9) 管理销售队伍。

①销售队伍的设计包括销售队伍目标、销售队伍战略、销售队伍结构、销售队伍规模、销售队伍报酬。

②销售队伍管理包括招牌和挑选销售代表、销售代表培训、销售代表的监督、销售代表的权力、销售代表的评价。

（三）范例

××酒营销企划书

陕西省是××酒的巢穴，品牌的支撑力、营销力以及产品的赢利能力在全国市场的版图中处于非常重要的战略要位。天长地久系列酒在陕西省区域市场的发展能够走多远，将直接影响着全局市场的战略规划和部署。“牵一发而动全身”，产品的定位战略和区域市场的规划思路带给我们思考的核心问题是：如何使我们的天长地久系列产品快速正确地切入陕西市场，如何确保我们产品的营销模式培植成功，如何使我们的营销动作快速地进入良性循环的轨道？

一、市场背景分析

白酒业目前是处在一个高强度竞争的营销领域里，尤其是在中低档次的白酒产品的阵营里，竞争更为激烈。《中国白酒行业发展报告》中分析，在白酒产品中，高中档次白酒的产量和利润分别是“金字塔”和“倒金字塔”形，高档酒的比例较小，约为20%，但所创造的利润却最大，约占50%多；中档白酒的比例和利润均约为35%；低档白酒的比例最大，但利润却最小。目前企业虽然主要是靠低档酒占领市场，创造品牌形象，但利润的增长点在哪里？答案是在白酒的中高端市场。

在这个背景下，“××品牌”以“战略联盟一体化”和“利润中心最大化”两个重要的战略思想来构筑公司的营销管理体系，以期达到与经销商在战略上的“双赢”。××品牌系列酒以其独特的产品定位和价格定位，必定会在中高档白酒市场里占据重要的席位。

陕西省分为三个区域，陕北高原区、关中平原区和秦岭以南地区。陕昆地区和关中地区以52度酒畅销，秦岭以南地区46度酒相对好销。从香型来看，汉中地区凤香酒所占比重较大，陕北和秦岭以南区浓香型酒居主导地位。从全省来看，浓香型能占到70%~80%，凤香型酒能占到20%左右。

西安作为中国七大消费先导城市之一，汇集了国内诸多知名品牌白酒。××酒作为陕西省重要保护品牌是凤香型的代表，有着悠久的历史和广大消费群体，西安是××酒的主销城市，据调查其市场占有率可达到17.1%，可见西安人对××酒的偏执与忠爱。

二、SWOT分析

优势：

1. 具有××品牌的无形资产的支持。

2. 有经典的品质保证。

3. 有先进的“战略联盟一体化”和利润中心最大化的营销模式，最大限度地降低经销商的风险。

4. 具有理论功底深厚、营销实战经验丰富的营销队伍协助经销商一同开发市场。

5. 聘请国内著名的酒类营销策划公司进行全程跟踪策划。

6. 终端管理为营销战略、战术的核心思想，构筑深度而缜密的营销网络。

劣势：

1. 地域性强，虽是中国四大名酒之一，但其发展的态势与影响力远不如茅台、五粮液、剑南春等。

2. 所给予经销商政策空间与同类竞争产品比占有明显劣势地位。

机会：

1. ××品牌的高端市场在全国一直无很好表现，××品牌系列酒的进入正好填补了这一空当。

2. 大众消费者对白酒高档产品的消费认同度越来越高。

3. 陕西省白酒高端市场的竞争格局还不十分明朗，××品牌系列酒借助××的地缘优势进入市场的壁垒不会很大。

问题：

1. 产品的原始成本居高，致使我们在制定经销商的政策时陷入较为被动的局面。

2. 产品线较短，没有拉开档位。产品线的内容必须要进行丰富，在价格的档次要有明显的大的区隔，终端价格在50元至200元之间的产品线的品项应尽快纳入到公司的战略规划之中。

3. ××品牌在全国市场的动作没有太大的力度，地域性强。

三、营销战略规划

战略核心思想："兵因敌而制胜，水因地而制流。"营销策略的制订与执行必须本着"因地制宜、因项制策"的原则，在遵循基本的营销战略指导思想的基础上，在战术上须不断创新求异，不断寻求和发现与其他竞品的差异化的内容。运用整合营销传播这一工具，广泛深入地传播××品牌系列产品的品牌内容。

1. 战略目标：

(1) 陕西省从2002年12月至2003年12月底确保销售收入1500万元，力争完成1800万元，向2000万元冲刺。广告费用的投入比例全年控制在10%~15%之间。

(2) 确保使××品牌系列酒在同类竞争产品中的品牌知名度达到第一，市场占有率达到第一。

(3) 以地级市为一个营销战略单位，基本完成11个地级市的网络构建工作。

2. 战略规划：

(1) 确定陕西省四大区域的战略位置：西安、榆林、渭南、宝鸡。

西安所辖：西安、商洛。

榆林所辖：榆林、延安

渭南所辖：渭南、铜川、咸阳、韩城。

宝鸡所辖：宝鸡、汉中、安康。

(2) 确定西安为陕西省域市场的营销指挥中心，同时划定为西北五省的战略中心市场。

(3) 2002年11月至2003年底四大区域的网络部署率达到80%以上。

(4) 四大区域的市场管理人员完成从地级区域市场管理向省级区域市场管理的角色转换，真正成为人才培训基地。

3. 战略联盟：

推行厂商战略联盟一体化和利润中心最大化的营销模式。从战略联盟的角度考虑，构建一级营销网络。把一、二级网络和零售终端商发展成战略联盟成员。

从利润中心最大化的角度出发，尽最大的营销努力使渠道扁平化。

4. 战略部署：

战略部署推进的核心是："一个战役三步实施"。

一个战役是产品线的网络渠道战。三步实施是以次战役为平台，下一个阶段在战略上要分三步走：

第一步，用3个月的时间，构建××品牌系列产品在陕西省的一级营销网络，即建立以地级市为单位的战略中心市场。

第二步，用4~6个月的时间构建陕西省四个战略区域的终端营销网络，即建立以终端为各个区域市场的战术中心市场，并延伸至各区域所辖的县域市场的终端。培育起年销售额度达到1000万元的市场规模。

第三步，用6个月的时间构建陕西省11个地市包括其所辖县域市场的终端营销网络，即建立以终端为各区域市场的战术中心市场并延伸至县域市场的终端。培育起年销售额度达到1500万~2000万元的市场规模。

四、营销策略

1. 产品策略。

产品包装规格策略：

遵循公司营销战略中心思想，拟确定以××品牌为主打品牌，华山论剑和相约百年为副品牌。以天长地久的成长带动华山论剑和相约百年副品牌的发展。在产品的度数推广方面考虑到陕西省消费人群对酒质、口感、香型的偏好，对较高度数酒的认同度的比重较大，拟初步确定主推45度或52度的产品品项。

2. 价格策略。

××品牌精品系列酒，丰富了××产品线的品项内容，使××产品的高端市场有了支撑的保证。考虑到××酒的特殊目标消费群体和所面对的目标市场，终端价格设定在300~450元之间这样的一个价格体系之间我们觉得××酒的品牌内涵和××目前的营销表现，也需更多的营销努力和支持来支持产品在这个价格带上的有效运行。

鉴于有××好猫作为比照，××品牌系列酒在这个价格政策体系的框架里运作。虽然限制了一批消费人群，但我们的赢利空间，从单位成本上来讲要大许多。若策略得当，通盘来看，这个价格体系也能够支撑起陕西区域市场年1500万~2000万元的销售额度。

3. 渠道策略。

基本思路：根据公司总体的渠道规划思路，结合陕西省白酒高端市场运作的现状，确定陕西的渠道基本策略是：以地市级区域市场为一个营销战略单位，向下延伸。

具体阐释为：以地市级区域市场为一个营销战略基本单位向下延伸，是作为“1+1+N”模式的一个基本的载体。针对陕西省各区域市场而言，第一个1代表××酒业；第二个1代表各地市级区域市场的总经销商；N代表若干个零售终端商，从真正意义上实现了渠道的扁平化。

此模式与百年老店所推行的“1+1+N”的模式有所不同，它直接省去了分销商这一环节，对地市区域的总经销商而言，虽然增加了很多营销工作的内容，但赢利的空间却拉大了很多。陕西的××公司在我们这个模式中的角色定位就非常合适。

“战略联盟一体化”和“利润中心最大化”的战略中心思想也是这个模式的精髓所在。

三、产销分析报告

（一）概念

产销分析报告，是研究并反映工业生产和商业销售之间的关系，分析市场供应和需求形势的一种文书。它把产销结合起来，分析某种或某类产品市场畅销或滞销的原因并找出对策，改变了过去产销分离的不正常情况。

（二）格式与注意事项

1. 格式

(1) 标题。要突出中心，抓住关键。它应该是全文的精确概括，使读者从标题中一眼就能看出文章的中心所在。

(2) 正文。一般由情况、分析、建议三部分构成：

①情况。简要说明背景和市场销售信息，要体现出明确的针对性。

②分析。准确掌握产品的销售情况，从销售信息中分析产销中存在的问题和原因，分析要深入具体，抓住问题的关键，写出产销问题的症结，同时做到实事求是，语言简明准确。

③建议。根据产销分析所反映出的问题，提出改进意见和具体措施。

(3) 落款。署明作者姓名和单位以及写作时间。

最后还要再强调一下，产销分析报告重就重在“分析”，当你完成一份产销分析报告后，你也可以从一个读者的角度来审视一下，自己的“分析”是否鞭辟入里，深刻地把握好产销关系。

2. 注意事项

书写产销分析报告时应注意：

(1) 结合产销两大问题做出深入分析；

（2）明确的针对性；

（3）准确掌握产品的销售情况。

（三）范例

××药品产销分析报告

根据权威机构数据预测，××药品原料药从1994～2005年内将以每年平均6%的速度增长。2005年，世界范围内产量将达到××××吨。在同类药品中，××制剂销售额一直独占鳌头，制剂市场份额最高曾达××亿美元。估计2002年全球××药品总消耗量高达×万吨，年增长率为9%。××药品是近5年来发展最快的品种，市场普及率高，患者选择率高，价格比较透明。

在全国重点城市医院用药排行榜上，在3年间，××药品的排名分别为16位、21位、34位，有下降的趋势，主要原因在于一些新兴的同类产品已经取代××药品在临床上开始大量应用，同时也是我国临床上耐药性日益严重的一个体现。在农村市场，××药品作为常用××类药物地位仍然牢不可破。

随着制剂市场的蓬勃发展，我国的××原料生产也得到了长足的发展。国产××原料的工艺技术不断提高，总收率已达88%，原料单位成本已从700多元/公斤降至500元/公斤左右，国产产品已经基本顶替了进口产品，并开始进入大规模的生产时期。目前，国内××原料的生产企业主要有××××等8家。近几年，随着××原料产量的不断增长，其价格也在不断下降，从××××年××月在×地举行的全国原料药品交易会上的情况来看，××原料的价格已经跌至400元/公斤左右，完全达到了国际市场价格水平，表明国产××原料的价格已经具备了在国际市场的竞争能力，可以大胆地向国际市场进军，同时也可以缓解目前国内市场供过于求的局面。

近几年，××药品市场增长迅速，去年产量已经接近××亿粒。目前已经步入市场成熟期。××药品是我国药品市场竞争最为激烈的品种之一，生产企业云集，共计有50余家。经过激烈的市场竞争，一些产量较大的企业规模不断扩大，使整个市场集中度不断提高，目前市场已经基本由××××等大企业把持。作为医保甲类药品，近几年来，××胶囊的价格已连续降了4次，零售价格的降幅超过了50%，而一些生产企业的出厂价更低，基本上在0.15～0.2元/粒之间，价格触底致使该产品利润微薄，规模优势更加明显，这也是导致其市场集中度不断提高的重要因素之一。

目前，国内××胶囊销售模式基本有两类：一类为合资企业和单独定价企业采取的销售模式，多走大城市、大医院路线；另一类为通过国内大多数药厂的销售渠道，这类药厂数量众多，售价也较低，一般按照普药销售模式，采取大户分销或批量投放市场的方式，主要市场集中在中小城市以及广大的农村地区。

从未来的发展趋势来分析，作为一个常用的×类产品，××药品已经为众多消费者接受，成为家庭常备药之一，市场普及率非常高，并且还在逐步取代×××等传统同类药物的市场，仍具有市场增长潜力。该产品实际出厂价已经降到底限，除非原料价格进一步下降，否则，今后的降价空间不会很大。从投资方面分析，该产品普通剂型市场已经接近成熟，而针对不同的适用人群和适用部分的各种新剂型还不多见，可以作为投资选择方向。

四、产销情况分析

（一）产销情况分析的含义

产销情况分析是对生产和销售情况进行总结分析而写出的书面报告。按时间分，有月度产销情况分析、半年度产销情况分析、年度产销情况分析。

产品计划完成情况是产品的实物量的实际生产值，它决定了产品的销售量，是销售实物量的基础，而库存量则反映了产品的市场供需状况，当某一产品的库存降为“0”时，则说明该产品市场走俏；反之，某一产品的库存量陡然上升则说明该产品的市场走软，销售不畅，应该采取措施，调整产品结构，增加适销对路的产品的生产量，以便最大限度地占领市场。所以说，产、销是企业经营的命脉，而生产和销售是辩证的统一体。产销分析就是在产与销的因素中分析影响生产或者销售的原因，找出市场的热点，做好产销平衡和衔接工作，以改进经营管理，最大幅度地提高企业的经济效益。

（二）产销情况分析的作用

（1）作为生产计划编制的依据。由于我国目前实行的社会主义市场经济，因此所有企业的经营活动都应围绕市场这个“纲”来开展，由于产销情况分析指明了市场的畅销品种、平销品种和滞销品种，因而就为生产计划的编制提供了市场依据，从而避免了不闻不问市场的盲目生产所带来的损失和浪费。

（2）为生产和销售搭起了一座桥梁。企业的生产系统是属于自我封闭型的系统，而销售系统是与外界密切联系的开放系统，它们都必须服从于市场的安排，否则，脱离市场的生产或销售必将给企业带来不可估量的损失，而这两个系统的衔接就决定于产销分析。

（3）以产销分析为基础，做好企业内部的生产平衡工作。

（4）以生产分析为依据，进行产销衔接工作，避免企业内部的各自为政、互不通气。

（三）产销情况分析的写法

产销情况分析的格式，大致由标题、数据表格和文字分析说明三部分组成。

1. 标题

产销情况分析的标题由分析单位、分析日期和分析内容构成。

2. 数据表格

产销情况分析的数据表格一般要把实际产量、销量与计划产量、销量进行对比说明，以反映其完成任务的实际情况。

制定和填写表格要准确无误，数据来源必须真实可靠，这张表格是产销分析的基石，应置于分析报告的开头。

3. 文字分析说明

通常要分析当前市场的热点在什么产品上，市场的冷点在哪里，同时要对市场的趋势做好准确的预报，以便企业的决策者能及时调整产品结构，获取较大的经济效益。

（四）范例

2008 年汽车产销情况分析

据中国汽车工业协会统计分析，2008 年，全球性金融危机加快了世界经济衰退，我国经济环境也发生了很大变化，在宏观调控、特大自然灾害、股市财富效应消失以及排放标准实施等一系列因素的影响下，我国汽车产销呈现“前高后低”的走势，并结束了近年来高速增长的势头，行业经济效益增速明显减缓，出口增势受到较大抑制。2008 年，汽车累计产销 934.51 万辆和 938.05 万辆，同比增长 5.21% 和 6.70%，成为自 1999 年后首次跌破 10% 的年份。

一、全年产销呈明显变化：上半年平稳，下半年回落加快

2008 年，汽车产销分别达到 934.51 万辆和 938.05 万辆，同比分别增长 5.21% 和 6.70%，与上年同期相比，产销增速分别回落 16.81 个百分点和 15.14 个百分点，自 1999 年后产销年增速首次回落至 10% 以下。从 2008 年汽车产销总体变化情况来看，上半年表现总体平稳，三季度后产销下滑加剧，特别是 11 月，12 月产销同比快速下降，造成四季度产销同比双双呈现负增长，进一步加快了全年汽车产销增速回落。从各季度产销同比情况看：一季度汽车产销 251.93 万辆和 257.87 万辆，同比增长 14.89% 和 21.42%；二季度产销 268.03 万辆和 260.36 万辆，同比增长 18.40% 和 15.71%；三季度产销 211.35 万辆和 204.69 万辆，产量同比增长 2.95%，销量下降 1.79%；四季度产销 203.20 万辆和 215.13 万辆，同比下降 14.37% 和 7.80%。

二、乘用车所占比重较上年有所提升，商用车呈一定下降，轿车增长贡献度依旧在各车型中最高

2008 年，乘用车产销 673.77 万辆和 675.56 万辆，同比增长 5.59% 和 7.27%，与 2007 年相比，增速分别回落 16.35 个百分点和 14.41 个百分点。尽管增速回落较快，但乘用车所占比重依然呈现稳定增长，分别占汽车产销总量的 72.10% 和 72.02%，与上年相比，所占比重提高 0.26 个百分点和 0.39 个百分点。与乘用车相比，商用车进入下半年以来，表现更为低迷，共产销 260.74 万辆和 262.49 万辆，同比增长 4.24% 和 5.25%，低于全行业 0.97 个百分点和 1.45 个百分点，与 2007 年相比，增速回落 17.97 个百分点和 17.00 个百分点，占汽车产销总量的 27.90% 和 27.98%，所占比重略低于上年。从汽车细分品种来看，轿车、货车和交叉型乘用车继续稳居前三位，2008 年，上述三个品种分别销售 504.69 万辆、164.06 万辆和 106.36 万辆，分别占汽车销量的 53.80%、17.49% 和 11.34%，与上年相比，所占比重分别提升 0.04 个、0.24 个和 0.10 个百分点。

从汽车各主要品种增长贡献度来看，乘用车产销增长贡献度保持最高，达到 77.08% 和 77.77%，分别比上年提升 5.45 个百分点和 6.57 个百分点，商用车则呈现一定下降趋势。从细分车型来看，基本型乘用车（轿车）产销增长贡献度依旧最高，分别达到 51.80% 和 54.39%，但与上年相比，下降 6.12 个百分点和 2.61 个百分点；货车、交叉型乘用车和运动型多用途乘用车（SUV）贡献度均高于上年；客车、半挂牵引车产销增长贡献度较低，与上年相比，均呈现一定下降；多功能乘用车（MPV）、货车非完整车辆和客车非完整车辆产销增长贡献度为负值，表现更为低迷。

五、营销策划方案

（一）概念

营销策划就是企业的营销策略规划，为了企业整体性和未来性的营销策略进行的规划，它包括从构想、分析、归纳、判断，一直到拟定策略、方案的实施，事后的追踪与评估的全过程。在市场的营销中，把策划过程用文字完整地书写出来就是营销策划方案。

（二）原则

编制营销策划方案的原则。

为了提高策划书撰写的准确性与科学性，应首先把握其编制的几个主要原则：

1. 可操作原则

编制的策划书是要用于指导营销活动，其指导性涉及营销活动中的每个人的

工作及各环节关系的处理。因此其可操作性非常重要。不能操作的方案创意再好也无任何价值。不易于操作也必然要耗费大量人、财、物，管理复杂、显效低。

2. 逻辑思维原则

策划的目的在于解决企业营销中的问题，按照逻辑性思维的构思来编制策划书。首先是设定情况，交代策划背景，分析产品市场现状，再把策划中心目的全盘托出；其次是进行具体策划内容详细阐述；最后是明确提出解决问题的对策。

3. 简洁朴实原则

要注意突出重点，抓住企业营销中所要解决的核心问题，深入分析，提出可行性的相应对策，针对性强，具有实际操作指导意义。

4. 创意新颖原则

要求策划的“点子”（创意）新、内容新、表现手法也要新，给人以全新的感受。新颖的创意是策划书的核心内容。

（三）写作方法与结构

策划书按道理没有一成不变的格式，它依据产品或营销活动的不同要求，在策划的内容与编制格式上也有变化。但是，从营销策划活动的一般规律来看，其中有些要素是共同的。因此，我们可以共同探讨营销策划书的一些基本内容及编制格式。

1. 封面

策划书的封面可提供以下信息：

①策划书的名称。

②被策划的客户。

③策划机构或策划人的名称。

④策划完成日期及本策划适用的时间段，因为营销策划具有一定的时间性，不同时间段上市场的状况不同，营销执行效果也不一样。策划完成的日期如果有修改，也要写明修改日期。

2. 正文

营销策划案的正文由策划案的详细说明、市场状况分析、策划案的本文三个部分组成。

（1）策划案的详细说明。这是策划案的开头部分，也是最主要的部分。它包括：策划的缘起、背景资料、问题点与机会点、创意的关键等，加以概括说明。一般将这些内容放在前言中。

（2）市场状况分析。

（3）策划案的本文。

一份完整的营销策划案除了市场状况的分析之外，还要有公司未来的经营方针策略，如价值是采用低价、高价，还是追随价格；量化的销售目标；推广计划（推广计划包括目标、策略、每一策略的实施计划）；市场调研计划；营销管理计划；损益预估。

（1）分析当前的营销环境状。

（2）市场机会与问题分析。

针对产品特点分析优、劣势。从问题中找劣势予以克服，从优势中找机会，发掘其市场潜力。

（3）营销目标。营销目标是在前面目的任务基础上公司所要实现的具体目标，即营销策划方案执行期间，经济效益目标达到：总销售量为×××万件，预计毛利×××万元，市场占有率实现×××。

（4）营销战略（具体行销方案）。

①产品策略：通过前面产品市场机会与问题分析，提出合理的产品策略建议，形成有效的4P组合，达到最佳效果。

②价格策略。

③销售渠道。产品目前销售渠道状况如何对销售渠道的拓展有何计划，采取一些实惠政策鼓励中间商、代理商的销售积极性或制定适当的奖励政策。

④广告宣传。

（5）策划方案各项费用预算。这一部分记载的是整个营销方案推进过程中的费用投入，包括营销过程中的总费用、阶段费用、项目费用等，其原则是以较少投入获得最优效果。

（6）方案调整。在方案执行中随时都可能出现与现实情况不相适应的地方，因此方案贯彻必须随时根据市场的反馈及时对方案进行调整。这一部分是作为策划方案的补充部分。

营销策划方案的编制一般由以上几项内容构成。企业产品不同、营销目标不同则所侧重的各项内容在编制上也可有详略取舍。

（四）范例

“小天鹅”飞腾计划策划方案

一、前言（企业概况）

无锡小天鹅股份有限公司迄今已发展成为以生产洗衣机为主，集家电、电子、商贸、金融、房地产、餐饮业、信息传播、建筑材料等行业在内的大型企业集团，也是目前国内最大的生产全自动洗衣机的企业。1992 年，小天鹅通过

5000 次无故障运行，超国际标准、平世界纪录。1995 年，小天鹅获 ISO9001 国际质量认证，跻身世界级供应商行列。

小天鹅股份有限公司的主导产品小天鹅全自动洗衣机已连续 9 年在国内销售第一，市场占有率保持在 40% 以上。特别是 1995 年 1 ~7 月，小天鹅全自动洗衣机销量达 47 万台，市场占有率超过 52%，深得消费者的欢迎。

为配合“小天鹅”夏季营销计划，做到淡季不淡，特策划本广告案，以期“小天鹅”全自动洗衣机在淡季取得理想的营销业绩，故命名为“飞腾计划”。

二、背景分析

1. 市场概况（略）。

2. 竞争状况（略）。

3. 消费分析后市场预测（略）。

三、市场营销战略

在竞争激烈的洗衣机市场，各厂家从产品质量、售后服务、价格进行大量的宣传。小天鹅在以往的战略计划中，也未能免俗，并采用有奖销售的办法促销。而从消费者的反应可以看出有奖销售已被人们所厌烦，不能刺激起消费者的购买欲，售后服务和质量的广告宣传较为到位，并有一定的独特个性。

1996 年度淡季，在各方面公关战略广告和常规广告计划的配合下，销售方式建议加以改动，可采用季节性阶梯价格策略，从淡季的低谷期起，将销售价格下浮 5% ~10%，在淡季期逐步分期上浮，在 9 月中旬恢复正常，为期 100 天，按每日上浮 2 元人民币为限。

阶梯渐升价格销售是市场营销中价格策略的一种，主要针对销售淡季实施，以期扭转销售颓势。阶梯渐升价格策略本身促销力较理想。与单纯的降价相比，不降低消费者对商品的信任度。因为是逐步提价，这也提示消费者从速购买。使淡季销售量提高，与相对旺季默契配合。例如，格力空调在冬季销售中便采用这种策略使空调一度热销。

四、广告战略战术

作为国内第一家生产全自动洗衣机的企业，小天鹅股份有限公司一贯坚持发展名牌战略，注重“小天鹅”企业形象建设。为长期稳固占领市场，建议加强“企业形象力”的促销效果，利用公关广告的“在商不言商”的软性广告效应，提升商品广告的直接硬性广告的灌输力度。

在 1996 年 6 ~9 月销售淡季，广告战略以企业形象广告为主，为 9 月之后大量的小天鹅商品促销广告打一个良好的广告受众基础。

A. 销售广告（略）

B. 企业形象（系列）广告（略）

五、媒体计划及预算（略）

本案企划意图使“小天鹅”在河南市场的目标消费群中知名度提高到100%，美誉度和信任度达到90%，指名购买率和市场占有率达到50%以上。

六、市场营销战略目标管理方案

（一）概念

市场营销战略目标管理方案是指企业在市场上为促进销售而制定的对各营销部门整体量化管理的计划与安排。

（二）写作方法与结构

1. 基本原则
2. 战略目标体系及其确立
3. 考核标准及奖励办法
4. 费用提成

（三）范例

××公司国际营销战略目标管理方案

一、基本原则

（一）个人与公司利益共享、同步发展；

（二）建立科学的价值评价和分配体制；

（三）基本任务完成保底，高额提成与销售额的增长挂钩；

（四）给所有一线营销人员提供一个有利于个人能力最大限度发挥的公平、公正、合理的竞争平台。

二、战略目标体系

（一）销售收入目标；

（二）月度工作考核目标（百分制）。

三、战略目标的确立

基本任务目标是以上年全年销售回款额为基本目标，500万美元以下国家或地区由公司根据市场开拓现状和市场潜力核定。

四、差旅费、通讯费补助

（一）公司提供差旅费补助：差旅费补助参照《业务员等级标准》，依据工作日记卡报销。

（二）区域首席代表由公司配装手机，由公司按300美元/月标准报销手机话费。其他业务人员自备手机，按100美元/月标准报销手机话费。

（三）季度营销工作会议往返机票由公司承担。

五、工资奖金的提取及发放

工作总额＝基本工资（s美元）＋浮动工资（t美元）

A：基本工资为：s美元×月度基本任务完成系数b

其中：月度基本任务完成系数b＝1；每下降1个百分点，系数下降0.01；月度基本任务未完成，但完成年度基本任务者，年终补足月度基本工资差额。

B：浮动工资为：t美元×月度工作考核分。满分为100分，不满分按实际得分×t/100计算。

七、价格走向分析报告

（一）价格走向分析报告的含义

价格走向分析报告是指企业对产品的行业市场价格或竞争对手价格进行分析预测的汇报材料。

（二）价格走向分析报告的内容

1. 背景介绍
2. 价格现状
3. 价格走向预测
4. 建议与意见

（三）范例

2008年东北地区市场稻米价格走势分析报告

自国家出台稻谷临时收储政策以来，东北产区水稻价格出现了一定幅度的上涨。目前，东北产区新稻价格基本在政策价左右，市场收购主体以国储粮库为主。吉林松原地区稻谷收购价格在0.91～0.92元/斤，集中价为0.915元/斤；榆树地区直属库及所属直管库挂牌收购价三等在0.93元/斤，二等在0.95元/斤，一等在0.97元/斤，水分在14.5%以下，质量严格控制在国标范围内；四平地区新水稻上市数量不多，粮库收购价格在0.94元/斤；永吉县稻谷市场购销也较前期活跃，粮库二等以上水稻挂牌价格在0.95元/斤。黑龙江哈尔滨市五常库点收购价在0.95元/斤；齐齐哈尔市第二粮库到库价格长粒为0.93元/斤，圆粒为0.90元/斤；牡丹江市林口县粮食局报价，库点收购稻谷长粒和圆粒价格为0.93元/斤。

由于对后市价格运行趋势把握不准，多数用粮企业受资金、仓容限制、收购量小等因素影响，大多持观望态度，不敢贸然入市收购。虽然今年东北水稻继续获得丰产，但随着国家利好政策的不断实施，在中储粮入市和政策底价确立的背景下，以及粮食种植成本大幅提高等因素共同支撑，市场普遍预期水稻价格仍有稳中趋涨的动力，同时也增强了农民对销售价格的心理期望。具体分析如下：

（一）我国稻谷产量继续增加，东北水稻丰产质优（略）

（二）国家出台一系列惠农政策支持水稻价格稳中有升（略）

（三）种植成本增加将有助于提升水稻底部价格（略）

（四）水稻市场各方看涨心理强烈（略）

（五）国际大米市场供应形势不断改善，价格下跌压力持续增大（略）

由于今年我国稻谷连续5年丰收，国内市场继续呈现供大于求的局面，但受国家政策支撑、能源价格及农资等生产资料价格上涨、种稻成本大幅提高等因素影响，农民对今年水稻价格上涨期望值较高，将在一定程度上支持稻米价格上涨。总体来看，今年我国稻米市场供大于求，市场销售压力趋于明显，某一阶段走弱也是正常的，但在国家政策引导下，平稳缓慢上升仍是稻米市场发展的主流方向。

八、风险性营销决策方案报告

（一）概念

风险性营销决策方案报告，是一种根据企业经营过程中可能出现的几种不同自然状态下的概率，通过计算值进行决策的一种方法。风险性营销决策方案通常有决策表分析法和决策树分析法两种。

（二）风险性营销决策方案报告的内容

1. 风险性营销环境

2. 决策的方案分析

3. 总结并提出参考意见

（三）范例

××公司风险性营销决策方案报告

为了扩大市场竞争，经厂长会议决定，同意生产××新产品。为此需要建造一个车间，以保证××新产品有基本的生产条件。这个车间，如果新建，需要投资120万元；如果在原有的基础上扩建，则需要投资40万元。未来5年年度投资销售利润的预测结果（略）。

根据所提供的各种自然状态所获得的效益，可以分别算出两种方案的效益期望值。

两个方案在5年中的效果：

新建车间：120+120+10=250（万元）

扩建车间：90+90+7.5=187.5（万元）

两个方案在5年中的净效果：

新建车间：250－120=130（万元）

扩建车间：187.5－40=147.5（万元）

两个方案在5年中的效率：

新建车间：130/120≈1.08（万元）

扩建车间：147.5/40≈3.69（万元）

由于扩建车间方案的效益比新建一个车间的效益高，所以应采用扩建车间的决策方案。以上方案，请领导裁定。

××公司

××××年××月××日

九、营销渠道系统规划方案

（一）营销渠道系统规划方案的含义

营销渠道系统规划方案是指企业在市场上，根据经营目标对整个分销渠道进行合理布局与管理的商务文书。

（二）营销渠道系统规划方案的要求

由于企业状况的不同，所建设的渠道系统也不相同。因此，营销渠道系统规划方案一般没有固定格式。它主要是对各渠道的代理所拥有的权利义务、优惠措施以及应该具备的某些条件进行较具体的阐述。

（三）范例

××公司区域营销渠道系统规划方案

一、买断独家经营权

为了体现和保护知识产权的价值，维护区域性经营者的合法权益，本公司在建立渠道时，按照国际惯例和有关法规，上级代理向下级代理收取一定数额。

A. 城镇级，以每城市×××平方米耕地计：

×××以1000元市场特许费为标准。

×××以1200元市场特许费为标准。

以上可视情况上下浮动。

B. 地区级，以每地区×××平方米耕地计：

×××以5000元市场特许费为标准；

×××以6000元市场特许费为标准。

以上可视情况上下浮动。

C. 国家级，以每个国家×××平方米耕地计：

×××以5万元市场特许费为标准；

×××以3万元市场特许费为标准。

以上可视情况上下浮动。

D. 示范组：不需缴纳特许费，只需由城镇代理选定若干名示范户，享受优惠进货价，做好试验示范和推广工作即可。

二、各级代理所享受的价格

国家级代理："×××"10000元/吨，"×××"17000元/吨；

地区级代理："×××"12000元/吨，"×××"18000元/吨；

城镇级代理："×××"14000元/吨，"×××"20000元/吨；

示范组："×××"9元/袋（500g），"×××"11.5元/瓶（500ml）。

三、经纪人

对于获得"×××"、"×××"信息，但自己却无资金和实力缴纳特许费者，可作为经纪人可以介绍他人成为公司的各级代理商。介绍他人成为国家级独家代理商并协助成功者，可优先考虑其成为该国家的技术辅导员，并可一次性地获取该国家市场特许费2%的差旅补助，同时将获得该国家今后销售总量的每吨150元的永久性提成。

如已经成立地区级公司或已有代理，国家级经纪人的服务费由该地区公司统一拨给地区机构核发，买断市场特许费2%的差旅补助由地区级拨给。

四、技术辅导员（略）

十、营销组合实施评估文案

（一）营销组合实施评估文案的含义

营销组合实施评估文案是指企业在经营中，对企业的产品、价格、渠道和促销策略进行评定与诊断，提出相应改进措施的文书。

（二）营销组合实施评估文案的内容

1. 产品评估

2. 价格评估

3. 营销渠道评估

4. 促销组合评估

（三）范例

××医疗用品公司营销组合实施评估文案

一、产品评估

（一）计划目标（略）

（二）产品诊断方式

查出M公司每年的总进口量，然后和本公司的进口量比较，进而分析其毛利、成长率等，最后研究拟订出本公司应加强的产品。

（三）诊断报告（略）

（四）改进策略

1. 着重销售消耗品。

（1）以消耗品领头，寻找新客户。

（2）经常拜访新客户，建立良好的客户关系，争取仪器订单。

2. 形成自己的品牌知名度。

3. 纠正业务员只愿卖老产品不愿卖新产品的做法。

（1）加强业务员对新产品知识的了解。

①编订“标准推销术”；

②请原厂派人来讲解。

（2）每季度宣布该季度的重点产品，列入各业务员的考绩。

4. 运用市场区隔策略，开发家庭用医疗器材。

5. 抢先引进新产品。

（1）目前市场上还没有的产品。

（2）老产品的改良。

二、价格评估

（一）市场背景（略）

（二）价格诊断方式（略）

（三）诊断报告（略）

（四）改进对策

1. 采取分段定价法。

利用高价政策抢先引进新产品，获取抢先上市利润；利用降价策略打击跟进的竞争对手，维护市场份额。

2. 采取副品牌策略。

3. 以分期付款和租赁的方式来开发中型私立医院。

4. 加强非价格竞争策略。

（1）售前服务，推荐适用机种，提供试用。

（2）售后服务，维护的零配件要齐全，维护迅速、质量好，服务阵容强大。

（3）准时进货。

（4）邀请国外权威学者举办学术演讲会。

（5）举办医院经营管理研讨会。

三、营销渠道评估

（一）背景介绍（略）

（二）渠道诊断方式（略）

（三）诊断报告（略）

（四）改进策略

1. 积极开发中型私立医院。

（1）符合本公司守法经营的传统经营理念。

（2）大幅度提高业绩。

（3）推广新的、好的仪器。

2. 开发中型私立医院的方法。

（1）除本公司同有的两家地区经销商外，不再寻找新的地区经销商，而完全由本公司直销。

（2）先选定一处试销，成功后再扩展至其他地区。

（3）将试销表现良好的老业务员分配到各区担任主管。

（4）务必做好招考、训练新业务员的工作。

四、促销组合评估

（一）促销组合计划目标（略）

（二）诊断方式（略）

（三）诊断报告（略）

（四）改进对策

1. 客户。

（1）举办新产品发布会。

（2）聚餐、摸彩。

2. 业务员。

(1) 由顾问负责规划全盘的业务员教育训练。

(2) 制定业务员的考绩办法，将上述所列项目列入考绩，作为其年终奖金、加薪与升迁的依据。

(3) 编订“标准推销术”。

(4) 定期召开业务会议。

3. 广告方式。

(1) 编印营销广告书，寄给中型私立医院。

(2) 运用公共报告来强化本公司的形象。

十一、营销战略财务分析报告

(一) 营销战略财务分析报告的含义

营销战略财务分析报告是指企业在市场上实施营销战略时，分析所占用资金的书面汇报材料。

(二) 营销战略财务分析报告的内容

1. 费用类别

2. 费用项目

3. 实际开支

4. 占预算比例

5. 差额分析

(三) 范例

××公司营销战略财务分析报告

一、费用项目

(一) 销售

1. 工资及有关开支

(1) 实际费用：________________

(2) 占预算比例：________________

2. 营业用品

(1) 实际费用：________________

(2) 占预算比例：________________

3. 其他营业开支

(1) 实际费用：________________________________

(2) 占预算比例：______________________________

4. 邮资、传真、上网

(1) 实际费用：________________________________

(2) 占预算比例：______________________________

5. 贸易展销

(1) 实际费用：________________________________

(2) 占预算比例：______________________________

(二) 广告

1. 工资及有关开支

(1) 实际费用：________________________________

(2) 占预算比例：______________________________

2. 交换广告（到期的账单）

(1) 实际费用：________________________________

(2) 占预算比例：______________________________

3. 其他营业开支

(1) 实际费用：________________________________

(2) 占预算比例：______________________________

4. 室外

(1) 实际费用：________________________________

(2) 占预算比例：______________________________

5. 印刷（包括杂志与报纸）

(1) 实际费用：________________________________

(2) 占预算比例：______________________________

6. 制作

(1) 实际费用：________________________________

(2) 占预算比例：______________________________

7. 电视机

(1) 实际费用：________________________________

(2) 占预算比例：______________________________

(三) 推销

1. 工资及有关开支

(1) 实际费用：________________________________

(2) 占预算比例：______________________________

2. 其他销售辅助物

(1) 实际费用：________________

(2) 占预算比例：________________

3. 销售材料（特性）

(1) 实际费用：________________

(2) 占预算比例：________________

（四）公共关系

1. 工资和有关开支

(1) 实际费用：________________

(2) 占预算比例：________________

2. 外单位服务费用

(1) 实际费用：________________

(2) 占预算比例：________________

3. 其他营业开支

(1) 实际费用：________________

(2) 占预算比例：________________

4. 摄影

(1) 实际费用：________________

(2) 占预算比例：________________

（五）调查研究

1. 工资及有关开支

(1) 实际费用：________________

(2) 占预算比例：________________

2. 顾客

(1) 实际费用：________________

(2) 占预算比例：________________

3. 其他营业开支

(1) 实际费用：________________

(2) 占预算比例：________________

4. 外单位服务费用

(1) 实际费用：________________

(2) 占预算比例：________________

（六）酬金和佣金

1. 广告费

（1）实际费用：________________

（2）占预算比例：________________

2. 特许费

（1）实际费用：________________

（2）占预算比例：________________

3. 市场营销费用

（1）实际费用：________________

（2）占预算比例：________________

4. 其他营业开支

（1）实际费用：________________

（2）占预算比例：________________

（七）其他销售促销费用

1. 协会会费

（1）实际费用：________________

（2）占预算比例：________________

2. 免费顾客

（1）实际费用：________________

（2）占预算比例：________________

3. 直接邮寄

（1）实际费用：________________

（2）占预算比例：________________

二、差额分析（略）

十二、品牌营销可行性报告

（一）品牌营销可行性报告的含义

品牌代表的是产品在市场上的知名度，是在消费者心中的美誉度和可信度；品牌是产品品质优秀、服务优良的一种象征，是对客户的一种保证，也是一种品位的表现。品牌的形成非一日之功，是在较长时间的日积月累中铸造出来的。所以，对品牌营销前期工作，即可行性报告的写作要谨慎。

（二）品牌营销可行性报告的要求

1. 好的品牌名称

可口可乐——可口又可乐；百事可乐——百事皆可乐，既朗朗上口，又寓意美好，体现了产品的品质，受到人们的喜爱。海尔，名称本身并无意义，但是，从国际化战略上去定位，利用海尔兄弟的形象化去宣传，有利于海尔走向全世界。又如太太口服液的定位是30岁以上的女性，给人一个明确的概念和定位，有利于产品在太太中的销售。

2. 广告效能

广告策略的恰当运用能使品牌事半功倍。

（1）产品从标识到文字，从图形到颜色精心设计，形成一种风格、意境和联想。

如可口可乐的红色魅力，代表喜庆、活泼、热烈；百事可乐使用的蓝色与海洋、清凉、清爽联系在一起；三星 Anycall 手机，用语音拨号，凸显出该手机具有用语音拨号的特殊功能，生动、形象，客户一下就记住了。

（2）选择合适的媒体。报纸、杂志、电视、广播、网络、户外等媒体有不同的特性，不同的品牌应选择适宜的、效果最好的媒介。

如脑白金杯电视模特服装大赛、哈药六杯第十届中国青年业余歌手大奖赛等，效果都非常好。

（三）范例

新康泰克品牌营销可行性报告

一、“新康泰克”品牌名

新产品定名为“新康泰克”，是原有“康泰克”品牌的延续和发展。品牌名的制定是基于对消费者和市场状况的深入研究之后作出的决策。根据市场调研，康泰克品牌在全国享有超过89.6%的认知度，并在“疗效好、起效快、作用时间长”等关键性产品特性上都有超过同类产品的表现。在康泰克退出市场的这段时间，消费者仍然对品牌抱有一定的好感。在2001年全国20个城市的定量调研中，90%的消费者表示“会接受”或“可以考虑接受”康泰克重回市场。正是康泰克品牌在消费者中形成的强大的品牌资产，以及消费者给予品牌的信赖，让史克公司有充足的信心续用“康泰克”品牌。

二、“新康泰克先生”

史克公司重视品牌与大众消费者的沟通，并摸索出一套独特的广告和创意手法。在史克的市场策略中，品牌的价值是市场营销的核心，而强大持久的品牌所拥有的核心实力，不仅仅是知名度，更重要的是向消费者提供有意义的服务承诺，是与消费者建立牢固的心理和情感交流。自1999年起，史克创造了以康泰克胶囊为原型的“康泰克先生”，作为品牌代言形象。“康泰克先生”活泼可爱、性格亲和，不失专业可信的形象，推出之初即获得消费者喜爱，并成为中国药品广告创意的突破。此次新康泰克上市亦使用了“新康泰克先生”作为代言形象，目的是延续这一有效的广告创意。在“新康泰克先生”广告测试中，重点城市内88%的消费者表示喜爱这一形象。

三、广告沟通

史克公司相信，广告必须建立品牌独特的市场定位，为消费者提供他们最为关心的消费利益。多年来康泰克的品牌口号“早一粒、晚一粒，远离感冒困扰”，就有效地传达了对消费者的利益承诺，成为家喻户晓的广告语。在新康泰克上市之初，上市广告着力向消费者提供他们所关注的信息，例如“不含PPA”，国家对产品的验证认可，并发展了新康泰克先生用放大镜仔细检查产品包装的广告创意，以提高产品可信度。

四、评价（略）

十三、促销策划方案

（一）概念

促销策划方案是企业就其产品在某段时间内采取某种具有创意的促销方法而制定的方案。促销必须根据市场规划与市场定位确定办法；促销活动和操作方法宜细化；方法应创新、有效。

（二）写作方法与结构

（1）前言。前言主要是基本情况介绍。

（2）市场分析与预测。该部分应该详尽地介绍市场调查的基本结构。

（3）促销目标体系。简要介绍商务促销活动的主要目标。

（4）促销主题方案。主要说明促销活动的主题思想、宣传文案等。

（5）促销定位策略。主要是说明促销策划中的定位。

（6）促销活动方案。

（7）促销实施策略。

（8）广告宣传策略。

（9）公共关系策略。

（10）促销效果展望。

（三）范例

××公司食品促销策划方案

一、前言

食品是人们日常生活中不可缺少的一部分，随着生活水平的提高，食品的样式也由原来的“单一型”转化为现在的“多样化”。为适应市场经济的发展，着力于大商业、大市场、大流通的规模化经营，上海商会委托我公司——上海食品有限公司为主办单位，以上海××糖烟酒公司为基础，联合其他在沪的30家休闲食品公司，组成了实力雄厚的经济实体，共同举办“1998年上海国际休闲食品博览会”。面对市场强强联合，优势互补，发挥最大化的商业效能，更好地为广大市民服务。7月正逢本公司新产品××推向市场，因此公司市场部决定借此机会举办“××××献爱心”促销系列活动，以此创造良好的市场效应。

二、形象分析（略）

三、目标战略

（一）总体目标（略）

（二）具体目标（略）

四、创意说明

（一）活动总标题（略）

（二）具体活动标题（略）

（三）宣传标语、宣传用品（略）

五、媒介策略

（一）印刷媒介

第一，活动前一周分别在……上登载参加展览会的单位名称。

第二，义卖活动结束后的第三天，在（××晚报）上公布10名幸运顾客的名单。

（二）电视媒介

第一，展览会开幕当天由上海电视台、有线电视台等在新闻专栏内发布消息。

第二，上海电视台7月7日在新闻栏播放“幸运顾客抽奖活动”片段。

第三，7月中旬在有线电视台播放“××产地游”的活动片段，接受赞助的园丁在上海进修的片段。

六、总体活动计划

本次活动由“1998年上海国际休闲食品博览会”与××食品公司“××××爱心系列活动”两部分组成。

（一）工作计划

时间、内容、地点。

（二）具体活动安排

1. 1998 上海国际休闲食品博览会开幕式

时间：（略）地点：（略）出席对象：（略）

程序：

7:30～9:00 工作人员进场准备，参展单位进场

8:45～9:00 广播小组播放《小号进行曲》营造气氛

2. “××（产品名）”品尝活动

时间：（略）地点：（略）标题：（略）办法：（略）

3. “××（产品名）”爱心义卖活动

时间：（略）地点：（略）标题：（略）办法：（略）

4. “××（产品名）幸运顾客”抽奖活动……

七、经费预算

（一）租场费（略）

（二）宣传用品（略）

（三）嘉宾费用（略）

（四）媒介费用（略）

八、效果展望

第一，通过这次展销会上的“试吃”活动，使公司的产品迅速为公众所熟悉、认知，相信能够消除假冒伪劣产品对公众的影响，在公众心目中重新树立其“名特优产品”的形象，增强公司的信任度与美誉度。

第二，这次活动公司虽然耗资 8 万元之巨，但从广告角度来看，比单纯在电视上播放 15 秒的广告更具有促销效应。公司通过系列爱心活动，既可以树立公益形象，又能够让“××××”新产品迅速被市民们所熟悉，为销售活动奠定良好的公众基础。

十四、SP 促销活动企划案

（一）撰写用途说明

（1）促销活动（SP）是在行销实战中，日常最被广泛运用到的。主要是当产品与价格日趋同质性，而大环境又面临不景气时，要刺激消费者从口袋中掏出钞票购买产品，就只有透过各式各样的促销活动了。

（2）本案的目的在于“促进销售”，而且以成功地、大大地促进销售为首要目的。

（3）当然除了促进销售以外，有时候还能带动“公司知名度”的上升，扩大“非会员顾客”的增加，以及加强“既有会员的忠诚度”等多元目的达成。另外，有时候也会有“出清存货”或“现金流入”的考量目的。

（二）撰写资料来源

（1）本案主要由行销企划部门或促销部门撰写。

（2）但是一个大型的 SP 活动也必然要有其他部门的搭配才行。包括商品部、客服部、现场据点店面、财务部、物流部门以及业务部门等，各部门均有它们必要性的功能支援。

（3）此外，协力厂商、赠品厂商、信用卡银行、广告代理公司、公关公司、电视媒体、平面媒体等支援亦属必要。

（三）撰写应用到的理论名词

（1）贩促、促销（Sales Promotion）

（2）成本效益分析（Cost Effect Analysis）

（3）主题行销（Topic Marketing）

（4）会员行销（Member Marketing）

（5）活动成本（SP Cost）

（6）促销吸引力（SP Attractive）

（四）范例

某百货公司“周年庆促销活动”企划案

一、去年度周年庆促销活动案绩效检讨与回顾

（一）去年度周年庆 SP 活动内容

（二）去年度周年庆投入成本与效益分析

（三）去年度周年庆 SP 活动之优点与待改善之处

二、今年度周年庆各竞争对手可能的活动内容分析比较

（一）主要竞争对手的 SP 活动内容

（二）次要竞争对手的 SP 活动内容

三、当前消费者对行销活动的认知与需求分析

四、本公司今年度周年庆 SP 活动的计划内容

（一）活动时间

（二）连锁分店同步活动

（三）促销优惠价格制定

1. 各馆别

2. 各楼层

3. 各线商品

4. 特价区

（四）抽赠奖活动方式赠品内容及赠品成本概估

（五）宣传预算概估与宣传重点

（六）预估效益

1. 来客数预估

2. 营收额预估

五、周年庆 SP 活动后 1 周内提出各部门工作总检讨

（一）活动绩效总检讨

（二）各部门工作总检讨

十五、商品促销主题

（一）商品促销主题的含义

商品促销主题是指企业从自身所处的商业领域实际情况出发，发掘热点，围绕一系列促销主题开展相应的宣传和促销活动，制作日程安排的文书。

（二）商品促销主题的内容

商品促销主题主要包括以下几个部分内容：

（1）促销时间。

（2）促销主题。

（3）活动内容。

（三）范例

沃尔玛零售商品全年促销时间及主题

在零售行业，每个人都体验到促销在零售业中起到不可估量的作用。促销的好坏直接影响销售。然而，现在促销主题已渐渐无更新突破，顾客也无更多的新喜，主管们也无更好的方案，就目前情况，本人根据沃尔玛等零售行业的实际情况收集并整理出沃尔玛全年的促销主题供大家借鉴：

1月份： 1. 元旦迎新活动。 2. 新春大优惠。 3. 春节礼品展。 4. 除旧迎新活动。 5. 结婚用品、礼品展。 6. 年终奖金优惠购物计划。 7. 旅游商品展销。	2月份： 1. 年货展销。 2. 情人节活动。 3. 元宵节活动。 4. 欢乐寒假。 5. 寒假电脑产品展销。 6. 开学用品展销。 7. 玩具商品展销。 8. 家电产品展销。	3月份： 1. 春季服装展。 2. 春游烧烤商品展。 3. 春游用品展。 4. 换季商品清仓特价周。 5. "三八"妇女节妇女商品展销。
4月份： 1. 清明节学生郊游食品节。 2. 化妆品展销会。	5月份： 1. 劳动节活动。 2. 夏装上市。 3. 清凉夏季家电产品节。 4. 母亲节商品展销及活动。 5. 端午节商品展销及活动。	6月份： 1. 儿童节服装、玩具、食品展销及活动。 2. 考前补品展销。 3. 考前用品展销。 4. 饮料类商品展销。 5. 夏季服装节。 6. 护肤防晒用品联展。
7月份： 1. 欢乐暑假趣味竞赛，商品展销。 2. 暑假自助旅游用品展。 3. 父亲节礼品展销。 4. Cool在七月，冰激凌联合促销。	8月份： 1. 夏末服饰清货降价。 2. 升学用品展销。	9月份： 1. 教师节卡片、礼品展。 2. 中秋节礼品展销。 3. 敬老礼品展销。 4. 秋装上市。 5. 夏装清货。
10月份： 1. 运动服装、用品联合热卖。 2. 秋季美食节。 3. 金秋水果礼品展。 4. 国庆节旅游产品展。 5. 重阳节登山商品展。 6. 入冬家庭用品展。 7. 羊绒制品展。	11月份： 1. 冬季服装展。 2. 火锅节。 3. 护肤品促销活动。 4. 烤肉节。	12月份： 1. 保暖御寒用品展销。 2. 冬令进补火锅节。 3. 圣诞节礼品、饰品展销。 4. 岁末迎春。

以上为一年之中各节假日和随季节变化的情况，下面就各主要的节假日做进一步描述：

1. 情人节

主题：甜蜜、缠绵、温馨

商品：巧克力、礼品、饰品、鲜花

活动形式：

(1) 巧克力要求商家配合促销。

(2) 男女情人沃尔玛购物赠鲜花。

2. 元宵节

主题：团圆美满、热情、喜庆

商品：汤圆

活动形式：张灯结彩、游园和灯谜是元宵节的传统活动

3. “三八”妇女节

主题：关怀女性、尊重女性（情人、姐妹、母亲和妻子）

商品：女性用品、化妆品、保健品、厨房用品

活动形式：

(1) 与厂家联合，女性用品“三八”优惠或赠品活动。

(2) 专设贺卡向前来购物的女性致以节日祝贺。

(3) 妇幼医院医护人员设专业咨询点。

4. “五一”劳动节

主题：劳动节是全体劳动者的节日，突出劳动与贡献

商品：劳动劳保用品，节日食品

活动形式：

(1) 向下岗职工问候，凭下岗证购物优惠。

(2) 宣传劳动保护法。

5. 母亲节

主题：母亲的慈爱与伟大

商品：化妆品、女性用品、婴儿用品、保健品系列、厨房用品

活动形式：向购买婴儿用品的女性赠贺卡一张

6. “六一”儿童节

主题：关爱儿童、关心教育

商品：儿童用品、玩具、儿童节食品

活动形式：

(1) 少儿书画、比赛。

(2) 文艺表演与希望工程联合举办。

7. 父亲节

主题：父爱的坚强、慈爱与博大的胸怀

商品：男性化妆品、剃须用品系列、保健品系列

活动形式："我的爸爸"肖像绘画大赛或者画展

8. 中秋节

主题：团圆

商品：月饼

活动形式：中秋赏月文艺晚会和有奖购物

9. 教师节

主题：尊重教师，重视教育

商品：文具、礼品、保健品

活动形式：

（1）向教师致敬，教师购物凭教师证件购物打折。

（2）邀请幼儿园小朋友们表演有关赞颂教师的节目。

10. 国庆节

主题：回顾过去，展望未来

商品：糖、烟、酒、小吃等各类商品

活动形式：10 月 1 日出生的人购物优惠

十六、市场促销管理制度

（一）市场促销管理制度的含义

市场促销管理制度是对企业促销宣传方针、策略、方法及渠道等各方面事项的规范化设定，它在宣传企业产品的性能、特点及扩大产品的知名度等方面有积极的作用。

（二）市场促销管理制度的内容

市场促销管理制度编写主要包括以下内容：

（1）宗旨。

（2）促销宣传的内容。

（3）宣传工作组织。

（4）宣传素材。

（5）宣传实施。

（6）预算。

（7）效果调查。

（8）活动总结及报告。

（三）范例

促销宣传细则

第一条　对外宣传的素材

（一）公司举办的各种活动；

（二）公司经营活动的业绩和成果，如决算和财务状况；

（三）公司确定的新的经营方针、经营计划，推出的新产品、新项目；

（四）公司新工厂、新销售点、新设施的状况；

（五）公司人事组织制度变动和高层经营者变动情况；

（六）公司的社会公益活动，如募捐、社会公益活动。

第二条　对外宣传素材的选择基准

（一）应充分宣传公司的经营方针和经营观念，为公司的总体发展服务；

（二）应考虑对外宣传的正面影响和负面影响，以有利于维护和提高公司形象为准则；

（三）在对外宣传活动时，考虑与本公司保持良好关系的组织或个人的利益与反响。这些组织与个人主要包括：

股东、公司员工及退休工人、客户、潜在客户、同行业公司、有合作关系的公司、供应商、特约店、代理店、有关地方政府机构、相关的金融机构、舆论宣传机构、宗教团体、工会等。

第三条　对外宣传的形式

在组织对外宣传活动时要对下列各种形式的优缺点及费用、效果进行综合比较，择优而行。

（一）本企业媒体

1. 邮政广告；

2. 宣传画；

3. 印刷品；

4. 张贴物。

（二）公司外媒体

1. 公开宣传；

2. 公众广告。

（三）各种活动

1. 冠以公司名称的会议、音乐会等；

2. 时装表演、产品展示等；

3. 社会公益活动；

4. 演讲会、座谈会、专题讨论会等。

第四条 对外宣传组织

（一）负责对外宣传活动的部门为广告宣传部；

（二）另设对外宣传委员会；

（三）广告宣传部部长由对外宣传委员会主任任命；

（四）对外宣传委员会设秘书处，附属于广告宣传部，秘书长由广告部部长兼任；

（五）对外宣传委员会定期召开会议，负责审议对外宣传计划；

（六）在特殊情况下，广告宣传部部长可根据实际情况变化或根据总经理的指示，组织实施有关活动。

第五条 对外宣传活动的原则

（一）强化全体员工的对外宣传意识

公司个别员工的失误会影响公司的形象，同样也会影响宣传效果。所以应强化每名员工的公关意识，让每一名员工都加入到对外宣传行列。

（二）尊重事实

对外宣传应以事实为根据，向公众展示公司的真实面貌。

（三）与公司领导决策接轨

对外宣传必须保持宣传口径的统一，必须紧紧围绕公司经营决策展开，真正体现经营决策者的经营观念和经营方针。

（四）讲求效果

应准确把握对外宣传接受者的反应，不断地总结经验，吸取教训，加强反馈，提高宣传效果。

（五）符合社会的价值判断

不能为宣传而宣传，更不能随意美化自己、夸大其词。在考虑自身效果的同时，更应注重社会效果。

第六条 费用预算

对外宣传活动，不仅要考虑其效果，而且要核算其成本，力求成本与效益的统一。在一般情况下，对外宣传活动所需的费用支出，包括以下几个方面：

（一）活动费用

1. 制作费；

2. 摄影费。

（二）人工费用

（三）日常费用

1. 差旅费；
2. 住宿费；
3. 编辑费；
4. 会议费；
5. 资料费；
6. 通信费；
7. 交际费；
8. 杂费。

（四）印刷费

（五）捐款

（六）广告费

1. 制作费；
2. 媒体费；
3. 播送费。

对外宣传费用预算于每年年初，在经营会议上作为经费预算的一项得以确定。其数额以不超过营业收入的30%，或不超过经营利润额的25%为准。

第七条 对外宣传人员素质要求

（一）具有较强的语言表达能力和驾驭事物能力；

（二）有敏锐的观察能力；

（三）有较强的组织活动能力；

（四）具备熟练处理各种关系的能力；

（五）勇于创新、敢于探索，具有较强的企划能力。

第八条 特殊情况下的对外宣传

（一）公司员工发生违法违纪事件；

（二）公司发生有损自身公众形象的事件；

（三）因各种原因发生公司商业秘密泄露事件；

（四）因事故、灾害而发生人员伤亡；

（五）在生产、销售、服务等方面发生较为严重的问题。

十七、营销人员推销手册

（一）营销人员推销手册的作用

编写营销人员推销手册的目的是让营销人员对其营销业务更熟悉，回答客户问题时更规范、具体。

（二）营销人员推销手册的要求

营销人员推销手册主要是为了解决营销人员在营销过程中遇到的问题，其文案应活泼、简短。

（三）范例

××公司营销人员推销手册（大纲）

1. 编制目的，主要说明手册对业务员的重要性。
2. 公司的组织机构和推销组织系统（附指挥系统表）。
3. 公司及相关行业的发展历史。
4. 公司经营政策和经营方针，推销政策和目标。
5. 产品目标、年度报告中的主要资料的样本。
6. 市场动态简述。
7. 业务经理及业务员的职责。
8. 可开支的推销费用和不可开支的推销费用。
9. 各种销售管制表及其作用、用法。
10. 产品种类、规格、用法。
11. 产品和服务的销售重点。
12. 价目单、各种条件、折扣和补贴。
13. 如何处理产品、价格及经营方针上所遭遇的反对意见。
14. 推销辖区的地图和路线。
15. POP展品、经销商辅助器材、直接函件及其他推广文件的说明。
16. 有关产品操作示范和做广告的建议。
17. 广告支持日程表。
18. 工厂和仓库所在地。
19. 运输方面的资料。
20. 售货合同样本。
21. 有关总公司处理订单和收款程序的说明及附货单样本。
22. 与批发商及经销商所订独家代理、发行权、服务及其他合同样本。
23. 保证书及保单样本。
24. 有奖销售细节。
25. 补贴办法及福利的详细说明。
26. 经销商货品的信用政策说明。
27. 对顾客所提请求与控诉的处理。

28. 客户服务清单。
29. 竞争者的有关资料。
30. 各种推销会议的日期及细节。

十八、营销人员绩效评估方案

（一）营销人员绩效评估方案的含义

营销人员绩效评估方案是为考核营销人员的业绩而制订的一种考评方案。

（二）营销人员绩效评估方案的内容

营销人员绩效评估方案的编写一般包括以下内容：

（1）绩效的评定。
（2）发展计划。
（3）有关晋升潜能。
（4）人才储备计划。
（5）评估意见及复核意见等。

（三）范例

××公司营销人员绩效评估方案

一、绩效评定

1. 对渠道专员整体绩效的评定：

□不满意——未达到预期目标，必须加以改进。
□一般满意——多数重要项目已达到预期目标。
□满意——少数重要项目超出预期目标。
□很满意——多数重要项目超出预期目标。
□卓越——大部分重要项目超出预期目标。

2. 评定日期：________________________

3. 整体评定的基础（包括具体的成效，可添附页）：

（1）________________________
（2）________________________
（3）________________________

二、发展计划

1. 发展需要——培养专员的工作能力或改善现有工作绩效，有哪些教育计划、人员改进、特殊训练或业务/部门的经验可以运用？

(1) ____________________

(2) ____________________

(3) ____________________

2. 行动计划——基于上述发展需要，计划有哪些具体行动？何时去做？谁来负责完成计划？

(1) ____________________

(2) ____________________

(3) ____________________

3. 先前行动计划检讨——专员前期发展计划中，已达成哪些具体成果？

(1) ____________________

(2) ____________________

(3) ____________________

三、晋升潜能

1. 专员的兴趣与目标（平日接触观察所得）：

(1) ____________________

(2) ____________________

(3) ____________________

2. 有何事迹显示专员能够担负更多职责？

(1) ____________________

(2) ____________________

(3) ____________________

3. 在哪些方面，专员有晋升潜力？

(1) ____________________

(2) ____________________

(3) ____________________

4. 晋升可能性。

目前不能晋升，原因是：

(1) ____________________

(2) ____________________

(3) ____________________

有适于一种或多种职位的卓越的晋升能力。如有晋升能力，请具体指出应予考虑的职位（可以考虑其他地点、部门）：

(1) ____________________

(2) ____________________

(3) ____________________

专员对改变工作地点的看法（考虑家庭及其他因素）：

(1) ____________________

(2) ____________________

(3) ____________________

四、人才储备计划

该员工晋升后，替补状况如何？请就下列各项选择其一。

(1) 合格的替补人选。在本人职权范围内的合格人选有：

____

(2) 18 个月替补计划。在本人职权范围内可经由 18 个月的训练计划而成为合格人选者有：

____

(3) 无人选。目前无合格的人选，亦无可接受 18 个月替补计划的人选：

____

(4) 其他可能人选。本部门以外的可能入选者（考虑其他地区、部门）有：

____

____

意见：____________________

____

____

____

____

报告人__________

签名__________

日期__________

复核意见：____________________

____

复核人签名__________

日期__________

第八章　产品销售与规范文案

一、销售计划书

（一）概念

销售计划书是企业根据市场发展变化和企业自身实力，依照经营预测与决策、市场调研等，对企业的产品销售从时间和空间上作出的具体安排。销售计划具有主动性、效益性和灵活性的特点。

（二）写作要求

通常来说，销售计划要包括以下主要条款：

1. 标题

标题通常由制订计划的单位名称、计划的内容和文种三部分组成。

2. 制订计划的背景和依据

要充分利用市场调研，对与计划有关部门的市场情况、社会环境等进行客观的分析。

3. 计划目标及计划要求

对计划要完成的目标要明确，要对相应的效果进行预测，做到计划的切实可行。

4. 销售的具体步骤及方法

要对计划执行进行总体安排，对进程、步骤、时间分配等进行细致周详的安排。

如范例《销售计划书》的书写，首先是表明销售的基本目标、基本方针；其次是促进零售店销售计划、促销计划；最后是营业预算管理、基础营销计划管理。内容全面具体，表达清楚，很有代表性。

（三）范例

销售计划书

一、基本目标

本公司××年度销售目标为：

1. 总销售额××××万元；

2. 企业职工每月人均×××元；

3. 企业销售人员每月人均×××元；

4. 含税利润×××万元；

5. 新产品销售额×××万元。

二、基本方针

为实现上述基本目标，公司特制定如下基本方针：

1. 通过人事管理制度改革，保证实现职工人心稳定，努力钻研业务，团结奋进的工作环境；

2. 提高工作效率，努力在企业内部实现高效率、高效益和高收入的良性循环；

3. 改革企业的决策体制，使企业决策走向民主化和科学化，给基层部门以更多的自主权；

4. 实行经营岗位责任制，建立健全奖惩制度；

5. 重视零售店在企业产品销售中的作用，在生产、销售体制上尽快实现由买方市场向卖方市场的转轨，加强对零售店的业务指导和财力支持；

6. 通过设立经销商联谊会，加强与各经销商的联系，保证本年度内在全国拥有×××家经销商；

7. 建立客户调查系统，准确及时地把握各经销商的销售实绩、市场需求变化等，并在此基础上预测未来的销售状况；

8. 不断强化代理店的长期契约约束制度，严格各种交易条件；

9. 加强会计核算和财务监督；

10. 将企业销售的年度计划和以上经营方针整理汇编，下发到企业每一位职工，以求使之融会到每个人的具体工作中。

三、促进零售店销售计划

1. 对本企业拥有的主要零售商店按地区进行分类，每个销售人员负责××家左右的业务联系，重要客户一周联系一次，其余可双周联系一次，必须进行实地考察、技术讲解和业务指导。

2. 设立本公司经销商协会，并在全国重要地区设立分会。协会的重要工作是编辑内部业务刊物，定期举办业务培训班或研讨会，向会员无偿赠送技术资料和市场相关信息。

3. 加强对零售店销售人员的管理和奖励及培训。要设立企业奖励基金，奖励在实际销售工作中有突出贡献的销售人员，同时不断培养他们的敬业精神，提高其业务素质和工作效率。

四、促销计划

1. 在全新的销售模式下，促销活动要以销售人员不断拜访客户为主，辅助以广告宣传。

2. 在明确广告预算后，要对广告媒体进行综合评估，并在此基础上制定广告宣传计划，力争以最少的投入，取得最大限度的经济效益。

3. 定期进行客户调查，要准确把握客户的购买动机。

五、营业预算管理

1. 营业预算、经费预算与营业实绩相结合，实行滚动式编制方法。

2. 建立健全经费使用办法和营业费预算管理办法。

六、营业所长的工作职责

1. 在全国各地设立营业所长，营业所是企业机构的重要组成部分。营业所长在组织实施销售计划过程中具有非常重要的作用。

2. 营业所长负责制定本单位年度、季度和月份的营业方针和计划。其中涉及营业、总务、财务、劳动、进货等主要方面。

3. 营业所长应将各期的计划实施情况以及工作业绩定期向上级汇报。内容包括预算、决算、计划完成程度、存在的问题和以后要采取的对策等。

4. 将营业所的工作逐步规范化、制度化，其中包括业务报告制度、请假制度、指示命令制度、会议制度等。

5. 定期组织实施教育培训活动。

6. 制定销售人员的业务基准。

七、基础营销计划管理

1. 综合销售合同的签订，必须结合生产计划的完成情况，做到产销结合。

2. 不合格产品处理。在已销售产品中如发现技术问题，要无条件接受退货，并及时更换商品或免费加工修理。此部分货款可以延期支付。

3. 与经销客户进行供货交易时，一般规定双方都能满意的货款支付期限，支付形式为现金或现金支票。

4. 本企业所属代理店必须依据营业部综合经营计划和购销合同中确定的责任销售价额，制定出经销计划。

5. 代理店的经营情况由本企业的派出机构负责监督指导。

6. 原则上，企业每月召开一次由代理店负责人参加的销售会议，主要讲销售方法和销售技巧，交流销售信息，探讨业务对策。

二、销售事务管理制度

（一）概念

为了规范销售工作流程，营造良好的销售环境，为销售人员更好的工作创造条件，从而达到促进销售进度，实现项目销售资金尽快回笼的目的，公司制作出一套全体销售员工遵照执行的一系列制度规范。

（二）写作内容

1. 销售事务管理的目的

2. 交货、检查、配送

3. 销售额的计算及收款

4. 书信的制作及资料整理

5. 销售报告及会议要求

以上内容的写作请参考以下范例。

（三）范例

销售事务管理制度

第一条　为加强公司营销管理，增强公司综合实力，特制定本办法。

第二条　交货、检查、配送：

（一）对已接受订单的工程，工务科应生产日报，使工程的进行程序得以明确，并在适当的机会通知发出订单的客户。

（二）当生产即将完成时，应与工务科协议，选择指定交货日前的适当时日，通知交货对象。如交货有延迟的顾虑时，也应事先通知对方，求得其谅解。

（三）在进行产品的检查时，应详细填写相关资料。

（四）依据传票发送出货产品，并在发送货时，详细填写相关表格。

第三条　销售额的计算及收款：

（一）在上交产品时，应将交货单的副本交给会计科，会计科根据资料记入销售账中。

（二）如已经从客户处先收取订金或预付金时，应将此内容也记入销售账中。

（三）财会部门于每月的25日，依据销售账的资料算出每位客户的未付款项明细表（包括前月余额、本月销售额、应收账款），送交营业经理。

（四）营业经理得命令各负责人员在应付款项明细表的收款栏中记入预付金，经过调整后，再决定营业部的收款预定额，然后呈报常务董事签核。

（五）常务董事应先查阅营业部所呈的收款预定表，如有必要征求经管经理的意见，则由营业经理作说明后，裁定收款的预定计划。

（六）收款业务由营业部门负责，但有时也可委托经管（财会）部门的人员去进行。

（七）有关款项的催收是由销售科负责督促，销售科必须把相关资料记入收款预定表中，通知有关人员。

（八）财务科应将每月收款收据副本制作成表，在各册、各页上打上编号。并要求有关人员于每日业务终了时，交回这些单据证明。收据上盖有公司印章者，会计科应加以保管，并加盖部门印章。

（九）款项进来时，负责收款或处理款项人应制作收账传票，并连同现金、收据副本，提交给财务科。

（十）根据上述的应收账款传票，将收得的款项记入销售账目中。记入内容除包括金额外，须再记入负责人员的名字。

第四条　书信的制作及资料整理：

（一）营业书信资料通常包括下列6项：

1. 书信、电报（发文、订单）。

2. 估价单、购单、请讲单、规格明细单。

3. 交货单。

4. 请款单。

5. 收据。

6. 备忘录。

（二）交易上的发文资料，原则上都须复印并制成副本保存。另外，发文资料上应盖契印或负责人的印章。

（三）所有的书信资料都应编列收受号码，并记入受信簿中，盖上收受日期印章。

（四）需要处理的文件应按下列方式分类、归档。

1. 估计文件资料——将交易客户与自己公司方面的估价资料，依照发生的顺序，归类或存档。

2. 订购资料——依照顺序将合同书、请款单归档。

3. 存档资料。

（五）参考方面的资料可按下列分类方式加以整理：

1. 市场资料。

2. 成本计算。

3. 同业的目录。

4. 交易资料。

第五条　报告及会议：

（一）营业部必须将每日的活动及业务处理状况记入日报表，经由科长、经理，向总经理呈交。

（二）销售科应根据每月及上个月的订单量、转拨余额、本月接受订货的总额、本月的交货额、生产额、未收款项余额、各项接受订货的产品内容等制作月报表，并经由经理审编后呈报告给总经理。

（三）每月或每月月初的营业部与工厂方面，应召集经理、厂长、科长及其他负责人员，举行生产、销售联合会议。

三、销售事务管理办法

（一）概念

公司为了提高公司综合营销能力，加强销售管理，所制定的一系列方法。

（二）写作内容

1. 销售事务管理办法制作的目的

2. 销售与估价

3. 受理订货，交货检验、配送

以上具体内容的写作方法请参考以下范文。

（三）范例

销售事务管理办法

第一条　目的：

为加强公司销售管理，提高公司综合营销能力，特制订本办法。

第二条　销售：

（一）营业科的外务负责人员在访问或开拓新客户时，应注意下列事项：

1. 透彻观察对方在买卖上的需求及判定对方在买卖上的立场。

2. 观察对方进货及销售的意愿。

3. 利用谈话、对应技术来引导对方购买的意愿。

4. 针对对方的买卖意识及对商品的认知程度，检讨它与我方计划的合适与否。

5. 检讨对方的销售政策与营业预算是否与本商品合适。

（二）营业科的外务负责人员应致力于商品知识、销售方法及市场知识的研究，同时应积极调查销售客户的状况，要全身心地致力于销售活动。

（三）对客户提示重要事项或表达意向时，须取得经理的认可后才能执行。除一开始即以现金往来的情况之外，都须事前对交易客户的资产、销售能力、负债、信用及其他评核事项进行调查，并向部长提出报告。

（四）对于各家客户须定明每月性的访问预定及收入预定，另外，对于客户的新开拓商品也须拟定每个月的大概预定额，根据这个来开拓新市场。

（五）不论老客户或新交易或预估的交易，都须私下迅速打听清楚，有了充分的调查，才能尽早与对方进行交涉。

（六）对于同业者的预估内容及交货实绩，需要了解清楚，如此才能检讨自己在接受订货上的难易，另外，对于自己在预估及交货上的损失，应究明原因，以便修正制造技术及营业方面的缺陷。

（七）营业科应针对各方面的订货情况，进行广泛的调查，使销售活动的资料备齐。

1. 向竞争对手收集相关资料。

2. 经济新闻上做剪报整理。

3. 参考经济杂志及其调查记录。

4. 将业界的相关资料收集起来。

（八）将老客户及预定客户等的订货资料整理成卡片，并将下列十项事由记录下来经常做修正：

1. 资产、负债及损益。

2. 产品的种类、人员、设备、能力。

3. 销售状况及需求者状况。

4. 应收账款回收的实绩、信用状况。

5. 与过去客户的关系。

6. 电话、往来银行、代表者、负责人员。

7. 公司内容的订单发出手续、过程。

8. 付款的手续、过程。

9. 在业界的地位。

10. 组织、工资。

（九）与老客户应经常保持密切的联系，除了对订货情况及其他需求应探听清楚之外，尚须设法斡旋，使对方下单订货。为达成上述目的，可于必要时邀集对方举行研究会或是恳谈会。

（十）在与对方交易的休息之际，应适当地提供餐饮、茶点及香烟等。尤其需要外出用餐时，应在之前提出预算，取得经理或代表（董事长）的认可。

（十一）开拓新交易通常经由已交易客户之手进行，或委托其斡旋，或要求其持续过去曾经有过的交易来拓展业绩。

第三条　估价：

（一）商品的估价须根据下游生产及采购的估价统一来估算，做成后经由经理的决裁，提供给各客户作为参考。

（二）估价书的制作由营业科的内务负责，通常须先从客户处拿到正确的规格书后才着手进行。

（三）营业部必须完备下列各项资料作为估价参考资料：

1. 主要材料价格表。

2. 一般市价表。

3. 标准品单价表。

（四）营业科对于定期委托制造部生产的标准品，应要求制造部提出其主要材料价格表与估价成本计算表。

（五）对于标准品以外的交易或估价委托，每次都须经由制造部经理的裁决，以估价的价格方式处理。

（六）对客户做估价时，应迅速进行状况调查，迅速提出报告。

（七）将估价书送给客户之后，必须在估价账目表中提出日期及合同的成立与不成立等事项。

第四条　受理订货：

（一）营业科在确定订货已成立时，应将工厂生产及出货的必要事项记入订货受理传票中，发送各相关单位。其规定如下：

1. 一般订货受理传票。

本传票乃受理一般性订货时填定，通常印制成两份，一份交给本人，另一份交给营业科受理科保管，在制成订货编号，并做好制造委托书（复印四份）后，将其中A、B、C三联交给制造部。

2. 特别订货受理传票。

本传票主要为大量生产的商品或订有长期合同的商品、出口品填写，一共制成五份，一份由本人保管，一份交给经理或代表（董事长）阅览后，由营业科受理科负责保管，另外两份交给制造部，剩余的一份交给总务部的总务科。本传票必须记明品名、规格、数量、单价、金额、交货日期、裁决条件、交货地点、捆包运送方式及其他必要事项。

3. 预估生产委托表。

营业部在委托生产标准品的预估生产或其他特定品的生产时，应填写本表。本表须记明品名、规格、数量、生产完成的希望日期及其他必要事项。填写并取得营业经理的认可后，交给制造部。

（二）所有电话、外部销售或来函的订货受理，不论外务或是内务，皆由受理订货的本人填写本订货受理传票。

1. 上月底的订货受理余额。

2. 本月份的订货受理额。

3. 本月份的交货量。

4. 上月底预估生产委托余额。

5. 本月份的预估生产委托额。

6. 本月份的预估生产额。

（三）营业科向制造部公告预估生产委托表时，应要求提出下列的处理报告，以说明其经过：

1. 制造品与在制品的区分。

2. 制造品的交货预定。

（四）营业部为执行各项计划，使销售、订货受理活动顺利进行，应与制造部保持密切联系，并随时准备下列资料：

1. 商品库存明细表。

2. 主要材料的进厂预定表。

第五条　交货检验、配送：

（一）营业科对于客户的订货商品及委托生产的商品的交货期，须经常与制造部保持联系，以掌握其经过情形及进行状况。

（二）营业科若已于指定交货日期前确定可以交货，应主动与客户联系确实的交货时间。

（三）当确定要货商品的交货日可能延迟时，应通知订货的客户以取得其理解。

（四）营业科在交货或查验商品时，应对照订货账单，以确定品名、品质、规格、单价、数量及其他事项是否符合。

（五）商品的交货与配送业务由营业科进出管理科负责。

（六）在交货或配送商品时应发行送货通知单，送货通知单的内容记载事项包括：

1. 客户名称。

2. 品名、规格、数量、单价、金额。

3. 明细、其他事项。

（七）关于商品交货、配送后，客户拒绝收货、要求退货及其他等等的抱怨问题，应取得负责人或营业经理的认可，设法寻求处理办法。

四、销售人员管理制度

（一）概念

为加强公司销售管理，达成销售目标，提升经营绩效，将销售人员之业务活动予以制度化，公司所制定的规章。

（二）写作内容

1. 销售人员在销售过程中的规定

2. 销售人员外出的要求

3. 销售人员应对客户的管理

4. 销售人员财务上的要求

以上具体内容的写作方法请参照下列范例。

（三）范例

销售人员管理制度

第一条　对本公司销售人员的管理，除按照人事管理规程办理外，悉依本规定条款进行管理。

第二条　原则上，销售人员每日按时上班后，由公司出发从事销售工作，公事结束后返回公司，处理当日业务，但长期出差或深夜返回者除外。

第三条　销售人员凡因工作关系误餐时，依照公司有关规定发给误餐费×元。

第四条　部门主管按月视实际业务量核定销售人员的业务费用，其金额不得超出下列界限：经理××元，副经理××元，一般人员××元。

第五条　销售人员业务所必需的费用，以实报实销为原则，但事先须提交费用预算，经批准后方可实施。

第六条　销售人员对特殊客户实行优惠销售时，须填写“优惠销售申请表”，并呈报主管批准。

第七条　在销售过程中，销售人员须遵守下列规定：

（一）注意仪态仪表，态度谦恭，以礼待人，热情周到；

（二）严守公司经营政策、产品售价折扣、销售优惠办法与奖励规定等商业秘密；

（三）不得接受客户的礼品和招待；

（四）执行公务过程中，不能饮酒；

（五）不能诱劝客户透支或以不正当渠道支付货款；

（六）工作时间不得办理私事，不能私用公司交通工具。

第八条　除一般销售工作外，销售人员的工作范围包括：

（一）向客户讲明产品使用用途、设计使用注意事项；

（二）向客户说明产品性能、规格的特征；

（三）处理有关产品质量问题；

（四）会同经销商收集下列信息，经整理后呈报上级主管：

1. 客户对产品质量的反映；

2. 客户对价格的反映；

3. 用户用量及市场需求量；

4. 对其他品牌的反映和销量；

5. 同行竞争对手的动态信用；

6. 新产品调查。

（五）定期调查经销商的库存、货款回收及其他经营情况；

（六）督促客户订货的进展；

（七）提出改进质量、营销方法和价格等方面的建议；

（八）退货处理；

（九）整理经销商和客户的销售资料。

第九条　公司营销或企划部门应备有“客户管理卡”和“新老客户状况调查表”，供销售人员做客户管理之用。

第十条　销售人员应将一定时期内（每周或每月）的工作安排以“工作计划表”的形式提交主管核准，同时还需提交“一周销售计划表”、“销售计划表”和“月销售计划表”，呈报上级主管。

第十一条　销售人员应将固定客户的情况填入“客户管理卡”和“客户名册”，以便更全面地了解客户。

第十二条　对于有希望的客户，应填写“希望客户访问卡”，以作为开拓新客户的依据。

第十三条　销售人员对所拥有的客户，应按每月销售情况自行划分为若干等级，或依营业部统一标准设定客户的销售等级。

第十四条　销售人员应填具“客户目录表”、“客户等级分类表”、“客户路序分类表”和“客户路序状况明细卡”，以保障推销工作的顺利进行。

第十五条　各营业部门应填报“年度客户统计分析表”，以供销售人员参考。

第十六条　销售人员原则上每周至少访问客户一次，其访问次数的多少根据客户等级确定。

第十七条　销售人员每日出发时，须携带当日预定访问的客户卡，以免遗漏差错。

第十八条　销售人员每日出发时，须携带样品、产品说明书、名片、产品名录等。

第十九条　销售人员在巡回访问经销商时，应检查其库存情况，若库存不足，应查明原因，及时予以补救处理。

第二十条　销售人员对指定经销商，应予以援助指导，帮助其解决困难。

第二十一条　销售人员有责任协助解决各经销商之间的摩擦和纠纷，以促使经销商精诚合作。如销售人员无法解决，应请公司主管出面解决。

第二十二条　若遇到客户退货，销售人员须将有关票收回，否则须填具“销售退货证明单”。

第二十三条　财会部门应将销售人员每日所售货物记入分户账目，并填制“应收账款日记表”送各分部，填报“应收账款催收单”，送各分部主管及相关负责人，以加强货款回收管理。

第二十四条　财会部门向销售人员交付催款单时，应附收款单据，为避免混淆，还应填制“各类连号传票收发记录备忘表”，转送营业部门主要催款人。

第二十五条　各分部接到应收账款单据后，即按账户分发给经办销售人员，但须填制“传票签收簿”。

第二十六条　外勤销售员收到“应收款催收单”及有关单据后，应装入专用“收款袋”中，以免丢失。

第二十七条　销售人员须将每日收款情况，填入“收款日报表”和“日差日报表”，并呈报财会部门。

第二十八条　销售人员应定期（周和旬）填报“未收款项报告表”，交财会部门核对。

第二十九节　销售人员须将每日业务填入“工作日报表”，逐日呈报单位主管。日报内容须简明扼要。

第三十条　对于新开拓客户，应填制“新开拓客户报表”，以呈报主管部门设立客户管理卡。

第三十一条　销售人员外出执行公务时，所需交通工具由公司代办申请，但须填具有关申请和使用保证书。

第三十二条　销售人员用车耗油费用凭发票报销，同时应填报“行车记录表”。

五、销售人员考核办法

（一）概念

公司为了提高销售人员业绩，对销售部门组织内的人员和工作情况要求所制定的办法与规章。

（二）写作方法

1. 总则要求

2. 销售人员考核办法与措施

以上内容的写作要求请参考以下范文。

（三）范例

销售人员考核办法

一、总则

（一）每月评分一次。

（二）公司于次年元月核算每一位业务员该年度考核得分：

业务员该年度考核得分＝（业务员该年度1～12月考核总分）÷12

（三）业务员的考核得分将作为“每月薪资的奖金”、“年终奖金”、“调职”的依据。

二、考核办法

（一）销售：占60%

当月达成率100%及以上60分

90%　50分

80%　40分

70%　30分

60%　20分

（二）纪律及管理配合度：占40%

1. 出勤。

2. 是否遵守本公司营业管理办法。

3. 收款绩效。

4. 开拓新客户数量。

5. 既有客户的升级幅度。

6. 对主管交付的任务，例如市场资料收集等是否尽心尽力完成。

7. 其他。

（三）“奖惩办法”的加分或扣分。

1. 业务员的考核，由分公司主任评分，分公司经理初审，营业部经理复审。

2. 分公司主任的考核，按照所管辖业务员的平均分数计算。

3. 分公司经理的考核，按照该分公司全体业务员的平均分数计算。

4. 营业部经理的考核，按照本公司全体业务员的平均分数计算。

5. “考核”与“年终奖金”的关联。(举例)

年度考核得分	90分(含)以上	80分(含)以上	70分(含)以上	70分以下
年终奖金	底薪×3	底薪×2.5	底薪×2	底薪×1

六、销售人员奖惩办法

(一) 概念

为了严明纪律，奖惩分明，提高员工工作积极性，提高工作效率和经济效益，特制订本制度。对于成绩优秀的销售人员，给予精神和物质嘉奖，以激励全体成员；对于工作不力或犯有过失、违反纪律的销售人员给予处罚。奖励与惩处具有激励与控制的双重功能，两者相辅相成，结合使用。

(二) 写作内容

1. 奖惩架构

2. 奖励办法

3. 惩罚办法

以上具体内容的写作请参照以下范例进行。

(三) 范例

销售人员奖惩办法

第一条　奖惩架构

(一) 奖励：

1. 小功

2. 大功

(二) 惩罚：

1. 小过

2. 大过

3. 解职

4. 解雇

(三) 扣分情况

1. 全年度累计三小功＝一大功

2. 全年度累计三小过＝一大过

3. 功过相抵：

例：一小功抵一小过，一大功抵一大过。

4. 全年度累计三大过者解雇

5. A. 记小功一次加当月考核3分

B. 记大功一次加当月考核9分

C. 记小过一次扣当月考核3分

D. 记大过一次扣当月考核9分

第二条　奖励办法

1. 提供公司“行销新构想”，而为公司采用，即记小功一次。

2. 该“行销新构想”一年内使公司获利50万元以上者，再记大功一次，年终表扬。

3. 业务员主动反映可开发的“新产品”而为公司采用，即记小功一次。

4. 该“新产品”一年内使公司获利50万元以上者，再记大功一次。年终表扬。

5. 提供竞争厂牌动态，被公司采用为政策者，记小功一次。

6. 客户信用调查属实，事先防范得宜，使公司避免蒙受损失者（即呆账），记小功一次。

7. 开拓“新地区”、“新产品”或“新客户”，成效卓著者，记小功一次。

8. 达成上半年业绩目标者，记小功一次。

9. 达成全年度业绩目标者，记小功一次。

10. 超越年度目标20%（含）以上者，记小功一次。

11. 凡公司列为“滞销品”，业务员于规定期限内出清者，记小功一次。

12. 其他表现优异者，得视贡献程度予以奖励。

第三条　惩罚办法

（一）挪用公款者，一律解雇。本公司并循法律途径向保证人追踪。

（二）与客主串通勾结者，一经查证属实，一律解雇。

（三）做私生意者，一经查证属实，一律解雇。直属主管若有呈报，免受连带惩罚。若未呈报，不论是否知情，记小过二次。

（四）凡利用公务外出时，无故不执行任务者（含：上班时间不许喝酒），一经查证属实，以旷职理处（按日不发给薪资），并记大过一次。若是干部协同部属者，该干部解职。

（五）挑拨公司与员工的感情，或泄露职务机密者，一经查证属实，记大过一次，情节严重者解雇。

（六）涉足职业赌场或与客户赌博者，记大过一次。

（七）上半年销售未达销售目标的70%者，记小过一次；全年度销售未达销售目标的80%者，记小过一次。

（八）未按规定建立客户资料经上司查获者，记小过一次。

（九）不服从上司指挥者：言语顶撞上司者，记小过一次；不遵照上司使命行事者，记大过一次。

（十）私自使用营业车辆者，记小过一次。

（十一）公司规定填写的报表，未缴交者每次记小过一次。

七、销售人员激励细则

（一）概念

面对销售市场竞争的日益激励化和白炽化，现代企业对市场的重要性的认识与理解日益深刻，企业的盈利与否甚至存活与否，将决定于市场的能动性力量——销售人员。公司如何在其工作中，使责、权、利明确，给予相关的工作授权，激励销售人员的自信心、满足感，增强其主动性和根据市场不断变化的灵活性，提升销售业绩，所制定的一系列规章细则。

（二）写作内容

1. 总则要求

2. 激励方法与措施

3. 建立激励方式应遵循的原则

以上内容的写作请参考以下范例。

（三）范例

销售人员激励细则

一、总则

1. 制定目的

为了更好地对不同的销售人员采取不同的激励方式，特制定本办法。

2. 适用范围

凡本公司销售人员的激励，除另有规定外，均可依照本办法所规范的体制激励之。

3. 权责单位

（1）销售部负责本办法的制定、修改、废止之起草工作。

（2）总经理负责本办法制定、修改、废止之核准。

二、激励方法

1. 追求舒适者

（1）一般年龄较大，收入较高。

（2）需要：工作安全、成就感、尊严。

（3）激励方法：分配挑战性任务，参与目标的设置，给予一定的自由和权力，经常沟通。

2. 追求机会者

（1）一般收入较低。

（2）需要：适当的收入、认可、工作安全。

（3）激励方法：薪资、沟通、销售竞赛。

3. 追求发展者

（1）一般比较年轻，受过良好的教育，有适当的收入。

（2）需要：个人发展。

（3）激励方法：良好的培训栽培。

4. 根据业绩状况，采取不同的激励方式

（1）优秀销售人员：他们关心的是地位、社会认可和自我实现。

（2）一般销售人员：他们关心最多的是奖金和工作安全。

需要不同，激励的方式也不同。

三、建立激励方式应遵循的原则

1. 物质利益原则，制定合理的薪资制度。

2. 按劳分配原则，体现公平。

3. 随机创造激励条件。

八、销售人员奖金管理办法

（一）概念

公司为了促进公司产品的营销，积极拓展销售市场，必要时需鼓励销售人员发挥工作潜能，所制定的管理规章制度。

（二）写作方法

1. 制定管理办法及实施对象

2. 销售业务代表、主管人员奖励办法

3. 奖金的核算与领取

4. 办法的实施时间

以上内容的写作请参照下面的范文。

（三）范例

销售人员奖金管理办法

一、制定管理办法目的

为鼓励销售人员发挥工作潜能，积极拓展市场，促进公司产品的营销，维护公司的正常发展，特制定本办法。

二、实施对象

本办法的实施对象为公司销售业务代表以及销售业务的主管人员（主任级及其以上人员）。

三、计算时间

奖励计算的标准时间为每月月初至月末。

四、销售业务代表奖励办法

销售业务代表奖励办法。根据销售达成率、收款达成率、客户交易率三项指标综合评定。

计算公式：

1. 销售达成率＝（销售金额－退货金额）/销售目标金额×100%

说明事项：等式右方最高按150%计算（之所以限定为最高上限，是因为目标制定过低或某些突发事件出现，而非销售人员个人努力的结果）。

2. 收款达成率＝货款回收率×60%＋回收周转率×40%＝实际收款额/上月应收款余额＋本月实际销售额×60%＋90/［实际收款额×（货款到期日－收款基准日）/实际收款额］×40%

说明事项：

（1）货款回收率低于40%（即等式右方的前项低于24%）时，不计奖金；

（2）现金扣5%的客户，等式右方的后项货款到期日应加75天；

（3）收款基准日为次月10日；

（4）后项的分子数90天是指公司所允许的最长票期（从送货后的次月1日算起）。

3. 客户交易率＝（每日交易客户数/250×50%＋当月交易客户数/总客户数×a）

说明事项：

（1）等式右方的前项最高按30%计算，即最高为150。250是指每月工作25天，每位销售人员最起码每天应拜访10位客户。因前项的50%加后项的a的百分数超过100%，所以限定30%为最高限。

（2）当月交易客户数对客户不可重复计算。

（3）总客户在100户以上者，a定为90%。

总客户数为90～99户者，a定为80%。

总客户数为80～89户者，a定为70%。

总客户数为70～79户者，a定为60%。

总客户数为70～79户者，a定为60%。

总客户数为60～69户者，a定为50%。

总客户数为59户者，a定为0%。

总客户数是销售人员负责区域内的有往来的客户总数。

五、销售业务主管人员奖励办法

计算公式：

产品销售达成率=（销货量－退货量）/A部甲产品销售目标量×40%+（销货量－退货金额）/A部乙产品销售目标量×25%+（销货量－退货量）/A部丙产品销售目标量×10%+（销售额－退货量）/产品销售目标金额×20%+（销售额－退货金额）/C产品销售目标金额×5%

说明事项：

1. 等式右方各项新产品的达成率最高以权数的150%计算。

2. 仅负责单项新产品销售的业务主管人员，则比照销售业务人员的办法计算。

六、奖金的核算单位

由领取奖金的单位负责计算奖金金额，并于次月15日以前提呈，在工资发放日同时发给。稽核科应按时进行抽查工作，以稽查各单位奖金核计的正确性。

七、奖金领取的限制条件

1. 若有舞弊隐瞒及不正当的虚伪销售、收款及虚设客户冒领奖金的事情，一经查实，除收回奖金外，还要停止该员及该单位主管人员半年内获取奖金的资格，同时按人事管理规定另行处置。

2. 当月该销售业务代表若发生倒账事件，除该员及其所属主管人员不得领取该月奖金外，还要依照倒账赔款办法处理。

八、办法实施时间

本办法自2009年1月1日起实施，并根据实际情况加以修改。

九、客户投诉管理制度

（一）概念

为了能为顾客提供更为优质服务，企业必须建立以客户为导向的理念和机制，要把提高客户满意度置入到企业文化的陈述中，使全员共同受其约束。客户投诉管理制度就是公司就客户投诉的处理过程所做的一系列规定。

（二）写作内容

1. 客户投诉的目的与范围

2. 各部门针对客户投诉处理的职责

3. 客户投诉处理要求

4. 责任人的处理

以上内容具体写法请参照以下范例进行。

（三）范例

客户投诉管理制度

（一）目的

为求迅速处理客户投诉案件，维护公司信誉，促进质量改善与售后服务，特制定本办法。

（二）范围

包括客户投诉表单编号原则，客户投诉的调查处理、追踪改善、成品退货、处理期限，核决权限及处理逾期反应等项目。

（三）适用时机

凡本公司 PCB 产品遇客户反映质量异常的申诉（以下简称“客户投诉”）时，依本施行办法的规定办理。（如未造成损失时业务部或有关单位前往处理时，应填报“异常处理单”反映有关单位改善）。

（四）客户投诉分类

客户投诉处理作业依客户投诉异常原因的不同区分为：

1. 非质量异常客户投诉发生原因（指人为因素造成的）。

2. 质量异常客户投诉发生原因。

（五）处理职责

各部门客户投诉案件的处理职责。

1. 业务部门。

（1）详查客户投诉产品的订单编号、料号、数量、交运日期。

（2）了解客户投诉要求及客户投诉理由的确认。

（3）协助客户解决疑难或提供必要的参考资料。

（4）迅速传达处理结果。

2. 质量管理部。

（1）综理客户投诉案件的调查、提报与责任人员的拟定。

（2）发生原因及处理、改善对策的检查、执行、督促、防止提报。

（3）客户投诉质量的检验确认。

3. 总经理室生产管理组。

（1）客户投诉案件的登记，处理时效管理及逾期反应。

（2）客户投诉内容的审核、调查、提报。

（3）客户投诉立会的联系。

（4）处理方式的拟定及责任归属的判定。

（5）客户投诉改善案的提出、洽办、执行成果的督促及效果确认。

（6）协助有关部门与客户接洽客户投诉的调查及妥善处理。

（7）客户投诉处理中客户投诉反映的意见提报有关部门追踪改善。

4. 制造部门。

（1）针对客户投诉内容详细调查，并拟定处理对策及执行检查。

（2）提报生产单位、机班别、生产人员及生产日期。

（六）客户投诉处理表编号原则

1. 客户投诉处理的编号原则。

年度（××）月份（××）流水编号（××）

2. 编号周期以年度月份为原则。

（七）客户反应调查及处理

1. 业务部人员于接到客户反映产品异常时，应即查明该异常（编号、料号、交运日期、数量、不良数量）、客户要求，并即填具“客户抱怨处理表”，连同异常样品签注意见后送总经理室办理。若客户要求退（换）货数量因客户尚在加工中而无法确定时应于“客户要求”栏注明：“客户加工中未确定”。

2. 客户投诉案件若需会勘者，业务部门在未填立“客户抱怨处理单”前为应客户需求及确保处理时效：业务人员应立即反映质量管理部人员（或制造部品保组）会同制造部门人员共同前往处理，若质量管理部人员无法及时前往时由总经理指派有关人员前往处理，并于处理后向总经理报告。

3. 为及时了解客户反映异常内容及处理情况，由质量管理部或有关人员于调查处理后3天内提出报告呈总经理批示。

4. 总经理室生产管理组接到业务部门的“客户抱怨处理表”后即编列客户投诉编号并登记于“客户抱怨案件登记追踪表”后送质量管理部追查分析原因及判定责任归属部门后，送生产单位分析异常原因并拟定处理对策，并送经理室批示意见，另依据异常状况送研发部提示意见，再送回总经理室查核后送回业务部门拟定处理意见，再送总经理室综合意见后，依据核决权限呈核再送回业务部依批示处理。

5. 业务人员收到总经理室送回的“客户抱怨处理表”时，应立即向客户说明、交涉，并将处理结果填入表中，呈主管核阅后送回总经理室。

6. 总经理室生产管理组接到业务部填具交涉结果的“客户抱怨处理表”后，应于1日内就业务与工厂的意见加以分析作成综合意见，依据核决权限分送业务部经理、副总经理或总经理核决。

7. 判定发生单位，若属我方质量问题应另拟定处理方式，改善方法是否需列入追踪（人为疏忽免列案追踪）作明确的判定，并依“客户投诉损失金额核算基准”及“客户投诉罚扣判定基准”拟定责任部门损失金额，个人惩处种类呈主管批示后，依罚扣标准办理，若涉及行政处分则依“客户投诉行政处理原则”办理。

8. 经核签结案的“客户抱怨处理表”第一联质量管理部存，第二联制造部门存，第三联送业务部门依批示办理，第四联送会计科存，第五联总经理室存。

9. 若客户未能接受时业务部门应再填一份新的“客户抱怨处理表”，附原抱怨表一并呈报处理。

10. 总经理室生产管理组每月10日前汇总上月份结案的案件于“客户投诉案件统计表”会同制造部、质量管理部、研发部及有关部门主管判定责任归属确认及比率并检查各客户投诉项目进行检查改善对策及处理结果。

11. 业务部门不得超越核决权限与客户做任何处理的答复协议或承认。对“客户抱怨处理表”的批示事项据以书信或电话转答客户（不得将“客户抱怨处理表”影印送客户）。

12. 各部门对客户投诉处理决议有异议时得以“签呈”专案呈报处理。

13. 客户投诉内容若涉及其他公司，原物料供应商等的责任时由总经理室会同有关单位共同处理。

14. 客户投诉不成立时，业务员于接获“客户抱怨处理表”时，以规定收款期收回应收账款，如客户有异议时，再以“签呈”呈报上级处理。

（八）客户投诉案件处理期限

1. “客户抱怨处理表”处理期限自总经理室受理起国内13天、国外17天内结案。

2. 各单位客户投诉处理作业流程处理期限。

（九）客户投诉金额核决权限

投诉金额	核决权限
100000元	业务部门经理
100001 ~ 150000元	副总经理

150000 元以上　　　　　　总经理

（十）客户投诉责任人员处分及奖金罚扣

1. 客户投诉责任人员处分。

总经理室生产管理组每月 10 日前应审视上月份结案的客户投诉案件，凡经批示为行政处分者，经整理后送人事单位提报“人事公布单”并公布。

2. 客户投诉绩效奖金罚扣。

制造部门、业务部门及服务部的责任归属单位或个人由总经理室依客户投诉案件发生的项目原因决定责任归属单位，并开立“奖罚通知单”呈总经理核准后复印三份，一份自存，一份送会计单位查核，一份送罚扣部门罚扣奖金。

（十一）成品退货账务处理

1. 业务部门于接到已结案的“客户抱怨处理表”第三联后依核决的处理方式处理：

（1）折让、赔款：业务人员应依“客户抱怨处理单”开立“销货折让证明单”一式两联，呈经（副）理、总（副）经理核签及送客户签章后一份存业务部，一份送会计做账。

（2）退货、重处理：开立“成品退货单”注明退货原因，处理方式及退回依据后呈经（副）理核实后，除第一联自存督促外其余三联送成品仓储据以办理收料。

2. 会计科依据“客户抱怨处理表”第四联中经批示核定的退货量与“成品退货单”的实退量核对无误后，即开立传票办理转账，但若数量、金额不符时依下列方式办理。

（1）实退量小于核定量或实退量大于核定量于一定比率（以该客户订制时注明的“超量允收比率”，若客户未注明时依本公司规定）以内时，应依“成品退货单”的实退数量开立“传票”办理转账。

（2）成品仓储收到退货，应依业务部送来的“成品退货单”核对无误后，予以签收（如实际与成品退货单所载不符时，得请示后依实际情况签收）。“成品退货单”第二联成品仓储存，第三联会计科存，第四联业务部存。

（3）因客户投诉之故，而影响应收款项回收时，会计部门在计算业务应收账款回收率的绩效奖金时，应依据“客户抱怨处理表”所列料号之应收金额予以扣除。

（4）业务人员收到成品仓储填回的“成品退货单”应在下列三种方式中择一取得退货证明：

①收回原开立统一发票，要求买受人在发票上盖统一发票章。

②收回注明退货数量、单价、金额及实收数量、单价金额的原开立统一发票

的影印本，且必须由买受人盖统一发票章。

③填写“销货退回证明单”由买受人盖统一发票章后签回，取得上述文件后与成品销货退回单一并送会计部做账。

（5）客户投诉处理结果为销货折让时，业务人员依核决结果开立“销货折让证明单”依下列方式取得折让证明：

①收回注明折让单价、金额及实收单价、金额的原开立统一发票影印本，影印本上必须由买受人盖买受人盖统一发票章。

②填写“销货折让证明单”由买受人盖统一发票章后签回。

取得上述文件之后与“销货折让证明单”一并送会计科做账。

（十二）处理时效逾期的反映。

总经理室于客户投诉案件处理过程中，对于逾期案件应开立“催办单”催促有关部门处理。

十、售后服务管理办法

（一）概念

售后服务是指厂家（或者经销商）把产品（或服务）销售给消费者之后，为消费者提供的一系列服务：包括维修、故障咨询、上门服务等。在市场激烈竞争的今天，各企业以及消费者都越来越重视售后服务的质量，就相关问题列出条文进行规范。

（二）写作方法

1. 售后服务管理总则
2. 售后服务管理体制
3. 客户意见和投诉
4. 退换货和维修
5. 售后服务的资料管理
6. 附则

（三）范例

售后服务管理办法

一、总则

为加强公司产品、商品的售后服务，促进以顾客满意度为导向的方针的实现，特制定本办法。

二、管理体制

公司营销部门下设专门的售后服务职位和机构。

公司售后服务机构负责公司产品、商品的客户（用户）意见收集、投诉受理、退货换货、维修零部件管理等工作。

公司可设立专业售后服务队伍或者指定特约服务商、维修商。

公司指定特约服务商、维修商的，应与之签订委托协议或合同；不能因公司与特约服务商之间的衔接不当、纠纷而影响对客户（用户）的服务。

三、客户意见和投诉

公司通过公示的服务（热线）电话、信箱或其他方式，接受客户和消费者的服务咨询、使用意见反馈、投诉等事务。

服务接待员接受专业培训后，方可上岗。接待过程不得怠慢客户和消费者。

对每一次来电、来信、来访，接待员均应详细记录在案，填写有关登记表，按规程和分工转送有关单位和人员处理。紧急事件应及时上报。

公司设立多给投诉制。客户要向公司当事人的直接上级投诉，或直接向公司领导投诉。

受理的意见和投诉中涉及产品质量、使用功能的，送研发、设计或生产、技术部门处理。

受理的意见和投诉中涉及产品包装破损、变质的，送仓库、运输部门处理。

受理的意见和投诉中涉及公司营销、安装、售后服务人员态度差、不尽职的，送营销部门处理。

受理的意见和投诉中涉及中间商、零售商的，应及时与之协调沟通。

公司产品、商品、服务存在的重大问题，出现或可能出现危机和媒体曝光、法律诉讼、影响公司公信力的，列为专案优先处置。对多次投诉处理后仍不服的，提升为个案处理。

公司对每资助来电、来信、来访，须给予迅速、满意回复。对有价值的意见和建议，予以奖励。

客户的意见和投诉情况，作为考察与之相关部门和人员业绩的依据之一。

四、退货和换货

公司根据政府关于保护消费者权益、商品交易的相关法规，制定公司产品和商品退货和换货的具体规定。

公司产品和商品退货和换货的具体规定，明示于销售场所、载于产品说明材料内。

公司制定具体退货和换货工作流程，培训有关人员熟悉该规程。

公司的仓库、运输、财务、生产制造部门为退货和换货予以支持和配合，并进行工作流程上的无缝衔接。

查清退货和换货的原因，追究造成该原因的部门和个人的责任，并作为业绩考核依据之一。

五、维修服务

公司根据政府有关法规和行业惯例，确定本公司产品、商品的保质期、保修期。在一个产品、商品中，不同部位、部件有不同保修期的应加以说明。

公司产品、商品的保质期、保修期，应载于产品说明材料内。公司因促销等原因导致保修期变化的，应及时通知售后服务部门。

公司售后服务类别为：

1. 免费服务。在保修期内的维修服务不收取服务费。

2. 有偿服务。在保修期外的维修服务，适当收取服务费。

3. 合同服务。依公司与客户签订的专门保养合同进行服务。

在同一产品、商品中，不同部位、部件有不同保修期的，维修服务分别计费。

公司维修人员经培训合格或取得岗位资质证书后才予上岗，公司鼓励维修人员通过多种形式提高其维修技能。

公司服务接待员在接到维修来电来函时，详细记录客户名称、地址、联系电话、商品型号，尽量问清存在问题和故障现象。以上内容登记后，送服务部门处理。

维修主管接到报修单后，初步评价故障现象，派遣合适的维修人员负责维修。

维修人员如上门维修的，应佩戴公司工号卡或出示有关证件才能进入客户场所，并尽量携带有关检修工具和备品备件。

维修人员如上门维修的，公司应协助其商品运输，运输费用按有关规定支付。

维修人员应尽责精心服务，不得对客户拿、吃、要，要爱护客户家居或办公环境，不损坏其他物品。

凡在客户场所不能修复带回修理的，应开立收据交与客户，并在公司进出商品簿上登记。修复后应向客户索回收据，并请其在维修派工单上签字。

维修服务收费的，应事先向客户声明并出示维修项目与收费标准表、卡。维修完毕结算费用，较低费用可当场收取，将款交财务补寄发票；否则，开具发票后另行前往收费。

每次维修完结后，维修员上交派工单，主管考核其维修时间和质量。各种维修应在公司承诺的时限内完成。

六、备品备件和检修工具

公司应设立专门的售后服务所需的备品备件仓库。

备品备件管理本着适时、适量、适质的原则进行。根据ABC分类法将所有备品备件分为A类、B类、C类进行有效管理，合理进行采购、库存计划与控制。

备品备件仓库管理和收发货可能照析材料、成品仓库管理办法执行。

公司可在备品备件仓库存放一定数量的替补商品。在对客户商品维修期间，用该替补品代替故障商品为客户工作，修复后替补品收回还仓。

公司售后服务所需的检测、维修设备工具，凡价值较大的，列入公司固定资产科目。公司应投资购买选进适用的检测维修设备工具，提高服务硬件水平。

维修员可配置专门的检测、维修设备工具，在登记后由个人保管、作用。该设备工具不得用于私用目的，丢失或损坏后应予赔偿（正常损耗除外），调离本岗时应移交。正常损耗、毁损贵重工具的，应提出报告说明原因。检测、维修设备工具的购置由售后服务部门询价、计价、统计后，报经财务核价和主管批准才可由采购部采购。

七、资料管理

为提高售后服务的信息保障能力，公司售后服务部门应建立完整、实用的维修资料体系。

围绕公司产品、商品所需的技术手册、零件手册、零件价目表、技术图表、技术说明书、技术刊物、参考书籍等，均应收集，并指派专人负责保管。

密切关注技术资料出版动态，凡业务需要的，可提出申请，从速选购。资料借阅管理可参照公司图书资料管理办法。

公司编制的针对本公司产品的检测、维修指导手册，应及时发送至维修网络各节点，并进行必要的维修培训。凡涉及公司技术秘密的资料，应妥善保管，维修人员不得泄密。维修人员对疑难、罕见故障的维修案例，应提出书面总结报告，并留存于部门内，供有关人员参考。

八、附则

本办法由营销部解释执行，经总经理批准实施。

十一、公司销售用语规范

（一）概念

一个销售员的敬业精神和对工作、对企业的热爱，不仅取决于能说会道，更取决于他为企业的形象以及站在客户的角度去思考。公司为了规范销售员的语言

行为，用条文的形式进行规范，以便销售员执行。

（二）写作内容

1. 售货员的作用以及所必备的商品知识

2. 用语技巧

3. 声音、表情与动作

（三）范例

公司销售用语规范

1. 售货员的作用

一个合格的售货员不在于他是否能说会道，而取决于他的敬业精神和对工作、对企业的热爱，对客户的一片爱心。所以，其一言一行都必须为企业的形象着想，为客户着想，让客户切身感到售货员对其的尊敬、感谢和热爱。

2. 丰富的商品知识

在销售用语中，使用最多的是介绍商品。没有丰富的商品知识，仅有热情，是无法成为一个成功的销售人员的。作为一个售货员，必须对自己经销的商品了如指掌、如数家珍。为此，必须细心观察，虚心请教，热心学习；日积月累，积少成多，日趋丰富。

售货员须掌握的商品知识包括：

（1）质量、种类、规格及其他技术指标；

（2）用途、用法、性能及使用注意事项；

（3）色彩、外观设计；

（4）使用年限及保护、保存方法；.

（5）与同类商品的比较；

（6）价格及经济性。

3. 用语技巧

同一句话的不同的说法会产生不同的效果。既可以让客户慷慨解囊，也可以使其分文不出。问题就在于语言技巧。

（1）讲求讲话的顺序和逻辑性。

思维混乱、语无伦次必将导致客户不知所云、无所适从。售货员必须掌握如何用语言吸引客户、说服客户和满足客户。如同写文章，应深知如何开头、如何展开、如何结束、中间如何起承转合、如何布局谋篇。

（2）突出要点和重点。

销售用语的重点在于推荐和说明，其他仅仅是铺垫。因此，在接待客户时，必须抓住重点，突出要点，以引起客户的购买兴趣。

(3) 不讲多余的话。

与上述相适应，售货员尽量不讲与买卖无关的话，以致分散客户的注意力。扯东道西，说长道短，会引起客户的反感。客户入店的目的不是来聊天，所以，售货员的语言必须服从于使客户产生购买行为。

(4) 语调要平缓。

售货员讲话不能太快，一是避免客户听不清楚，二是避免客户产生强销强卖的感觉。

(5) 不夸大其词。

不着边际地吹嘘夸大，可能暂时会推销出商品，并非恒久的良策，客户吃亏上当只能是一次，以后绝不会重蹈覆辙，所以，最终受损失的还是商店。诚实客观地介绍推荐，才是长久的良策。

(6) 绝不能对客户无礼。

对客户在语言上失礼，以致使用讽刺、挖苦或污辱性语言，不仅会气跑一个客户，对其他在场或不在场的客户，也会产生不易消除的恶劣影响，会使企业形象受到极大损失。因此，不论遇到什么情况，都必须避免此类问题的发生。

(7) 不要与客户发生争论。

在推荐介绍商品时，若客户有不同意见，绝对不能反驳客户，只需耐心地倾听客户意见即可。如确需纠正客户的意见，应面带微笑，言语柔和地陈述自己的观点。

(8) 因人而言。

售货员每天接待的人五花八门，应根据说话对象，选择不同的表达方式和表达技巧。对有的人可以侃侃而谈，对有的人则应洗耳恭听；有时候可以从正面说明，有时候要反面表达，不能千篇一律。

(9) 正确运用语言。

①换个说法。

同一个意思的不同表达，会产生截然不同的效果。在销售领域，忠言往往逆耳。如谈及商品“质量坏”时，不如讲“质量不好”顺耳，又如讲商品是“价格太高”时，不如讲“价格不低”，这虽近乎于文字游戏，但对客户的影响是不一样的。

②不讲粗俗语言。

绝不能将市井语言用于接待客户。

③不使用方言土语。

特别是对客户构成复杂的大型商品来说，这是一项基本的要求。但对地方上的商店来讲，就无法强人所难。另外，尽量不使用时髦语言，不能夹杂外语。

④不能先褒后贬。

所谓先褒后贬，是指先讲好处，后讲坏处。举例说明：介绍一种糕点，可以说“这种糕点很好吃，但是较硬”。也可以说“这种糕点较硬，但是很好吃”。不言自明，后一种说法的语言效果比前一种要好得多。

⑤要通俗易懂。

售货员不能故作高深，如果客户听不懂，即便讲得天花乱坠，也无济于事。

4. 声音、表情与动作

（1）声音的要求首先要求清楚，语速平缓，其次要求悦耳动听、抑扬适度。

（2）在进行语言表达时，要配以自然的表情与动作。

（3）微笑能够化解一切隔阂，所以在接待客户过程中，应始终保持微笑。

（4）微笑不是技巧，应出自内心的真诚。

（5）在服务过程中，放肆大笑，故作姿态的夸张动作，会破坏购物气氛。

十二、销售经理管理手册

（一）概念

销售经理管理手册是针对企业销售经理的工作而制定的手册。它用于指导企业经理的行为，管理与监控企业营销工作的运作，保证取得良好销售业绩。

（二）范例

销售经理管理手册

一、销售方针的确立与贯彻

（一）销售方针的内容

1. 销售方针是销售经理在自己所辖的业务范围以内，拟定促销及营运方面的方针。

2. 销售方针分为长期方针（3～5年）及短期方针（1年以内）两种；销售经理所决定的，属于短期方针。

3. 销售方针的确立，应以公司经营的目的为基础。

（二）如何订立销售方针

1. 明确公司业务的经营目标及董事长与直属上司的政策，以此为依据，拟定适合的销售方针。

2. 销售部对于各方面的问题（例如：市场开发、利润的提高、广告宣传、回收管理等)，都必须制定方针。

3. 配合当年的营运重点及公司的经营方针，来拟定销售方针。

(三) 销售方针的贯彻

1. 除了以口头发表或说明之外，还要发布文件，以期方针能正确并彻底地实施。

2. 尽量避免“自己（上司）认为有关人员（属下及其他人）已经明白，而实际上并未彻底了解的情形”发生。

3. 销售方针公布后，仍需反复地加以说明。

二、销售计划的要点

(一) 销售计划的内容

1. 销售经理所拟订的销售计划，不能仅包括以销售额为主体的预算数值和计划的实施步骤而已。

2. 应包括销售组织、商品、消费者、售价、销售方法、包括广告和宣传、销售预算等的广义计划。

(二) 拟订销售计划时的应注意事项

1. 配合已拟订的销售方针与政策，来拟订计划。

2. 拟订销售计划时，不能只注重特定的部门（或人)。

3. 销售计划的拟定必须以经理为中心，全体销售人员均参与为原则。

4. 勿沿用前期的计划或订定惯性的计划。必须要组合新计划，确立努力的新目标才行。

(三) 销售计划的实施与管理

1. 经理对于销售计划的彻底实施，必须负完全的责任。

2. 拟订计划后，要确实施行并达成目标，计划才有意义。所以，对于销售计划的实施与管理必须彻底。

3. 计划切勿随便修正，除非遇到情势的突变或尽了一切努力，仍无法达成目标时，方可更改。

三、销售部内部组织的营运要点

(一) 销售组织与业务效率

1. 销售内部的组织和销售人员的关系。

2. 销售经理对于自己所辖部门的组织形态和有效率的营运，应经常留意。

3. 不可忽略组织管理的研究。

(二) 组织营运的重点

1. 销售组织有效率地营运，首要关键在于销售经理的作法，尤以销售经理的领导能力的发挥最为重要。

2. 对于推销人员，要训练其团队精神。

3. 在销售组织里，要特别注意销售的分担与配置、使命、报告系统、责任与权限的明确划分。

（三）权限内组织的修正

1. 销售组织的大纲应由董事会或董事长裁决；至于其细节，乃属于销售经理的权责。

2. 在销售经理的权限内，应视环境的变化而修正组织，使之具有适应性；对于组织的合理化，亦需立即着手进行。

四、销售途径政策的注意事项

（一）根据自己公司的实际情形

1. 对于业界、自己公司在业界里的立场、服务、地理条件等，要有客观的认识，以采取适当的销售途径政策。

2. 独自的系统化。参与其他公司（或者是大公司）的系列。无论采取哪项政策，都要充分研究相互的得失关系。

（二）应以效率性为本位

1. 不要以过去的情面、私情、上司的偶发意向或仿效其他公司，来决定销售途径。

2. 不要仅凭借负责的推销员或顾客（代理商或消费者）等的意见或批评来下判断；必须根据客观而具体的市场调查，来决定销售途径。

3. 效率不高的销售途径，应果断地废止，重新编制新的销售途径。关于这一点，销售部的经理，必须向上司进言。

4. 交易条件和契约的拟定必须格外地小心，一切都要以书面形式为准。

（三）寻求与试行新的销售途径

1. 销售经理必须调查研究，并努力企划更有效率的销售途径。

2. 纸上谈兵是无法知道确实的效果的。所以，应该在危险性较小的范围内，先试行看看。

五、市场调查的注意事项

（一）计划与策略必须详尽

1. 不管调查的目的和规模如何，实施的方法一定要有细密的计划。

2. 尽量以最少的费用、时间、人数来完成调查。

3. 在预备调查或正式调查期间，如发觉没有继续调查下去的必要时，应即停止调查，不要阻碍于面子而拖延。

4. 尽量利用既有资料和实地调查的资料。

（二）调查结果的有效运用

1. 必须确实地整理调查的内容与严守提出报告的日期。

2. 负责调查者应使调查的结果能够有效地运用。

3. 调查结果应尽量予以运用，不可随便否定或忽视。

（三）公司外的专门机构负责调查时

1. 不要轻易地完全相信对方所说的话，必须先调查该机构的能力、实绩、信用等问题；负责市场调查的销售经理，应亲自去调查。

2. 调查前的商讨要能充分协调，本身的要求及希望应据实提出；调查结果不完整时，应重新调查。

六、新设立或撤消分公司、办事处的注意事项

（一）新设立或撤消均要慎重考虑

1. 分公司、营业处的存在，对于经营及销售方面，有利亦有弊。

2. 若利多于弊时，即应设立新的分公司或维持现状；当弊多于利时，即应缩小编制或撤销分公司。

3. 对于利弊的判断，不可依据主观或直觉，必须要凭借科学化的分析。

4. 新设立分公司时的注意事项

（1）事前的调查和利益的核算必须非常慎重。

（2）不要为了迎合上司的偶发意向，而设立新的分公司或营业处，必须根据销售经理本身的想法及信念方可。

（3）尽量阶梯式地展开，先由小规模开始（以派驻人员的方式），再渐次扩大。

（4）分公司、营业处的负责人的选定最为重要，不可任意委派。

（二）缩小、撤销时的注意事项

1. 不要受对内、对外的面子问题所拘束。

2. 无论对内或对外，均要有充分的理由，才可缩小或撤销。

3. 撤销的分公司、营业处，若为自己公司所有的土地和建筑物，其后应充分有效地利用。

七、提供新服务注意事项

（一）不要委任其他部门

最重要的是，要与公司上层、企划人员及开发部门共同研究。

（二）构想、情报的提供与协助

1. 任何构想及情报，都要毫不遗漏地提出。

2. 客户的意见特别重要。

3. 要有制度地收集情报。

4. 应积极地经常与有关人员协同研究，并举行检讨会。

（三）市场开发与销售

1. 如果没有得到销售部门的协助，无论产品多么优良，仍难有较高的销售量。

2. 不要对产品的可销性妄下结论。

3. 销售商品态度，不要敷衍了事，应颇具信心地去销售。关于这一点，销售经理应以身作则，并教导属下。

八、合同的注意事项

（一）订定合同时越慎重越有利

1. 交易开始时的合同，不论是以书面或口头约定，都要格外的慎重。

2. 设想双方的财力关键，以及随着交易所发生的一切条件，将之列入合同里。

3. 要有耐性地交涉，尽量争取有利的条件。

（二）拟定交易规定或合同书

1. 合同应尽量根据规定或文件，尤以签订重要的交易或大批交易的合同时，应更加慎重。

2. 共同的、基本的交易必须依交易规定来决定（如代理商的交易规定等）。

3. 重要的和交易内容复杂的合同书，必须请专家、律师（公司内、外的）过目。

4. 任何一种合同书，经理都必须过目，对于特约事项，更需特别留意。

（三）违反合同或发生纠纷时

1. 销售经理必须亲自想好对策加以处理，不可完全交予部属去处理。

2. 不管是由哪一方所引起，不可轻易地放弃或随意处理。

3. 不管任何纠纷，均应将情形呈报上司。

九、销售方面计数管理的注意事项

（一）计数管理的内容

计数管理的主要项目如下：

1. 与销售及利润有关的销售额、经费、收款、回收率及其他。

2. 与劳动生产力有关的个人平均销售额、利润、其他交易额、出勤率、工作效率等。

3. 各种计划的预估与实绩间的差异。

4. 计数分析数值。

5. 其他。

（二）计数意识及正确的实施法

1. 管理者应让部下了解数字的重要性、计数所产生的计划与行动、根据计数所作的评价等。

2. 切莫捏造数字或玩弄计数。

（三）预估、实绩的研讨与对策

1. 销售经理果断地研究自己所管范围内的预估与实绩。

2. 要查明预估与实绩间产生差异的因素，及时拟定对策与方法。

十、货款回收的注意事项

（一）最重要的是防止呆账

1. 要让推销员彻底地明了收回货款才算完成销售。

2. 准备以信用制度交易前，应彻底做好信用调查，并决定正确的信用限度。

3. 交易开始后，需定期性的重新研讨信用限度。

4. 应迅速获得客户经营或支付情况的异常情报。

5. 若发现异常情况，应即采取必要措施。

（二）债权管理及促进回收

1. 债权管理虽然属于推销员及财务经办人所辖，但不可将全部责任委任他们。

2. 销售经理对于各自的销售额、收款额、未收款额等，应经常留意是否异常。

3. 要特别注意把握实态，以免部属对未收货款、回收情况等，计算错误或作为呆账等。

4. 有关货款的回收，应经常叮嘱经办人，以期收到良好的效果。

十一、处理索赔问题的注意事项

（一）销售上的索赔

1. 对于索赔，无论大小，应慎重处理。

2. 防止索赔问题的发生才是根本的解决问题之道，不可等索赔问题发生时，才图谋对策。

（二）销售部门的处理

1. 要迅速、正确地获得有关索赔的情报。

2. 索赔问题发生时，要尽快拟定对策。

3. 销售经理对于所有的资料均应过目，以防部下忽略了重要问题。

4. 每一种索赔问题，均应拟定标准的处理方法（处理规定、手续、形式等）。

十二、销售事务管理的注意事项

（一）销售事务的重视与指导

1. 销售事务是销售服务上的关键，切不可有错误发生。

2. 除了销售事务经办人等专门人员外，有不少推销员忽视事务性的工作或处理事务的能力不足。

3. 销售经理对事务需具备正确的了解与知识，并反复地指导部属。

4. 务必让所有的关系者遵守事务的处理法规。

（二）销售事务的组织与制度

1. 销售事务在组织上应专业化，并设立专职的职员。

2. 尽量让推销员专心销售，不要让他们处理事务性的工作。

（三）销售事务的改善

1. 研究效率最高的事务处理法，并经常予以检讨。

2. 利用电子计算机及其他机械，以求机械化、省力化。

（四）协调与联络

1. 要密切的实施销售战略上的协调与业务上的联络、洽商及情报交换。

2. 应特别注意彼此间意见的沟通，以免发生误会或不协调。

十三、推销员的活动管理要诀

（一）推销活动的特征

1. 推销员必须离开公司，远离上司，依自己的责任行动。

2. 推销活动的管理以自我管理为主体，故提高推销员的道德心及责任感为最重要的事。

（二）行动报告制

1. 各推销员的行动预定表，应由他们自己制作、自己提出；以 1 个月或一个时期为单位，记录每天访问的地点及事项。

2. 按日报告（或按周报告）不仅达到行动管理的目的，同时，也是情报管理上的重要事项。

3. 例会需以上司为中心，以做必要的指示及正确的指导。

（三）出差管理

1. 近距离或住宿出差要让职员提出申请（预定），并审阅出差内容。

2. 长期性的出差有关经过与成绩应让部属作定期性的报告与联络（利用文书、电话等）。

3. 应规定期限内，完成旅费的清算。

十四、销售会议的处理要诀

（一）必要时才开会

1. 必要、不可缺的洽商、讨论时，才召开会议。

2. 销售部门的主要会议为周期例会、重大客户或突发会议等。

（二）会议的进行法

1. 议题要在事前通知参加者。

2. 要严守时间（开始与结束的时间）。

3. 参加者均应出席。

4. 不可变成特定者或个人的讲演会。

5. 尽量让多数人发言。

6. 最后应将决议事项整理好，让参加者确认。

7. 应在短时间内完成会议（时间不加节制的会议，徒浪费时间而已）。

（三）销售经理的注意事项

1. 不要随便开会，不要变成喜欢开会的人。

2. 不要变成销售经理个人的演讲会。

3. 会议中所决定的事情，要确实地施行。

十五、销售经费管理的注意事项

（一）独立的会计制度或预算控制制度

1. 销售经费须依各种科目，编列年、月预算。

2. 销售经理对于细目均应亲自过目、研讨、审阅。

（二）经费管理的办法

1. 要迅速正确地把握预算与实绩的差异。

2. 要仔细研讨变动费用（运费、出差旅费等）与销售额间的关联。

3. 销售经理需不断地加强节省经费、成本意识等的教育。

十六、销售统计的处理要诀

（一）统计内容的决定

1. 做太多的销售统计，徒劳而无功；故只要把必要的加以统计并迅速正确地做好即可。

2. 应以销售经理为中心，与有关人员共同协议，确定何种统计为必要的。

3. 适时地检讨统计的内容，就会发觉有些统计是不必要的。

（二）统计的做法

1. 尽量节省手续及时间。

2. 有效地利用电子计算机及其他计算机器。

3. 利用其他部门（如财务等）所做的统计资料。

（三）统计资料的有效运用

1. 统计的结果大多与经验或直觉不尽相符，故不可轻视统计。

2. 能够有效地运用统计于销售促进方面，才是最重要的。销售经理与全体有关人员应对统计资料发生兴趣，并运用于销售的业务上。

十七、管理者的基本条件

管理者必须发挥领导精神，这种精神是各种条件的总和。下面列举管理者所需的主要条件，管理者本身应努力加强各种条件的强化及进步。

（一）统率力

若不能完全掌握及统率部属，就没有管理者存在的意义。

（二）指导力

管理者本身纵使很优秀，若不能指导、栽培部属，亦不能成事。

（三）洞察力、判断力

要洞察各事项的本质，才能作正确的判断。

（四）创造力

除了利用部属的创造力外，销售经理本身若具备优秀的创造力，必能相得益彰。

（五）体力、意志力

若身体虚弱、意志薄弱，是无资格当领导者的，因为有很多事情，需要销售经理亲自作决定。

（六）政治力

即交涉方面的能力。

（七）个人的吸引力

最低限度不要让他人对自己生厌，获得部属的好感及尊敬，这是领导者应有的条件。

十八、销售经理的职责

（一）有些销售经理并不了解自己的职责

1. 要全面地、正确地了解销售经理的职责。

2. 站在当事人（销售经理）的上司或部下的立场来看，往往有很多销售经理常做出不适合自己职位的工作或事务。

（二）把握的原则

1. 销售经理对自己应做那些事情，需作学习。

2. 应依自己公司的组织、职务规定等把握销售经理的责任范围。

3. 需视情况的变化，判断何事最重要，何者应先处理。

（三）不能偏爱于自己的喜好

1. 销售经理因易专注于自己拿手或喜欢的事务，而忽略其他事务（例如，专注于销售活动，忘却全体的管辖责任）。

2. 往往自己不拿手或讨厌的事情，却是管理者应尽的职责。

十九、命令部属的方法

（一）命令系统的确立与遵守

1. 命令系统是联络组织上下的系统，但有些组织并未明确地设立此种系统，致使指示、命令发生冲突。

2. 原则上，命令系统应将命令依序下达若有特殊情况，需直接命令时，应将命令告诉受命者的直属上司。

（二）命令的内容要明确

1. 命令的内容应具体、简洁。有时，自己认为易于了解，但对方（受命者）可能并不明了。

2. 命令的内容中，切勿加上希望、注意事项或抱怨等。

（三）要确定受命者是否完全了解

1. 最好让对方复诵一次，以确认他是否了解。

2. 一定要让受命者带着备忘录，以便把内容记下来。

（四）经过结果的追踪

1. 不要以为命令下达了便算了事。

2. 若受命者未提出报告，应主动地追踪、观察其结果。

二十、接受部属报告的方法

（一）报告制度的确立

1. 应于事前决定提出报告的对象、事情、时间及方式。

2. 一定要让部属遵守报告制度。对于不遵守者，应加以强调（或反复地说），促其履行。

（二）接受报告时

1. 应让提出报告者先说出结论，若有时间，应尽量听其说明经过。

2. 口头报告时，接受者需保持热心倾听的表情及态度。

3. 对于书面报告，应审阅。

4. 不管是口头或书面报告，若部属的报告不得要领时，身为上司者，应教导他。

（三）安抚、指导与支援

1. 部属完成报告后，一定要加以安抚与激励。

2. 必要时，应作指导，若认为部属需要支持时，应立即行动。

二十一、褒奖部属的方法

（一）褒奖的重要性

居于下列理由，用人时，褒奖是不可缺少的。

1. 褒奖后，部属会产生信心。信心就是力量。

2. 受到褒奖，心境自然愉快；碰到困难的事，也不觉得苦。

3. 受褒奖后，会增加对上司的信赖感。

（二）褒奖的要诀

1. 褒奖就是承认对方优秀、进步，及对其深具信心。

2. 褒奖时要了解值得褒奖的事实。

（三）不可过于奉承

1. 奉承与褒奖在意义上稍有不同。奉承将褒奖的话说得太夸大或任意褒奖。

2. 奉承之事，偶尔为之，并无大害，但常常如此，会致使部属变得无能，甚或对上司失去信赖感。

二十二、告诫及责备部属的方法

（一）告诫及责备的必要性

1. 褒奖会使人内心舒适，是用人所不可缺的；但若要栽培部属，告诫及责备亦是必要的。

2. 部属受了上司的告诫、责备后，就会自我反省，因而有所进步。

3. 告诫与责备是领导者的重要责任。

（二）要设身处地为对方着想

1. 不可因自己的情绪或脾气，随意地告诫、责备部属。

2. 若以博爱、诚意与关怀的态度提出告诫或责备，对方一定会接受。

3. 若用会损及对方的自尊心、面子的方法，是不会有效果的（如在他人面前指责等）。

（三）注意事项

1. 要以褒奖三次，指责一次的比例。

2. 先褒奖，再提出告诫。

3. 告诫、责备的时间越短越好。

4. 要选择对方在心理上能够接受的时候。

二十三、管理部属的方法

（一）把握应注意的重点

1. 欲正确了解管辖部门的全体和各部属的情形，先决条件是留意各细节。

2. 销售经理若对重要的事情不甚留意或管理不得要领，自己的能力必会遭致部属怀疑，失去权威。

（二）管理的方法

1. 根据数值

应注重计划、预估与实绩数值的差异。

2. 根据报告

从口头、书面报告，掌握各问题的内容及重点，以便管理。

3. 根据会议、检讨会等

若销售经理经常不在公司内，这种方法最为有效。

4. 根据观察

在室内，可静坐观察；在室外，则应以巡视、巡回等方法观察。

（三）以自我管理为原则

1. 只有在上司监督下，才会努力工作的人，实在太没有敬业精神了。

2. 要培养不管上司在不在，都会尽力工作的人，以创造良好的工作气氛。

二十四、销售业务的改革与合理化

（一）销售经理应保持正确的观念

1. 管理者对该如何有效地处理自己所管部门的业务，应深切地表示关心。

2. 除有正确的观念外，不可忽视或压抑部属的改善意见、构想、提案等。

（二）改善与合理化的手续

手续的原则如下：

1. 决定改革、合理化的对象（尽量把重点放在效果大的事项上）。

2. 相关业务的实态与调查分析（调查越广泛，越能清楚地了解）。

3. 改革、合理化的案件的检讨与决定，需有充分的人员和时间。

4. 案件的实施与修正应迅速地执行（使用新方法，发生障阻时，应除去障阻，修正案件）。

（三）改革与合理化的范围

1. 对全公司的事务或特定的事项，若有专门负责合理化的部门时，除了此部门应处理的事务外，其余的问题均归自己所管的部门负责。

2. 只要是销售经理的责任权限内的事务，均不可怠慢。

二十五、销售经理执行职务的方法

（一）部属是自己的镜子

1. 欲了解领导者的才能如何，观察他的部属便可一目了然，销售经理应记住此事，以此为处世、行动的准则。

2. 若有不能进步的部属、不能充分发挥能力或不能主动办事的部属，销售经理应视之为自己的责任。

（二）最重要的是以身作则

1. 想用口头或小技巧指导他人，是不会有效果的，必须身为表率，部属才服从。

2. 上司是部下的模范，若上司经常迟到，就不能对迟到者提出告诫。

3. 管理者要怀有先忧后乐的态度。

（三）经常反省

1. 虽然自己认为没有错，但若站在别人的观点，就会发觉自己的言行或对事务的处理，有很多有待改进之处。

2. 若能经常自我反省，就可发现自己的缺失。这时，应有坦率接受的勇气，并立即改正。

二十六、自我启发的要诀

（一）自我启发的重要性

1. 自我启发对所有的人都是必要的，对身为销售业务领导者的经理，更是重要的事。

2. 人大多有好逸恶劳的本性，即使销售经理也不例外。

（二）自我启发的方法

1. 工作方面

对自己的工作，尽全力以赴，自然就会进步。

2. 生活方面

若能适当地安排自己的生活，使之更充实，也是一种自我启发。

3. 要作各种努力、学习

阅读、听取他人的意见、自我学习、参加研习会、参观等，都可以增广见闻。只要努力，学习的方法是无穷的。

（三）继续不断地努力

1. 人的成长需要长时间，继续不断地努力。

2. 没有耐心，或三分钟热度的学习方法，是不会有效果的，每一个人都应该继续不断地努力。

十三、房地产销售策划方案书

（一）概念

房地产销售策划是商务人员在对某地产项目或楼盘的各种因素进行充分调查和系统分析的前提下，对楼盘的销售、促销活动进行分析、策划，挖掘房地产的“卖点”，制定相应的推广和宣传策略，为项目的销售做好工作。

（二）主要内容

1. 房地产项目规划条件及环境分析

2. 房地产投资与利润的分析

3. 房地产能力分析

4. 房地产销售对象分析与建议

5. 楼盘销售可行性分析（市场风险测度）

6. 楼盘销售时机的选择与建议

7. 楼盘销售策略的提案与建议

（1）策略构想。

（2）策划建议。

①公共设施规划建议；

②建材与设备建议；

③管理与服务建议；

④销售价位建议；

⑤商品命名建议。

8. 本案销售策略的提案与提议

（1）销售策略构想。

（2）销售计划建议。

①工地现场布置的建议；

②销售接待中心的建议：

③直接邮递计划（删 PLAN）的建议；

④说明书策划的建议；

⑤广告计划的建议；

⑥人员销售职业的建议；

⑦广告与促销推广的建议：

⑧其他销售活动的建议。

9. 销售预算的拟定

10. 销售效果预估

11. 结论

12. 附录

（1）策划销售工作项目与内容。

（2）策划销售工作酬金收取标准。

（三）范例

“××”房地产公司销售案场策划方案

随着房地产市场规范化和专业化程度的提高，房地产项目开发的各个阶段都显得非常重要，无论是项目的市场调研、规划设计、建筑施工，还是营销传播和物业管理，都关系到整个项目的成功与否。销售案场是房地产项目进入营销传播阶段所承担营销与展示的一个必备场所，是承接项目开发运作连续性的有力保证，关系到项目开发的有序进行和影响力的扩大。因此，现在无论项目的大小与否，开发商的实力如何，都把销售案场的规划与设计作为整个项目的前沿战场来做细、做好，真正把项目全部的精华都融入到销售案场的规划与设计中。

××房地产是一个住宅与商业相结合的大型房地产综合开发项目，地处工业区与商业区衔接地带，地理位置和社会效应都十分重要，其形象和品质自然是政府、投资者和社会大众所关心的第一要素。为了更好地展现未来的建筑风格、项目品质、品牌形象及人文内涵，扩大在社会上的影响力，在前期的营销传播中，必须把销售案场的规划设计放在事关大局的角度来考虑，真正把××公司的品牌形象（项目风格、项目品质、项目管理、项目设计、项目服务等）融入到销售案场的规划设计当中，充分体现出××房地产作为中小城市都市社区引导者的独特之处（比如：苹果社区销售案场的时尚化、广州奥林匹克花园的销售案场的运动化、昆明国际花园销售案场的意境化等都体现了其独特的项目开发理念和内涵），反映出开发商的卓识远见与专业水平，调动投资者对××公司的投资信心。为后续的建筑施工、管理运作及滚动开发打下坚实的品牌基础。

一、××公司销售案场的社会作用

1. 营造优美的销售环境和舒适的工作氛围，扮演一个有力的广告宣传者的角色。

2. 在项目建设之前，将一个生动鲜活的项目轮廓奉献于社会。

3. 向政府、投资者、社会大众展现××房地产的项目风格、品质形象和人文内涵，扩大其在社会上的影响力，为项目的成功营销打下坚实的品牌基础。

4. 体现开发商——××的专业水准和卓识远见，为公司的专业化、规模化发展开好局。

二、××公司销售案场的阶段划分鉴于项目的滚动式开发和销售策略，特别是客观条件的限制，销售案场的规划设计应随着项目的开发周期、销售进度的变化而有所调整。

三、推广主题及思路

一个楼盘推广主题的确立需要考虑以下几个因素：

1. 楼盘的规划思路。

2. 楼盘的市场定位。

3. 楼盘的特色卖点。

4. 楼盘的目标客户。

5. 楼盘的市场抗性。

通过对以上5个方面分析可以确立推广主题，推广主题犹如一篇文章的中心思想，以这个中心思想为核心，随之派生出案名、推广名、推广语和分阶段推广语。

我们认为××房地产在区位位置、设计风格、户型、居住环境、升值潜力、物业管理等几个方面存在较大的可操作空间和市场接受力，因此确立本案的推广主题："拥有河畔美景的上层建筑，享受优越生活的尊贵领地。"

四、销售推广方案准则：

1. 配合销售案场短、平、快的销售手法和销售节奏。

2. 各种推广方式应短小、精悍，操作简单易行。

第九章　产品仓储与物流文案

一、公司物流管理制度

（一）概念

公司物流管理制度是指企业为了加强管理，完善各项工作制度，促进公司发展壮大，提高经济效益，根据国家有关法律、法规及公司章程的规定，特制定本规章制度。

（二）内容

1. 流管理的目的与范围

2. 物流管理的要求

3. 物流管理考核方法

（三）范例

公司物流管理制度

一、目的

为加强公司的物流管理，妥善保管仓库库存物资，使采购物资入库及领用、产品出入库规范化，避免发生不必要的损失，特制定本规定。

二、范围

本规定包括产成品入库、销售、外协加工、采购物资入库、材料领用出库的相关管理。

三、物流管理的要求

所有物资应做到：每日清点、核对，保持账、卡、物三件一致，并根据物资实际状况，对长期不用以及需报废账务处理的物资应及时清理，办理相关手续。

（一）产成品

1. 产成品的入库

（1）产品完工并经质量检验员检验合格后，车间核算员填写“产成品入库单”，要求把入库单位、日期、产品图号、产品名称、规格、数量、单价、金额、工时等填写齐全，经车间主任签字批准，检验部门加盖“检验合格”章后，仓库管理员核对实物、合格证验收入库。仓库保管员必须严格把关，对于手续不全或单据填写不完整，不允许物资入库。

①产品图号、产品名称、规格、工时一律按技术部提供的标准填写。

②入库单价一律按财务部提供的产值（不含税）价格填写。

（2）验收入库的产品按品种，按社会销货需要摆放整齐，做到合理、牢固、整齐、安全不超高。

2. 产成品出库

（1）产品销售发出时，必须经质量检查部门认定无质量问题后，销售人员填写产品出库单及收发清单，财务部根据出库单开出门证，收发清单须购货单位签字或盖章后返回仓库，由仓库核对后返财务部。

（2）产品发货程序：第一步仓库保管员接到通知后，在仓库查看产品品种是否齐全，以备发货；第二步按销售员开具的出库单上的产品数量清点清楚发货；第三步提货人持产品出库单到财务部交款或办理相关手续，由财务部开具出门证；第四步仓库见出门证提货联后方可发货。

（3）对于社会零星销售的要先收款后发货，若销售价格低于公司规定最低价的，必须经公司总经理批准后方可发货。

（4）发出货物退回，由业务人员在货物退回当月及时办理退库手续，并经质检部门检验签字，有质量问题的，应根据质检报告单写有关处理报告总经理批示后，交财务账务处理。

（5）对于售后服务需用的产品必须经总经理签批后，才能往外发货，同时经办人要求对方将旧产品返回，以旧换新，否则不予以发货。若是先发货的，售后服务人员要在当月负责追回旧产品，并办理退库手续。

（6）所有发出商品应在当月及时办理结算，若遇特殊情况，最迟在2月内办理完结算手续。

（二）委托加工材料

委托加工材料的出入手续由生产部协助受托加工单位办理，并负责委托加工材料的收回。

1. 委托加工材料出库

（1）应填领料单并填写齐全。内容包括：领料单位、时间、材料类别、材料名称、型号及规格、计量单位、数量、单价、金额、用途、领料人、发料人、批准人签字。

（2）领料单一式三份，仓库、财务、受托加工单位各一份。

（3）领料人持领料单到财务部开具出门证，仓库见出门证提货联方可发货。

2. 委托加工材料完工入库

（1）入库程序同材料入库程序相同，同时按入库数量减少委托加工材料数量。

（2）仓库办理入库时，应核对原出库数量，完工返回入库的数量与出库数量不符时，属加工报废或者丢失的应填“委托加工赔偿清单”交受托单位签字确认后，随同发票和入库单、受托加工单位所持原出库时的领料单，返财务部。

（3）委托加工的成品入库价格应为：加工费加材料费，要求分别注明加工费、材料费，加工费按委托加工协议价格办理。

（4）委托加工材料要求当月返回，最长时间不能超过 2 个月，年终全部收回，若外协未完工而不能收回，应致函对方予以确认。

（三）采购物资

1. 采购物资入库

（1）仓库保管员根据采购员填制并经检验员盖章后的外购物资验收通知单核对实物，根据购货发票填写入库单，要求分清类别，内容完整，准确无误。

（2）无采购发票的物资可根据同类物资的账面价格或市场价格（采购员提供）办理估价入库，并在入库单上注明“暂估入库”，交采购员一份。开回发票后，先开红票冲原暂估，注明“冲×年×月×日暂估”，再办理正式入库。

2. 采购物资出库

（1）生产物资由领料部门根据生产计划成套领用，注明用途，认真填写领料单，经车间主任或生产部长签字批准后，仓库保管员方可发料。

（2）主要材料钢材的领用。在仓库不能存放的情况下，需存放生产现场的，由车间代保管，购进后由仓库保管员协同领用车间核算员共同验收数量，仓库保管员办理入库，车间核算员按入库数量同时办理出库，月末将未用材料办理假退料手续，并填制“月份主要材料××领用明细”报表。仓库每月对车间未用材料退库进行核对，无误后开具下月 1 日领料单，发现问题及时向领导汇报。

（3）对外销售的材料由仓库保管员根据业务员填写的收发清单，按账面价格填写领料单。用于售后服务的材料必须经主管经理批准后，方可发货。

（四）考核办法

（1）仓库人员没按要求验收入库的，每次考核 10 元。

（2）产品及材料出库手续不齐全，当事人每次考核 5 元。

（3）没有开出门证而出公司的，每次考核门卫 50 元。

（4）售后服务发出的产品，旧产品当月未返回的每一笔业务考核当事人 10 元，第 2 个月仍未追回的考核产品原值。

（5）发出商品办理结算不及时，超过1个月的每一笔业务考核当事人10元，超过2个月的停发工资。

（6）委托加工材料返回不及时，造成的直接经济损失由责任人承担。

（7）产品出厂检查出现失误，造成的直接经济损失由责任人承担。

二、物流经理岗位职责

（一）概念

物流经理岗位职责就是物流经理在日常工作中所须完成的任务和承担相关责任。

（二）内容

1. 物流经理的工作内容

2. 物流经理权力和责任

（三）范例

物流经理岗位职责

岗位名称：物流经理

直属上级：总经理

下属部门：物流部

主要职能：

一、工作内容

1. 全公司物流管理工作计划与费用预算的制定、审批与实施工作。

2. 公司物流系统的设计、调整，协助各办事处及物流商对货物储存、运输、调拨等工作进行管理。

3. 保证物流部所属部门正常运作的准确无误与高效率，对相关业务信息及时向回访部、客户服务部、财务部与各办事处、物流商进行反馈。

4. 组织对订单的分解、处理工作，办理好销售计划部、客户服务部确认的送、退货业务。

5. 协助市场部对各办事处的物流储运工作进行指导与检查。

6. 掌握发货与库存的动态变化，协助销售计划部做好要货计划，增强生产部门的预见性，以利于及时安排计划。

7. 控制送货和仓储成本以符合公司目标，保证日常操作顺畅有效。

8. 提供每周实时管理和作业报告，确保计算机系统和手工操作系统数据精确。

9. 保持实际存货100%精确。

10. 安置、组织并调动整个团队充分执行目标要求的任务。

11. 确保物流区域层面上的最优组合。

二、权责范围

（一）权力

1. 经总经理授权后，对公司各部门的物流情况有总体控制权；

2. 对下属人员有业务指导权和考核权；

3. 对各部门提交的物流相关计划需求情况有检查权；

4. 对违反物流规定的行为与要求，有权拒绝执行。

（二）责任

1. 对公司物流计划的完成负监督实施责任；

2. 对进出库情况、仓储数目、物流配送等负组织责任；

3. 对物流计划的执行负直接责任，如因人为原因给公司造成损失的，应负相应的经济责任、行政责任直至法律责任。

三、库存量管理工作方法

（一）概念

库存量管理工作方法是指在物流过程中商品数量的管理所遵循的方法。

（二）内容

1. 预估月用量设（修）定

2. 请购点设定与采购作业期限

3. 设定请购量与存量基准建立

4. 请购作业与库存查询等

（三）范例

库存量管理工作方法

第一条　预估月用量设（修）定

1. 用量稳定的材料由主管人员依去年的平均月用量，并参酌今年营业的销售目标与生产计划，若产销计划有重大变化（如开发或取消某一产品的生产，扩建增产计划等）应修订月用量。

2. 季节性与特殊性材料由生产管理人员于每年3月、6月、9月、12月的25日以前，依据前3个月及去年同期各月份的预计销售量，再乘以各产品的单位用量，而设定预估月用量。

第二条　请购点设定

1. 请购点——采购作业期间的需求量加上安全存量。

2. 采购作业期间的需求量——采购作业期限乘以预估月用量。

3. 安全存量——采购作业期间的需求量乘以25%（差异管理率）加上装船延误日数用量（欧、美地区15天用量，日本与东南亚地区7天用量）。

第三条　采购作业期限

由采购人员依采购作业的各阶段所需日数设定，其作业流程及作业日数（公司自订）经主管核准，送相关部门作为请购需求日及采购数量的参考。

第四条　设定请购量

1. 考虑事项：采购作业期间的长短、最小包装量、最小交通量及仓储容量。

2. 设定数量：外购材料的欧美地区每次请购3个月用量，亚洲地区为2个月用量，内购材料则每次请购25天用量。

第五条　存量基准建立

生产管理人员将以上存量管理基准分别填人“存量基准设定表”呈总经理核准，送物料管理单位建档。

第六条　请购作业

请购单提出时由物料管理部门，利用电脑（人工作业）查询在途量、库存量及安全存量填入以利审核，核定无误后进采购单位办理采购。

第七条　用料差异管理基准

1. 上旬（1～10日）实际用量超出该旬设定量×χ%以上者（由公司自订）。

2. 中旬（1～20日）实际用量超出该旬设定量×χ%以上者（由公司自订）。

3. 下旬（即全月）实际用量超出全月设定量×χ%以上者（由公司自订）。

第八条　月用量修订

用料差异反应及处理生产管理人员于每月5日前针对前月开立“用料差异反应表”，查明差异原因及拟订处理措施，研究是否修正“预估月用量”。如需修订，应于反应表“拟修订月用量”栏内修订，并经总经理核准后，送物料管理部门以便修改存量基准。

第九条　库存查询

物料管理人员接获核准修订月用量的“用料差异反应表”后应立即查询“库存管理表”，查询该等材料的在途量与进度，研究是否需要修改交货期。

第十条　交货期修改

物控人员经研究需修改交货期时，应填具“交货期变更联络单”送请采购单位采取措施，采购部门应将处理结果于“采购部门答复”栏内填妥，送回物控人员列入管理档案。

第十一条　存量管理作业部门及其职责

1. 物控人员。

为材料存量管理作业中心，负责月使用量基准设（修）订，用料差异分析及采取措施。

2. 采购部门。

负责各项材料内、外购别的设（修）订。采购作业期限设（修）定及采购进度管理与异常处理。

四、公司物资储存保管条例

（一）概念

公司物资储存保管条例是指公司为了加强仓库物资储存管理，降低物资储存费用，所制定的条例。

（二）内容

1. 物资储存保管的原则

2. 仓库保管员的责任

3. 物资的保卫管理规定

（三）范例

公司物资储存保管条例

第一条　物资的储存保管，原则上应以物资的属性、特点和用途规划设置仓库，并根据仓库的条件考虑划区分工。凡吞吐量大的落地堆放，周转量小的用货架存放。落地堆放以分类和规格的资序排列编号，上架的以分类四号定位编号。

第二条　物资堆放的原则是：在堆垛合理安全可靠的前提下，推行五五堆放，根据货物特点，必须做到过目有数，检点方便，成行成列，文明整齐。

第三条　仓库保管员对库存、代保管、待验材料以及设备、容器和工具等负有经济责任和法律责任。因此坚决做到人各有责，物各有主，事事有人管。仓库物资如有损失、贬值、报废、盘盈、盘亏等，保管员应及时报告上级主管，分析原因，查明责任，按规定办理报批手续。未经批准一律不准擅自处理。保管员不得采取“盈时多送，亏时克扣”的违纪做法。

第四条　保管物资要根据其属性，考虑储存的场所和保管常识处理，加强保管措施，达到“十不”要求，务使企业财产不发生保管责任损失。同类物资堆放，要考虑先进先出，发货方便，留有回旋余地。

第五条　保管物资，未经主管同意，一律不准擅自借出。配套物资，一律不准拆件零发，特殊情况应经主管批准。

第六条　仓库要严格保卫制度，禁止非本库人员擅自入库。仓库严禁烟火，明火作业需经保卫部门批准。保管员要懂得使用消防器材和必要的防火知识。

五、公司储存管理办法

（一）概念

公司物资储存保管办法是指公司为了加强仓库物资储存管理，降低物资储存费用，所制定的办法。

（二）内容

1. 物资的储存与盘点

2. 消防设备与库房的管理

3. 办法的实施与修订

（三）范例

公司储存管理办法

第一条　账务

物料管理部门收到“成品明细表”后，应立即和有关单据核对，如发现异常应立即办理更正。

第二条　盘点

1. 库存成品应作定期或不定期的盘点，盘点时由会计部门将盘点项目依规格类别填具“成品盘点表”会同物料管理部门盘点，并按实际盘点教量填入数量栏内。

2. 实施电脑化后，“成品盘点表”由电脑制表。

3. 会计部门将“成品盘点表”的盘点数量与账面数量核对若有差异，即填具“盘点异常报告单”，并计算其盘点盈亏数及金额，送物料管理部门查明原因，再送业务部主管，提出改善措施呈总经理核决。

4. 盘点盈亏数量经核决后，由物料管理部门开立“调整单”，第二联送会计部门，第一联仓运部门自存。

第三条　消防设备

仓库内一律严禁烟火，物料管理部门应于仓库明显处悬挂“严禁烟火”标志，并依工业安全卫生管理的规定设置消防设备，由总务部门指定专人负责管理，每日至少检查一次，如有故障或失效的，应立即申请修护补充，并配合厂区消防训练，以提高应对能力。

第四条 库房管理规定

1. 仓库内应经常维持清洁，并随时注意通风情况。

2. 易燃品、易爆品或违禁品不得携入仓库，物料管理部门应随时注意。

3. 仓库内不得吸烟，若因工程需要烧焊时，应先报备，并有人专责允许后才可。

4. 物料管理部门对所负责经管的成品库存及仓运设备的安全，如果破损应立即反映主管并立即委托修护。

5. 未经物料管理部门主管核准，有关人员不得进入仓库，搬运完毕后，也不得在仓库逗留。

6. 物料管理部门员工于下班离开前，应巡视仓库及电源、水源是否关闭，以确保仓库的安全。

第五条 实施与修订

本办法呈总经理核准后实施，修改时亦同。

六、公司材料编号办法

（一）概念

公司为了将原料、物料，按一定的标准归类并予以编号，以利于登载及查询，所制订的办法。

（二）内容

1. 公司材料编号的目的和范围

2. 公司材料分类方法与编号方法

（三）范例

公司材料编号办法

第一条 目的

为了将本公司的原料、物料，按其性质各归其类并予以编号，以利于料账的登载及数据的电脑处理作业，特制订本办法。

第二条 范围

本材料编号的内容包括原料及物料，以下两种不包括在内：

1. 计入资产需逐年摊提的项目。

2. 作为费用科目处理的项目，如办公用品、清洁工具等。

第三条　分类方法

第一类　钢料类

第二类　铁料类

第三类　铝料类

第四类　其他金属材料类

第五类　五金材料类

第六类　机器配件类

第七类　建材类

第八类　电器材料类

第九类　塑胶材料类

第十类　门窗配件类

第十一类　工具类

第十二类　化丁材料类

第十三类　焊料类

第十四类　杂项材料类

第四条　编号方法

1. 本公司材料编号采用数字法，每项材料以 4 段 9 位数字代表

第一段 1 ~2 位数表示物料的类别（大分类）。

第二段 3 ~4 位数表示物料的名称（中分类）。

第三段 5 ~8 位数表示物料的规格（小分类）。

第四段第 9 位数表示电脑的检查号码。

2. 检查号码

按固定公式计算出一数值，以供查验该项材料编号是否正确。

（1）将八位数字按 12121212 的次序个别乘之。

（2）将积算的个位数相加。

（3）将积算的十位数亦加入个位数的和内。

（4）将所求得的和的个位数被 10 减之，所得之数即为检查号码。

第五条　部门

本公司的材料不论对外订购的单位如何，对内记录一律采用以下标准：

1. 计数：如支、张、个、条、罐一律定为“EA”。复数单位如双、套、付、组等一律定为“sr”。

2. 计量：长度以“M”（米）或“FT”（英尺）或“Y”（码）计算。

重量以“KG”（千克）计算。

容量以“LK”或“L”计算。

同一材料项目所使用的单位均订于本公司材料编号簿内，不得任意使用。

第六条　附则

本办法经经理级会议修正通过，并呈总经理批准后实施。

七、仓库物资管理办法

（一）概念

仓库物资管理办法是公司为了加强材料物资的管理，提高公司的基础管理工作水平，进一步规范材料物资的保管和控制程序，维护公司资产的安全完整，加速资金周转，所制定的办法。

（二）内容

1. 仓库物资管理的目的和意义

2. 仓库物资管理的方法与要求

（三）范例

仓库物资管理办法

第一条　加强仓库管理，做好物资的收发和保管上作。做到保质、保量、及时、成套地完成物资的收发任务。保质就是要把质量好的物资收进来并发给用户；保量就是按合同规定的数量，及时缩短验收和配发时间，做到快收快发，按照物资的供应计划，及时地把物资发放到需求单位。

第二条　做好仓库管理是加强物资管理的一项重要任务，为此仓库管理人员必须根据储存物资的特点，做好“五无”——无霉烂变质、无损坏和丢失、无隐患、无杂物积尘、无老鼠；做好“六防”——防潮、防冻、防压、防腐、防火、防盗。

第三条　保证物资管理的安全，严防贪污盗窃，严防一切事故发生，严禁无关人员进入仓库，不准在仓库内吸烟、烧电。

第四条　物资进仓须有严格验收手续，对物资的数量、规格、质量、名称等做到准确无误，同时做好进仓的登记手续。

第五条　物资出库发放必须严格执行发料规定，须有领料凭证，并且手续完备、齐全，否则仓库管理人员有权拒发材料。

第六条　开展技术革新，不断改善仓库的物资管理工作，做到科学管理仓库，提高工作效率，使物资尽快地投入生产，充分发挥物资的作用。

八、公司物资领用方法

（一）概念

公司物资领用方法是指公司为了规范各仓库物资的领用，保证仓库数据准确，确保公司的财产安全所制定的方法。

（二）内容

1. 公司物资领用表格的填写要求
2. 公司物资领用的原则
3. 公司物资领用的规范

（三）范例

公司物资领用方法

第一条　凡属本公司自办工程或代办工程的材料领用，一律使用材料管理表，一式五份单式填写。

第二条　填表时表内应清楚地填上工程名称、成本中心、工程编号、施工单位、经成本中心授权人签名批准，并盖有工程部工程材料专用章。交由物资部进行计划审核，加盖上计划审核章，仓库方可办理领料手续。

第三条　各部、分公司部门领用正常的维护材料时，只须填写货仓取货申请单一式三份。清楚地填上部门名称、成本中心编号，经成本中心授权人签名批准后，由物资部计划组办理计划审核，盖上计划审核章，仓库才办理领料手续。

第四条　在填写工程材料管理表或货仓取货申请单时，将进口材料和国产材料分开填写，领取数量一栏必须要用规定字体填上领取的数量。如果需将原数量修改，应由授权人确认签名，否则物资部有权不给办理审核发料。

第五条　坚持工程材料、维护材料专项专用的原则，不允许将工程材料、维护材料用在其他工程上。各分公司承接的代办工程，经工程部门审批后，物资部方准予办理审核领料手续，代办工程需自购材料，要有工程部开具工程材料预算表，经物资部领导审批后才给予购买。

第六条　各部、分公司需要的劳动保护用品，开单经本部门成本中心授权人签名后，再由人事部主管劳动保护用品的有关人员审批签名，方准办理审核领料手续。

第七条　要严格按本拟定的年度材料计划进行领料。对无计划和超计划领料，物资部有权不予审核发料。同时不允许维护材料多领多占，影响工程材料的正常使用。

九、公司发货管理规定

（一）概念

公司发货管理规定是公司为了满足客户的发货要求，保证发货的及时性、准确性，确保公司发货流程的顺畅，所制定的规定。

（二）内容

1. 货物的交运期限

2. 发货总体规定

3. 承运车辆调派与控制

4. 内销及直接外销的成品交运等

（三）范例

公司发货管理规定

第一条　交运期限

1. 凡遇下列情况之一者，物料管理应于1日前办妥“成品交运单”，并于1日内交运。

（1）计划产品接获客户的“订货通知单”时的交货日期。

（2）内销、合作外销订制品，依客户需要的日期。

2. 直接外销订制品缴库后，配合结关日期交运。

第二条　发货总体规定

1. 物料管理部门接到“订货通知单”时，经办人员应依产品规格及订货通知单编号顺序列档，内容不明确应即时反映业务部门确认。

2. 因客户业务需要，收货人非订购客户或收货地点非其营业所在地的，依据下列规定办理：

（1）经销商的订货、交货地点非其营业所在地，其“订货通知单”应经业务部门主管核签方可办理交运。

（2）收货人非订购客户应有订购客户出具的收货指定通知方可办理交运。

（3）物料管理部门接获“定制（货）通知单”方可发货，但有指定交运日期的，依其指定日期交运。

（4）定制品（计划品）在客户需要日期前缴库或“订货通知单”注明“不得提前交运”的，物资管理部门若因库位问题需提前交运时，应先联络业务人员转知客户同意，且收到业务部门的出货通知后始得提前交运，若是紧急出货时，应由业务部门主管通知物料管理部门主管先予以交运，再补办出货通知手续。

(5) 未经办理缴库手续的成品不得变动，若需紧急交运时需于交运同时办理缴库手续。

(6) 定制品交运前，物料管理部门如接到业务部门的暂缓出货通知时，应立即暂缓交运，等收到业务部门的出货通知后再办理交运。紧急时可由业务部门主管先以电话通知物料管理部门主管，但事后仍应立即补办手续。

(7) “成品交运单”填好后，须于“订货通知单”上填注日期、“成品交运单”编号及数量等以了解交运情况，若已交毕结案则依流水号顺序整理归档。

第三条　承运车辆调派与控制

1. 物料管理部门应指定人员负责承运车辆与发货人员的调派。

2. 物料管理部门应于每日下午 4 时以前备好第二天应交运的“成品交运单”，并通知承运公司调派车辆。

3. 如承运车辆可能于营业时间外抵达客户交货地址，成品交运前，物料管理科应将预定抵达时间通知业务部门转告客户准备收货。

第四条　内销及直接外销的成品交运

1. 成品交运时，物料管理部门应依“定制（货）通知单”开立“成品交运单”，由业务部门开立发票，客户联发票核对无误后寄交客户，存根联与未用的发票于下月 2 日前回送会计部门。

2. “订货通知单”上注明有预收款的，在开列“成品交运单”时，应在“预收款”栏内注明预收款金额及发票号码，分批交运的，其收款以最后一批交货时为原则，但“定货（制）通知单”内有特殊规定者例外。

3. 承运车辆人厂装载成品后，发货人及承运人应于“成品交运单”上签章。第一、二联经过业务部门核对后第一联业务部门存。第二联由会计核对入账，第三、四、五联交由承运商于出货前核点无误后始得放行。经客户签收后第三联送交运客户，第四、五联交由承运商送回物料管理部门，把第四联送回业务部门依实际需要寄交指运客户，第五联承运商持回，据以申请运费，第六联物料管理部门自存。

第五条　客户自运

1. 客户要求自运时，物料管理部门应先联络业务部门确认。

2. 成品装载后，承运人于“成品交运单”上签认，依另行规定办理。

第六条　直接外销的成品交运

1. 物料管理部门应于结关前将成品运抵指定的码头或货柜场以减少额外费用（如特验费、监视费等）。

2. 成品交运时，物料管理部门应依“外销订货通知单”开列“成品交运单”一式六联，第四、五联，交由承运商送码头或货柜场的报关行签收后，第四联免送客户，仍存于物料管理部门，第五联经报关签收后由零运人持回，据此申请费用。

3. 外销发票正联送业务部门收存，存根联与未用的发票则于下个月 2 日以前汇总送会计部门。

4. 成品需于厂内装柜时应依下列规定办理：

（1）物料管理部门应于接到业务部门领柜通知后，即联络货柜入厂装运。

（2）装柜时应依客户要求的装柜方式作业，装毕后货柜应以封条加封。

第七条　成品交运单的更正

"成品交运单"因交运内容更改成填单错误需要更正时，依下列规定办理：

1. "内销交运单"的更正：

（1）尚未交运：开单人员应于原单错误处更正，并加盖更正章，如果难以更正，则将原单各联加盖"本单作废"字样，重开"成品交运单"办理交运。作废的"成品交运单"第一联留仓运科，其余各联依序装订成册送会计科核对存档，另开错误的发票则加盖"作废"章，存于原发票本。

（2）已交运：开单人员应立即开立"交运更正单（内销）"第一、二、三联送业务部门核对后，第一联业务部门存，第二联送会计，第三联依实际需要转送交运客户，第四联寄送客户。第五、六联存于仓运部门。

（3）如发票已送客户，因错误而需重开者，应将新开发票连同"交运更正单"第四联送业务部门转交客户，并需督促客户取回原开发票。

2. "外销成品交运单"的更正：

（1）尚未交运：比照本条第一款第一条的规定办理。

（2）已交运：经办人员应立即至交运的码头或货柜场办理"装箱单"等报关文件的更正，并立即开立"交运更正单"，其流程与发票的更正比照第一款的规定办理。

（3）"交运更正单"不得作为出厂凭证。

第八条　成品交运单签收回联的审核及责任追究

1. 审核：物料管理部门收到"成品交运单"签收回联有下列情况者，应即附有关单据送业务部门转客户补签：

（1）未盖"收货章"。

（2）"收货章"模糊不清难以辨认或非公司名称全称。

（3）其他用途章（如公文专用章）充当"收货章"。

2. 责任追究：物料管理部门于每月 10 日前就上月份交运的签收回联尚未收回的，应立即追究责任，并依合同规定罚扣运费，同时应于月度前收集齐全，依序装订成册送会计科核对存查。

第九条　运费审核

1. 物料管理部门每月接获承运公司送回的"成品交运单"签收回联、"运费明细表”及发票存根，应于5日内审核完毕，送回会计科整理付款。

2. 物料管理部门审核运费时，应检视开单出厂及客户签收等日期，是否有逾期送达或违反合同规定，均依合同规定罚扣运费。

3. 若“成品交运单”签收回联有相关条文的签收异常者，除依规定办理外，其运费也应暂缓支付。

第十条　成品领用与发票逾月处理

1. 物料管理部门收到领用部门开立的“成品领用单”经审核无误后，依其请领数量发货。

2. 业务部每月初时把上月已出货未开立发票的客户，定货（制）单、品名规格、数量、交运地点及原因与对策填立于“发票逾月未开到汇总表”一式两份，一份送业务部门存，另一份送财务部门以便核对。

十、退货管理规定

（一）概念

退货管理规定是公司为了规范退货管理，减少和降低公司不必要的损失，明确权责，切实维护广大用户合法权益，结合公司实际，所制定的管理办法。

（二）内容

1. 运输的联络

2. 退货品的验收与处理

3. 退货的更正

（三）范例

退货管理规定

第一条　运输的联络

物料管理部门接到业务部门送达的“成品退货单”应先审查有无注明依据及处理说明，若没有应将“成品退货单”退回业务部门补充，若有则依“成品退货单”上的客户名称及承运地址联络承运商运回。

第二条　退货品的验收

1. 退货品运回工厂后。仓储部门应会同有关人员确认退回的成品异常原因是否正确，若确属事，应将实退数量填注于“成品退货单”上，并经点收人员、质量管理人员签章后，第一联存于会计科，第二联送收货部门存，第三联由承运人携回依此申请费用，第四联送业务部门向客户取回原发票或销货证明书。

2. 物料管理部门收到尚无"成品退货单"的退货品时，应立即联络业务部门主管确认无误后先暂予保管，等收到"成品退货单"后再依前款规定办理。

第三条 退货品的处理

退货品的处理方式确需重处理者，物料管理部门应督促处理部门领回处理。

第四条 退货的更正

1. 若退回成品与"退货单"记载的退货品不符时，物料管理部门应暂予保管（不入库），同时于"成品退货单"填注实收情况后，第三联由运输公司携回依此申请运费，第二联送回业务部门处理，第一联暂存仓运科依此督促。

2. 业务部门查验退货品确属无误时，应依实退情况更正"退货单"送物料管理部门办理销案。

3. 若退货品系属衰退时，业务部门应于原开"退货单"第四联注明"退货品不符"后，送回物料管理部门据以办理退回客户，将其交运作业按有关的规定办理，并在"成品交运单"注明"退换货不入账"，本项退回的运费应由客户负担。

十一、进货管理规定

（一）概念

进货管理规定是指公司以文字的形式对进货工作与具体活动的行为准则、业务规范等做出的具体规定。

（二）内容

1. 物资的入库与管理

2. 物资的损坏与责任等

（三）范例

进货管理规定

第一条 所有物资不论购入、销货退回、旧货收回或试用、表演收回等，均应经仓管单位检验后方可入库。

第二条 仓管部门应将每项进库的商品，限于次日清晨以前详加验收后，列记商品型号入账，凭此控制每件物资的性能。

第三条 物资的验收，应依有关的订购单、提货单、验收单等所列的品名、型号或规格办理验收。如发觉型号、规格不符或外箱破损等情形时，应立即通知进货或采购单位办理。

第四条 因试用、表演、更换、销货退回、调货等而重新入库的物资，于交回时应保持领用时的状况，若有损坏，应由仓管部门会同服务部门鉴定修护费用后，由领货人照价赔偿，若附件遗失或不全时，则应由领货人依据商品价格赔偿。

第五条　进货部门收货时，如发觉附件短少、数量不符或商品破损、性能变质时，最迟应于收货次日通知发货单位，否则以完整论。

十二、调货管理规定

（一）概念

调货管理规定是公司为了降低运营资金存货占用率，加快资金周转，调货行为已成为一项重要工作内容，为明确各部门职责和工作程序，所作的规定。

（二）内容

1. 调货的总体要求

2. 紧急调货单的处理

3. 调货的流程与具体要求

（三）范例

调货管理规定

第一条　为调节各分公司的需要，仓库部应保有各分公司库存情形的动态记录，并可根据需要随时发出调货通知。

第二条　各分公司与总公司各营业部门的调货，应由仓库部以“物品调拨单”统筹办理，严禁各单位间擅自调拨。

第三条　仓库部的紧急调货单应视为调货命令，各单位对仓库部所发出的“紧急调货单”，除非该项商品将于3天内交货，否则均不得对该项调货的要求予以拒绝，并应依通知的内容，尽快于2日内（自通知发出之日算）办理完毕。

第四条　若分公司将在3天内开立发票销货为由，拒绝调货，则仓库部应根据销货报告与存货账表查核该分公司对调货通知的答复是否属实。

第五条　仓库部的调货通知以及各分公司对调货的答复，均应以书面处理，但紧急时得由主管以电话联络，应随即补办书面通知，并应在备注栏内加注电话联络的日期、时间等。

十三、出库管理规定

（一）概念

公司为了规范配件出库管理行为，严格把好配件出库关，从配件直出仓库的最初环节开始，建立良好的库存管理秩序，使配件出库过程做到质量合格、凭据有效、计量准确、名实相符、记录清晰，从而制定的物资出库管理要求与规定。

（二）内容

1. 仓库管理部门出货的总体要求

2. 出货的登记与入账

3. 出货的手续与具体要求

（三）范例

出库管理规定

第一条　仓管部门应在下列六种情况下出货：

1. 交货。

2. 交客户试用。

3. 示范表演。

4. 本公司同仁之职前或在职训练使用。

5. 展示中心陈列。

6. 本公司各部门因业务需要而借用。

第二条　除上述各项出货外，总公司仓库部可随时视实际需要对公司出货。

第三条　各项出货除仓库部对分公司的出货应凭分公司填具的“物品（供应品）订货单”出货外，其余各项出货应由出货人出示经其单位主管亲笔签准的“物品（供应品）领货单”及“物品（附件）领货记录卡”要求仓管人员出货。

第四条　仓库部于接到分公司的订货单时，应于当日发货，如缺货而须调拨供应时，也应于当日回复预定供货的日期。

第五条　仓库部库存允足时，应依据过去的销售资料统计及各分公司市场需要的预测，随时注意分公司库存情形，将库存商品依比例分配给各分公司。

第六条　任何出货，仓管人员均应于出货当日将有关资料入账，以便存货的控制。

第七条　各部门人员向仓管部门领货时，应在仓库的柜台办理，不得随意自行进入仓库内部，各仓管人员应阻止任何人擅自入内。

第八条　出货人在物品领出时，应同时要求仓管人员详细检查商品的性能、品质及附件是否优良或齐全，否则以完整论。

第九条　物品领出后，严禁出货人擅自将所领出的物品移转给其他人或部门。

第十条　库存物品经出货后（除陈列展示外）一律限于当天还仓或开立发

票交货，如当天未能交货而必须交予客户试用者，则应按规定办理。

十四、商品进出库管理规定

（一）概念

商品进出库管理规定是指公司为了规范商品进出库的规格、数量、质量，做到有据可查，而作出的一系列规定。

（二）内容

1. 商品进出库的总体要求
2. 进货的手续与要求
3. 发货的手续与要求

（三）范例

商品进出库管理规定

第一条　仓库管理人员对进仓商品必须根据“商品进仓验收单”所列内容，逐一核对商品规格、数量、质量，然后签发验收单，并送有关部门。

第二条　仓库管理人员对不符合“商品进仓验收单”内容商品，拒绝进仓，并向采购部报告。

第三条　商品进仓必须先办妥进仓手续，凭商品部的出仓单或采购部印发的并经财务收款或转账的“商品内部调拨单”所列内容发货。

第四条　仓库对任何部门发货，均应按正式出仓单发货，严禁先出货，后补手续的错误做法，严禁白条发货。

第五条　仓库发货必须在仓库办公室发货处发货，不得在仓库内发货，商品在发货处由提货方点收后的短缺，概由收货方自负，仓库不负补偿责任。

第六条　凡本公司从外单位提回货物一律凭“商品调运单”办理进仓手续。

十五、公司产品保管条例

（一）概念

公司为了加强产品的保管，防止丢失与遗忘，所制定的一系列规定。

（二）内容

1. 仓库管理员的职责与要求
2. 产品的特性与保管要求

3. 产品的清点与损坏赔偿

（三）范例

公司产品保管条例

第一条 仓库部及各分公司可就既有的仓库场所，分别陈列各项物品并予以保管。

第二条 各仓的仓管人员应负责整理该仓物品的出货、储存、保管、检验及账务报表的登录等业务。

第三条 仓管人员对于所经管物品应以利于先进先出的作业原则分别决定储存方式及位置。

第四条 产品应考虑其忌光、忌热、防潮等因素妥为存放，仓库内部应严禁烟火，并定期实施安全检查。

第五条 库存产品如有呆废或损毁非仓管人员能自行克服的，仓管人员应即填具“产品送修单”连同产品送交服务单位修护。

第六条 除仓管人员外，其他人员未经允许不得擅自进入。

第七条 仓管人员对于所经管的库存商品应予严密稽核清点，各仓库应得随时接受单位主管或财务部稽核人员的抽检。

第八条 每年年终，仓库部应会同财务部、业务部门等共同处理总盘存时必须实地查点产品的规格、数量是否与账面的记载相符。

第九条 盘点后应由盘点人员填具盘存报告表，如有数量短少、品质不符或损毁情况，应详加注明后由仓管人员签名负责。

第十条 盘点后如有盘盈或不可避免的亏损情形时，应由仓管部门主管呈现董事长核准调整，若为保管责任短少时，则由仓库经管人员负责赔偿。

第十一条 直接保管产品的仓管人员变动时，应由其所属的部门主管查对库存商品的移交清册后，再由交接双方会同监交人员实际盘存。

十六、仓库安全管理方法

（一）概念

公司为了更好地发挥仓库对物料的调配功能，规范公司仓库的材料管理程序，促进公司仓库的各项工作安全、高效、有序、合理地运作，所制定的管理方法。

（二）内容

1. 进入仓库人员的手续与要求

2. 仓库的消防管理要求

3. 仓库的安保管理工作

（三）范例

仓库安全管理方法

第一条　仓库系物资保管重地，除仓管人员和因业务、工作需要的有关人员外，任何人未经批准，不得进入仓库。

第二条　因业务、工作需要需进入仓库时，必须先办理入仓库登记手续。并要有仓库人员陪同，不得独自进仓。凡进仓人员工作完毕，出仓时应主动请仓管人员检查。

第三条　一切进仓人员不得携带火种、背包、手提袋等物进仓。

第四条　仓库范围及仓库办公地点，不准会客，其他部门职工更不准围聚闲聊，不准带亲友到仓库范围参观。

第五条　仓库范围不准点火，也不准放易燃易爆物品。

第六条　仓库不准代私人保管物品，也不得擅自答应未经领导同意的其他单位或部门的物品存仓。

第七条　任何人员除验收时所需要，不准把仓库商品物资试用试看。

第八条　仓库应定期每月检查防火设施的使用实效，并接受保安部的检查监督。

十七、公司仓库规划管理制度

（一）概念

公司为了规划物料管理，以使仓库空间能得到有效利用，所制定的一系列制度。

（二）内容

1. 库位规划所配置

2. 仓库成品的堆放

3. 库位标示与管理

（三）范例

公司仓库规划管理制度

第一条　库位规划

物料管理室应依成品缴出库情况、包装、方式等规划所需库位及其面积，以使库位空间有效利用。

第二条　库位配置

库位配置原则应依下列规定：

1. 配置仓库内设备（例如油压车、手推车、消防设施、通风设备、电源等）及所使用的储运工具规划运输通道。

2. 依销售类别、产品类别分区存放，同类产品中计划产品与定制产品应分区存放，以便管理。

3. 收发频繁的成品应配置于进出便捷的库位。

4. 将各项成品依品名、规格、批号划定库位，标明于“库位配置图”上，并随时显示库存动态。

第三条　成品堆放

物料管理室应会同质量管理室的质量管理人员，依成品包装形态及质量要求设定成品堆放方式及堆积层数，以避免成品受挤压而影响质量。

第四条　库位标示

1. 库位编号依下列原则办理，并于适当位置作明显标示：

（1）层次类别依 A、B、C 顺序逐层编订，没有时填“O”。

（2）库位流水编号。

（3）通道类别，依 A、B、C 顺序编订。

（4）仓库类别，依 A、B、C 顺序编订。

2. 计划产品应于每一库位设置标示牌，标示其品名、规格及单位包装量。

3. 物料管理室依库位配置情况绘制“库位标示图”悬挂于仓库明显处。

第五条　库位管理

1. 物料管理科收发料经办人员应掌握各库位、各产品规格的进出动态，并依先进先出原则指定收货及发货单位。

2. 计划产品每种规格原则上应配置两个以上小库位，以备轮流交替使用，以达到先进先出的要求。

参考文献

1. 付希业著．企业产品质量法律风险管理实务指南．北京：法律出版社，2012 年．

2. 张立章主编．企业实用文书写作与范例．北京：北京交通大学出版社，2011 年．

3. 苗瑞编著．企业应用文书写作规范与实例．北京：中国电力出版社，2006 年．

4. 倪宁主编．文案必备全书．北京：中央编译出版社，2007 年．

5. 冯兮等编著．现代商务文书．成都：西南财经大学出版社，2003 年．

6. 杨建洲编著．现代商务文书大全．北京：金盾出版社，2007 年．

7. 范进，刘军编．写好营销策划文案．北京：中国经济出版社，2006 年．

8. 伟业管理咨询公司编．规范管理模板手册．北京：中国言实出版社，2008 年．

9. 许燕编著．公司（企业）实用公文写作必备全书．北京：企业管理出版社，2007 年．

10. 范兰德主编．公司文员文案金典．北京：中国计划出版社，2006 年．

11. 范兰德，朱金凤主编．新编应用文大全．广州：广东经济出版社，2005 年．

12. 邵龙青主编．财经应用写作．大连：东北财经大学出版社，2006 年．

13. 姚尧编著．企业管理制度写作范例大全．南宁：广西人民出版社，2011 年．

14. 杨健知主编．无师自通企业文秘写作范例全书．北京：北京工业大学出版社，2012 年．

15. 郭亚军主编．按制度管事全集．北京：海潮出版社，2010 年．

16. 李欣然编著．靠制度办事．北京：当代世界出版社，2009 年．

17. 华商编著．按制度办事大全集．北京：中国华侨出版社，2011 年．

18. 余柏主编．实用管理制度范本全书．北京：北京工业大学出版社，2012 年．